DAS ANTIKE CHINA

MAURIZIO SCARPARI

VERLAG KARL MÜLLER GmbH

Text
Maurizio Scarpari

Layout
Maurizio Scarpari
Valeria Manferto De Fabianis
Giulia Gaida

Graphische Gestaltung
Luana Gobbo

Übersetzung aus dem Italienischen
Susanne Tauch

© 2000 by White Star S.r.l., Via C. Sassone 22/24, 13100 Vercelli, Italien
© 2001 der deutschsprachigen Ausgabe: Verlag Karl Müller GmbH, Köln, Deutschland

Alle Rechte vorbehalten
Kein Teil des Werkes darf in irgendeiner Form (durch Fotokopie, Mikrofilm oder ein ähnliches Verfahren) ohne die schriftliche Genehmigung des Verlages reproduziert oder unter Verwendung elektronischer Systeme verarbeitet, vervielfältigt oder verbreitet werden.

Satz: Verlagsservice Kattenbeck, Nittendorf
Lektorat: Verlagsservice Kattenbeck, Nittendorf

ISBN 88-8095-601-9

Printed in Italy

INHALT

EINLEITUNG	Seite 10
CHINA DURCH DIE JAHRTAUSENDE	Seite 18
DIE ALTCHINESISCHE KULTUR	Seite 84
DIE CHINESISCHE KUNST IM LAUF DER JAHRHUNDERTE	Seite 150
ARCHÄOLOGISCHE STÄTTEN	Seite 232
GLOSSAR	Seite 286
REGISTER	Seite 287
BILDNACHWEIS	Seite 290
DANKSAGUNG	Seite 291

1 Diese vergoldete Bronzelampe hat eine originelle Form: Die junge Frau kniet natürlich und entspannt, mit gesenktem Blick und in respektvoller, devoter Haltung. Der rechte Ärmel des Gewandes lässt Frau und Lampe harmonisch miteinander verschmelzen. (Westl. Han)

2–3 „Bahn frei für die Kutschen im Auftrag des Königs". So lautet die goldene Inschrift, bestehend aus vier Schriftzeichen, auf der Flanke des mit Gold und Silber verzierten Bronzetigers. Eine Gabe des Souveräns des südlichen Reiches Nanyue. (Westl. Han)

4–5 Auf diesem Paravent aus lackiertem Holz sind Nü Ying und E Huang, Töchter des Kaisers Yao, mit ihrem Gemahl Shun zu sehen. Die Szene aus dem Buch „Liehnü chuan" (Überlieferungen über ausgezeichnete Frauen) von Liu Xiang (77 v. Chr.–6 n. Chr.) ist im Stil des berühmten Malers Gu Kaizhi (ca. 345–406) gemalt. (Nördl. Wei)

6–7 In der chinesischen Mythologie ist der Drache wohl das bedeutendste Tier. Während er in der westlichen Welt als Vertreter dunkler Mächte angesehen wird, gilt er in China als Glück verheißendes Symbol und verkörpert den Himmel und den Kaiser. (Sechs Dynastien)

8–9 Um die Verstorbenen in ihren Grabstätten zu erfreuen, wurden in den prächtigsten Gräbern Figuren aus bemaltem Ton aufgestellt, wie diese Mädchen, die einen graziösen Tanz darbieten. (Westl. Han)

12–13 *Diese Terrakotta-Krieger gehören zu der gigantischen Armee, die in Xi'an, in der Nähe des Mausoleums des Ersten Kaisers, Qin Shi Huangdi, entdeckt wurde. Sie war zum ewigen Schutz des Herrschers bestimmt und besteht aus über 7000 voll ausgerüsteten Soldaten, etwa 100 Kampfwagen und 600 Pferden. Nur ein Teil davon wurde bisher freigelegt. (Qin)*

14–15 *Die riesige sitzende Buddhaskulptur von Leshan (Provinz Sichuan) ist mit über 70 m Höhe die größte der Welt. Der Überlieferung zufolge wurde sie zum Schutz der Schiffer aus dem roten Stein des Lingyunshan herausgemeißelt. (Tang)*

EINLEITUNG

10 *Diese elegante, mit Gold und Silber verzierte Bronzeschnalle belegt die großartige Kunstfertigkeit der chinesischen Künstler des 4. und 3. Jahrhunderts v. Chr. Die Schnalle hat die Form eines Katzenkopfes, der von einem zweiten langhalsigen Katzenkopf überragt wird. (Östl. Zhou, Streitende Reiche)*

10–11 *Bei den sancai-Keramiken ließ man die Farbe nicht immer frei an der Skulptur herablaufen. Oft ist die Malerei ein Ergebnis von Forschungen, die man betrieb, um ein perfektes Gleichgewicht zwischen bemalten und naturbelassenen Flächen zu erzielen. (Tang)*

Die chinesische Kultur zählt zu den ältesten, der bis in die Gegenwart fortlebenden Kulturen der Welt. China, das weite Land, von breiten Strömen durchzogen, mit seinen vielen Klimazonen, wurde seit frühester Zeit von seinen Bewohnern als „Nabel der Welt", *Zhongguo*, bezeichnet. Noch heute nennt man das Land, dessen Kultur sich in ganz Ostasien ausbreitete, das „Reich der Mitte".

Trotz der ausgeprägten regionalen Unterschiede basierte das Sozialgefüge im alten China auf einem Verwandtschaftssystem, das den mächtigen Familien die Loyalität der verzweigten Klans zusicherte. Die Regenten aller Dynastien leiteten ihr Volk gemäß eines Entstehungsmythos, der von Herrschern erzählt, die sämtliche für die Menschheit fundamentalen Entdeckungen machten. Ziel war stets, „alles und alle unter dem Firmament", *tianxia*, zu erobern und zu vereinen. Ein Vorhaben, das einerseits immer wieder mit Übergriffen der „Barbaren" konfrontiert war und andererseits von den örtlichen mächtigen Familien bedroht wurde, die selbst nach Macht strebten. 221 v. Chr. wurde der Traum jedoch wahr: Der Herrscher der Qin-Dynastie besiegte alle Gegner und gründete ein gigantisches Reich, das sich bis in das Jahr 1911 behaupten konnte. Der Kaiser, verherrlicht als *Tianzi*, „Sohn des Himmels", wurde als Mittler zwischen der göttlichen und der menschlichen Macht verehrt. Wohlstand und Überfluss interpretierte man als Antwort auf seine Aufrichtigkeit und Standfestigkeit, Mangel und Unheil hingegen wurden seinen Ausschweifungen angelastet.

Während die Seidenstraße einen regen Handel zwischen China, Indien und Zentralasien garantierte, hatten die Bewohner des Mittelmeerraums keine wesentlichen Kontakte zu Ostasien. Für die westliche Welt blieb China noch lange Zeit ein entlegenes, märchenhaftes Land, das so in seiner Tradition verhaftet schien, dass es der Gegenwart völlig entrückt war. Diese Einstellung änderte sich jedoch, als westliche Gelehrte Zugang zu altchinesischen Schriftstücken erhielten, und sie wurde vollkommen revidiert, nachdem Archäologen die Zeugnisse dieser großartigen Kultur ans Tageslicht brachten.

中國古代文明

DIE BEDEUTENDSTEN GRABUNGSSTÄTTEN UND FELSENTEMPEL IM ALTEN CHINA

CHINA DURCH DIE JAHRTAUSENDE

DAS NEOLITHIKUM	Seite 20
DIE BRONZEZEIT	Seite 26
Die Xia-Dynastie	Seite 28
Die Shang-Dynastie	Seite 30
Die Westliche Zhou-Dynastie	Seite 34
Die Östliche Zhou-Dynastie	Seite 37
DAS ERSTE KAISERREICH	Seite 40
Die Qin-Dynastie	Seite 45
Die Westliche Han-Dynastie	Seite 48
Die Östliche Han-Dynastie	Seite 52

DER UNTERGANG DES ERSTEN KAISERREICHES: DIE SPALTUNG ZWISCHEN NORD UND SÜD	*Seite 56*
DER GLANZ DES ZWEITEN KAISERREICHES	*Seite 62*
DIE SUI-DYNASTIE	*Seite 64*
DIE TANG-DYNASTIE	*Seite 66*

18–19 Neben der Terrakotta-Armee des ersten Kaisers wurden herrliche, halb lebensgroße Bronzequadrigen freigelegt. Die hier abgebildete Quadriga gehörte dem Herrscher und besteht aus 3 462 Einzelteilen aus Bronze, Gold und Silber. (Qin)

DAS NEOLITHIKUM

Bedeutende Grabungsstätten

- **A** Niuheliang
- **B** Banpo
- **C** Miaodigou
- **D** Yangshao
- **E** Fanshan
- **F** Dawenkou

Bedeutende Kulturen

- Xinle – Hongshan
- Yangshao
- Dawenkou
- Daxi
- Majiabang
- Hemudu – Liangzhu
- Dapenkeng

China gehört zu den Gebieten der Erde, die als Erste von Menschen besiedelt wurden. Dies beweisen hunderte Grabungsstätten aus dem Paläolithikum sowie eindeutig identifizierte Fossilienfunde. Anhand von Steinwerkzeugen und Knochenfunden war es möglich, die Evolution der ersten Menschen zu verfolgen – bis zurück zum *Australopithecus*. Der *Homo sapiens* trat während der letzten Eiszeit in Erscheinung, vor ca. 40 000 Jahren, also lange nach seinen berühmten Vorfahren, dem Yuanmoumensch (vor ca. 1,7–1,6 Millionen Jahren), dem Lantianmensch (vor ca. 700 000–650 000 Jahren) und dem Pekingmensch (vor ca. 500 000–400 000 Jahren).

Etwa ab dem 11. Jahrtausend v. Chr. änderten sich die Lebensbedingungen für die Menschen grundlegend. Aufgrund klimatischer und geographischer Veränderungen entstanden Gebiete, die

20 oben *Ein Furcht erregendes Gesicht thront auf der Stirn eines Monster mit großen Augen und überdimensionalen Nasenlöchern. Dieses in Jade geritzte Bildnis ist typisch für die Liangzhu-Kultur. Die Funktion solcher Objekte und ihrer Darstellungen ist noch immer ein Geheimnis. (Liangzhu)*

20 unten *Diese wie Prismen gearbeiteten, viereckigen Jadesteine (cong) werden mit religiösen Bräuchen, die heute nicht mehr bekannt sind, in Verbindung gebracht. Die menschlichen und tierischen Darstellungen auf diesem cong sind charakteristisch für die Liangzhu-Kultur. (Liangzhu)*

21 links *Die Funktion der* bi, *Jadescheiben, die man auf Leichnamen fand, ist bis heute ein Rätsel. Diese rituellen Objekte waren für die an der Ostküste lebenden Menschen des Neolithikums bedeutsam. Zur Zeit der ersten Dynastien wurden die* bi *seltener, in der Kaiserzeit gewannen sie jedoch wieder an Bedeutung. (Liangzhu)*

21 rechts *Im Neolithikum war Jade das wertvollste Symbol für politische und religiöse Macht. Sie war der bevorzugte Vermittler zwischen der Welt der Götter und der Menschen. Die Jadebearbeitung begann bereits in frühester Zeit und erreichte ihre Blüte im 3. Jahrtausend v. Chr.*

für eine dauerhafte Besiedelung geeignet waren.

Zu dieser Zeit begannen die Menschen, die bisher als Nomaden gelebt hatten, sesshaft zu werden. Sie kultivierten das Land, domestizierten Tiere und widmeten sich der Herstellung von Keramiken. Damit war die neolithische Revolution eingeläutet. Unzählige Funde aus jener Zeit sind Zeugen für die ersten blühenden Kulturen Chinas. Die Archäologen benannten die Grabungsstätten nach Orten, an denen die bedeutendsten Funde gemacht wurden, und klassifizierten sie anhand der Keramiken. Es ist oft schwierig, Zusammenhänge zwischen den unterschiedlichen Siedlungen herzustellen und ihre zeitliche Abfolge festzulegen, denn regionale Unterschiede und Gemeinsamkeiten sind gleichermaßen vorhanden. Dies wiederum lässt auf einen regen Handel schließen.

Die ältesten neolithischen Grabungsstätten findet man in den südlichen Provinzen von Fujian, Jiangxi, Guandong, Guangxi und Guizhou (10.–9. Jahrtausend v. Chr.) sowie in den östlichen Regionen Nordchinas, am Fluss Liao (Xinglongwa-Kultur 8500–7000 v. Chr. und Xinle-Kultur 7000–5000 v. Chr.). Weitere Funde belegen, dass Siedlungen ab dem 6. Jahrtausend v. Chr. in einigen Gebieten Zentral- und Nordchinas sowie an den Küsten entstanden. Die umfassendste Entwicklung fand an der Mündung des Huanghe (Gelber Fluss), an dessen Nebenfluss Wei sowie weiter südlich am Jangtsekiang (Langer Fluss) statt.

Die nördlichen Kulturen wurden nach den Fundorten Peiligang und Cishan (6500–4900 v. Chr.) benannt. Sie entwickelten sich in den Provinzen Henan, Hebei, Shaanxi und Shanxi. Nach Meinung einiger Wissenschaftler gehen diese Kulturen sogar auf noch ältere Siedlungen zurück. Charakteristisch sind die Steinarbeiten, die bereits mit hoch entwickelten Techniken ausgeführt wurden, die meist plumpen Keramiken in Rot oder Braun und eine Wirtschaft, die sich vor allem auf die Aufzucht von Hunden und Schweinen und den Anbau von Hirse der Sorten *Setaria italica* und *Panicum miliaceum* stützte. Die Grabbeigaben, die in einigen Gräbern entdeckt wurden, zeugen bereits von einem religiösen Volksglauben.

In diesem Gebiet breitete sich auch die Yangshao-Kultur (5000–3000 v. Chr.) aus. Sie ist die am ausführlichsten dokumentierte und bekannteste Kultur. Über 1 000 Grabungsstätten, die sich von Gansu und Qinghai nach Osten entlang des Huanghe

22 oben Die Darstellung eines menschlichen Antlitzes ist außergewöhnlich für die Kunst des Neolithikums. Dieser kleine Menschenkopf aus bemalter Keramik wurde an einer Fundstelle aus dem 5. Jahrtausend v. Chr freigelegt. (Yangshao)

22 unten Die menschlichen Köpfe, die in Form eines Reliefs oder einer Skulptur aus Vasen herausragen, stellen vielleicht Schamanen dar, die geistlichen Führer der alten neolithischen Gemeinschaften. (Majiayao)

erstrecken, liefern Zeugnisse dieser Kultur. Ein typisches Beispiel für das Sozialgefüge der Yangshao-Kultur ist das Dorf Banpo (4800–3600 v. Chr.) in Shaanxi, das auf einer weiten Fläche erbaut wurde und von einem tiefen, schützenden Graben umgeben ist. Die Lage der Behausungen, der unterirdischen Lagerräume und der Ställe für die Tiere lässt darauf schließen, dass es keine strikte Rangordnung in der Gemeinschaft gab. Hütten und Gräber waren einander in Form und Größe ähnlich, ausgenommen ein großes Gebäude in der Dorfmitte, das für gemeinsame Treffen diente. Man fand Tröge, Schalen, Amphoren und unterschiedlich geformte Gefäße aus roter Keramik, die ohne Töpferscheibe durch langsames Drehen von Hand gefertigt worden waren. Sie sind mit geometrischen Mustern, Menschenantlitzen, Fischen, Hirschen und Schriftzeichen einer primitiven Schrift dekoriert.

Die Entwicklung der Spinnerei und der Weberei beweisen Funde von Spinnrädern aus Stein oder Keramik und die Abdrücke textiler Strukturen an den Bodenflächen von Töpfergefäßen. Zur Zeit der Miaodigou-Kultur (3900–3000 v. Chr.) waren Wellenlinien und ineinander fließende Spiralen als Verzierungen sehr beliebt.

In den westlichen Provinzen von Gansu und Qinghai, einem Gebiet zu dem später auch Teile der Inneren Mongolei gehörten, entwickelten sich unter dem Einfluss der Yangshao-Kultur zwischen 3300 und 2050 v. Chr. die Majiayao-, die Banshan- und die Machang-Kultur. Aus der Majiayao-Kultur entstand die Qijia-Kultur (2250–1900 v. Chr.). Im westlichen Gansu entwickelte sich die Huoshaogou-Kultur (ca. 1800–1600 v. Chr.) mit ihrem typischen Schmuck und mit Gegenständen aus Kupfer, Bronze, Silber und Gold.

In Shandong und einigen Gegenden von Jiangsu, Anhui und Henan entstand die Dawenkou-Kultur (5000–2500 v. Chr.). Ihre mit der Töpferscheibe gefertigten Keramiken waren farbenfroh, je nach verwendetem Ton und der Art des Brennens. Die reichen Totengaben einiger Grabstätten zeugen von einer straff organisierten Gesellschaftsform. Man entdeckte hölzerne Sarkophage sowie Gegenstände und Schmuck aus Stein, Knochen und Jade.

Im Osten entstanden die Majiabang-Kultur (5000–3500 v. Chr.) und die Hemudu-Kultur (5000–3300 v. Chr.) in Jiangsu und im nördlichen Zhejiang. Sie stützten

23 oben Die offene Spirale war der beherrschende Dekor bei den Keramikkünstlern der Majiayao-Kultur. Sie verstanden es meisterlich Bewegungseffekte mithilfe von Wellenlinien zu erzeugen. (Majiayao)

23 unten Stilisierte Fische und menschliche Antlitze bilden den Dekor dieser roten Keramikschale der Yangshao-Kultur von Banpo. Solche Schalen wurden als Deckel für die Urnen verstorbener Kinder verwendet. (Yangshao)

ihre Wirtschaft auf den Fischfang, die Aufzucht von Hunden, Schweinen und Wasserbüffeln und die Kultivierung zahlreicher Wasserpflanzen. Die wichtigste war die Reissorte *Oryza sativa*, deren Kultivierung nach jüngsten Erkenntnissen auf das 7. Jahrtausend v. Chr. zurückgeht. In Hemudu entdeckte man Überreste von Pfahlbauten. Die Tongefäße der Majiabang-Kultur waren braun, die der Hemudu-Kultur schwarz.

Die Songze-Kultur (4000–3000 v. Chr.) und die Qingliangang-Kultur (4800–3600 v. Chr.) entwickelten sich entlang der Küste. Sie sind direkt aus den Traditionen von Majiabang und Hemudu entstanden. Die Jadearbeiten der Qingliangang-Kultur

24 oben *Dieses Gefäß in Form eines jungen Greifvogels demonstriert, wie genau die Künstler die Natur beobachteten. Es wurde exakt der Moment festgehalten, in dem der Vogel seinen geöffneten Schnabel in Fütterungserwartung öffnet. (Hongshan)*

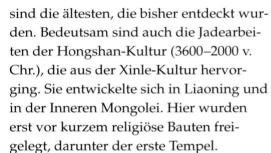

sind die ältesten, die bisher entdeckt wurden. Bedeutsam sind auch die Jadearbeiten der Hongshan-Kultur (3600–2000 v. Chr.), die aus der Xinle-Kultur hervorging. Sie entwickelte sich in Liaoning und in der Inneren Mongolei. Hier wurden erst vor kurzem religiöse Bauten freigelegt, darunter der erste Tempel.

Mit der Liangzhu-Kultur (3300–2200 v. Chr.) fand eine Weiterentwicklung der Jadearbeiten statt. Auch diese Kultur entstand entlang der östlichen Küste in Zhejiang und Jiangsu. Ihre Arbeiten zeugen davon, dass eine führende Elite die politische und religiöse Macht innehatte. Sie ließ die Grabstätten mit unvorstellbar wertvollen Totengaben bestücken, die Symbole für einen Totenkult waren, der bis heute geheimnisvoll ist.

Zu jener Zeit bildeten sich auch die ersten Stadtstaaten entlang der Ostküste. Die rituellen Jadearbeiten, die man vor allem in Gräbern der Liangzhu-Kultur entdeckte, stellen Insignien elitärer Gruppen dar, die an der Spitze des Stadtstaates standen: Sie waren Symbol für deren Autorität und Charisma.

Der Reisanbau, die Herstellung von Werkzeugen sowie von schwarzer, roter und brauner Keramik sind typisch für die Daxi-Kultur (5000–3000 v. Chr.), die im Tal des Jangtsekiang, zwischen Sichuan, Hubei und Hunan entstand.

Weiter südlich entwickelten sich die Dapenkeng-Kultur (5000–2500 v. Chr.) und die Shixia-Kultur (2865–2480 v. Chr.). Letztere veredelte die Jadebearbeitung in entscheidender Weise.

Die Longshan-Kultur (3000–2000 v. Chr.), die sich in einigen Gebieten aus der Yangshao-Kultur (Longshan von Shaanxi und Longshan von Henan) und in anderen aus der Dawenkou-Kultur (Longshan von Shandong) entwickelte, breitete sich ab dem 3. Jahrtausend v. Chr. an der Mündung des Huanghe aus. Ihr werden die technischen Fortschritte zugeschrieben, die den Übergang vom Neolithikum zur Bronzezeit kennzeichnen. Die Metallbearbeitung entwickelte sich, die Erfindung der Töpferscheibe ermöglichte fein gearbeitete Keramiken und die Brennöfen mit wenig Sauerstoffbedarf sorgten für eine gleichmäßig brillante schwarze Farbe. Das Geschirr, das selten dekoriert war, hatte die unterschiedlichsten Formen. Einige Exemplare scheinen zu fein gearbeitet, als dass sie für den täglichen Gebrauch bestimmt sein konnten. Sie wurden vermutlich nur für religiöse Zwecke benutzt. Die Vielfalt der reicheren Grabstätten und die Funde von Tierknochen, die für die Wahrsagungen bestimmt waren, beweisen, dass es eine soziale Hierarchie gab und dass die herrschende Klasse die religiöse Autorität innehatte.

Aus der Longshan-Kultur entwickelten sich im 2. Jahrtausend v. Chr. die Dynastien, die im Zentralchina der Bronzezeit ihre Vormachtstellung festigen und ausbauen konnten.

24 unten Diese neolithische Urne zeigt außergewöhnlich klar zwei Darstellungen. Die Bedeutung der steinernen Axt und des Kranichs, der einen Fisch im Schnabel hält, bleibt jedoch – trotz verschiedenster Interpretationsversuche – geheimnisvoll. (Yangshao)

25 oben Dieser fein gearbeitete, schwarze Keramikkelch wird aufgrund seiner sehr dünnen, jedoch stabilen Wände „Eierschale" genannt. Er hat nur am äußersten Rand einige Risse. (Longshan)

25 unten Dieses auf drei Füßen stehende Gefäß in Form einer Eule stammt aus dem Grab einer Frau des 4. Jahrtausends v. Chr. Es handelt sich hier um ein Objekt von seltener Schönheit, das vermutlich auf den hohen gesellschaftlichen Rang der Verstorbenen hinweist. Bis heute gibt es keine ähnlichen Funde aus jener Zeit. (Miadigou)

DIE BRONZEZEIT

Das heutigen Wissen über die Entwicklung der Metallbearbeitung in China lässt darauf schließen, dass deren Anfänge in der Bronzezeit liegen, etwa zur Zeit als die Schriften von den *Sandai*, den drei Dynastien Xia, Shang und Zhou, berichten, die vom 21. bis zum 3. Jahrhundert v. Chr. in weiten Teilen des Landes die Macht innehatten. Die antike Geschichte verherrlichte die bewegte Periode des Altertums als Brunnen der Weisheit und sozialen Ordnung und schrieb ihr alle fundamentalen Erfindungen zu, sei es auf dem Gebiet der sozialen Entwicklung oder bei der Einrichtung einer perfekten Regierung mit weisen Herrschern, die unerreichbar beispielhaft waren in ihrer Tugend und Moral. Zahlreiche Legenden erzählen von den Taten der übernatürlichen und göttlichen Helden. Leuchtendes Vorbild für Hingabe und Aufrichtigkeit war Fuxi. Er ließ unter anderem die ersten Musikinstrumente herstellen, führte die Ehe ein und unterwies seine Untertanen in Jagd und Fischfang. Seinem Nachfolger Shennong gelang der Überlieferung zufolge der Anbau von Hirse sowie die Einrichtung von Märkten und er soll die Heilwirkung verschiedener Pflanzen entdeckt haben. Huangdi, der „Gelbe Kaiser", gab seinen Untertanen unter anderem den Karren und das Boot, erfand die Töpferei und den Kalender und führte Regeln für religiöse Zeremonien ein. Nachfolgende Regenten wie Yao und Shun wurden aufgrund ihrer Weisheit und ihrer menschlichen Qualitäten, aber auch wegen ihrer Opferbereitschaft für den Staat verehrt. Der Große Yu brachte durch wasserbautechnische Maßnahmen die Flüsse unter Kontrolle, sodass sie zur Bewässerung genutzt werden konnten. Er soll die Xia-Dynastie gegründet haben.

In den chinesischen Mythen wird die zweite Hälfte des 3. Jahrtausends v. Chr. als eine Zeit großer Veränderungen beschrieben. Der Übergang vom Neolithikum zur Bronzezeit ist von stetigen Wei-

26 Die eindrucksvolle Form und die herrliche Verzierung dieses 118 cm hohen *fanghu* werden aufgelockert durch die Aufwärtsbewegung der Tiere, durch die Lotosblüten und den wundervollen Kranich. Der Kranich (he) gilt als Bote der Unsterblichen. (Östl. Zhou, Frühling- und Herbst-Periode)

27 oben Die Füße in Form stilisierter Vögel machen aus diesem *ding* eine Rarität. Die Zikaden, die den Rand zieren, sind das Symbol für das Weiterleben nach dem Tod. (11. Jahrhundert v. Chr.)

27 unten Diese Bronzespitze stellt eine Fantasiefigur mit Vogelkörper und halb menschlichem Gesicht dar. Sie wurde auf die Spitze eines *shensu*, eines heiligen Baumes aus Bronze gesteckt. Dieses beeindruckende Stück wurde in Sanxingdui zusammen mit drei heilige Bäumen entdeckt. Einer dieser Bäume ist 4 m hoch. (12. Jahrhundert v. Chr.)

terentwicklungen gekennzeichnet. Die Longshan-Kultur breitete sich immer weiter aus und zwischen ihren Siedlungen bestand ein reger Handel.

In einer Gesellschaft, die sich immer differenzierter entwickelte, entstand die politische Vorherrschaft der Priester und Schamanen. Die Fortschritte in der Technologie wurden intensiver für die Herstellung ritueller Gegenstände genutzt, als zur Verbesserung der landwirtschaftlichen Techniken. Vor diesem Hintergrund entwickelte sich aber auch die Metallbearbeitung und es entstanden die ersten Formen eines organisierten Staates. Dieser festigte sich, nachdem die kulturellen Gefüge, die um die Vorherrschaft in der Zentralen Tiefebene kämpften, politische und militärische Siege errungen hatten. Die Xia-Dynastie, hervorgegangen aus der Longshan-Kultur von Henan, konnte ihre Macht am Delta des Huanghe festigen und herrschte bis zum 16. Jahrhundert v. Chr. Sie wurde von der Shang-Dynastie, den Erben der Longshan-Kultur von Shandong abgelöst. Ursprünglich im Osten der Zentralen Tiefebene beheimatet, behaupteten die Shang ihre Vormachtstellung bis in das 11. Jahrhundert v. Chr. Ihnen folgten die Zhou, Nachkommen der Longshan-Kultur von Shaanxi, die bis 221 v. Chr. die Macht innehatten.

In der Bronzezeit schufen die Chinesen, im Gegensatz zu den anderen Kulturen der Welt, unzählige Gegenstände aus Bronze. Sie stellten jedoch nur selten menschlichen Figuren dar. Bis heute wurden nur eine männliche Skulptur und einige vergoldete Bronzeköpfe gefunden. Die Handwerkskunst nahm in der Bronzezeit enorme Ausmaße an. In einem Grab der Shang-Dynastie aus dem Jahr 1200 v. Chr. wurden Bronzearbeiten entdeckt, die insgesamt 1600 kg wiegen. Man fand außerdem ein *fangding,* ein rituelles Gefäß, aus der Shang-Dynastie, das 875 kg wiegt. In einem weiteren Grab aus dem 5. Jahrhundert v. Chr. entdeckte man fast 10 Tonnen Bronze. Enorme menschliche und materielle Ressourcen waren nötig, um die immense Produktion in Gang zu halten.

Die Xia-Dynastie

Die traditionelle chinesische Geschichte hat die Existenz der Xia-Dynastie niemals angezweifelt. Dem chinesischen Historiographen Sima Qian (ca. 145–ca. 86 v. Chr.) unterstand als Hofastronom die Aufsicht über die amtlichen Aufzeichnungen. Er schrieb das „Shiji" (Aufzeichnungen des Historiographen), in dem er die Geschichte Chinas von den mythischen Anfängen bis in seine Zeit festhielt.

Die Zeit der Xia-Dynastie, die mit dem Großen Yu im 21. Jahrhundert v. Chr. begann, endete im 16. Jahrhundert v. Chr. Lange Zeit von den Gelehrten in das Reich der Legende verwiesen, bestätigt sich heute deren Existenz durch den Fund einer ihrer Hauptstädte, von denen es gemäß der Überlieferung neun gegeben haben soll. 1959 wurden in Erlitou, im Kreis Yanshi (Provinz Henan), inmitten einer weiten bewohnten Region die Fundamente eines Palastes freigelegt, der sich über eine Fläche von 10 000 m² erstreckt. Der Palast besteht aus einem großen Saal, von dem überdachte, miteinander verbundene Gänge abzweigen. Die Größe der Anlage lässt vermuten, dass es sich hierbei um den Palast von Zhenxun, der letzten Hauptstadt der Xia-Dynastie handelt. Die Struktur der Anlage weist darauf hin, dass es eine hoch entwickelte politische und wirtschaftliche Ordnung gab und ein solides Sozialgefüge. Diese Annahme untermauern auch die verschiedenen Haustypen und die Ausstattungen der Grabstätten, die wiederum den hohen Stellenwert der Gegenstände, die nur für den Totenkult bestimmt waren, belegen.

In China bevorzugte man als Baustoff stets Holz. Da die Paläste und Häuser nahezu ausschließlich aus diesem Material bestanden, förderten die Grabungen nur die Fundamente und Steinpfeiler, die die Dächer trugen, zutage. Einige Wissenschaftler vermuten, dass die Wahl eines solch vergänglichen Baustoffs auf dem besonderen Machtverständnis der herrschenden Klasse beruhte: Einfluss und Größe des Klans waren weit bedeutsamer als die Schaffung monumentaler Bauten. Selbst die prächtigsten Gebäude waren nicht für die Ewigkeit bestimmt.

28 links Diese dreifüßige Karaffe (gui) aus grauem Ton und einem Sandgemisch war für alkoholische Getränke bestimmt. Man hat sie zusammen mit einem anderen Behältnis (jiao) und einem Kelch aus lackiertem Holz in einer Grabnische entdeckt. (Xiajiadian)

28 rechts Dieser jue, ein Gefäß für alkoholische Getränke, ist eines der ersten Exemplare aus Bronze, die durch Gießen hergestellt wurden. Die Ausführung ist noch relativ grob, die Oberfläche erscheint uneben und an einigen Stellen sind Schlackereste zu erkennen. (Erlitou)

Im dritten Grabungsabschnitt von Erlitou (ca. 1700–1500 v. Chr.) und an Grabungsstätten von Henan, Shaanxi, Shanxi, Hebei und Hubei aus derselben Zeit, wurden zahlreiche Gerätschaften entdeckt, darunter Teile eines Pfluges, Keramiken, die die Entwicklung der Schrift belegen, wertvolle Kultgegenstände aus Jade, einfache Bronzestücke wie Ahlen, Bohrer, Angelhaken, Schneidwerkzeuge und Pfeilspitzen sowie Musikinstrumente. Einige Wissenschaftler ordnen die Funde aus dieser Zeit ebenfalls der Xia-Dynastie zu. Auch Bronzegefäße, die als Behältnisse für Opfergaben oder für alkoholische Getränke bei Zeremonien dienten, hat man entdeckt. Es handelt sich um die ältesten bisher in China gefundenen Gefäße dieser Art. Sie lassen darauf schließen, dass die Entstehung der Xia-Dynastie mit dem Beginn der Bronzezeit zusammenfällt, auch wenn die Qualität der Arbeiten vermuten lässt, dass die Technik des Gießens eine wesentlich längere Tradition hat. Kleine Kupfer- und Bronzeobjekte, die aus der Zeit der Majiayao-, der Qijia- und der Huoshaogou-Kultur in Gansu sowie aus der Zeit der Longshan-Kultur in Shaanxi, Henan und Hebei datieren, beweisen, dass die Handwerker seit dem Neolithikum mit der Metallbearbeitung vertraut waren.

Die Kultobjekte aus Erlitou tragen in der Regel keine Verzierungen. Sie wurden vorwiegend durch Gießen hergestellt, indem man das flüssige Metall in tönerne Hohlformen füllte. Als Vorlagen dienten Gefäße aus der Töpferkunst. Das Wachsausschmelzverfahren mit Positivformen gibt es in China erst seit dem 5. Jahrhundert v. Chr. Für das Schmelzen von Metall benötigte man Öfen, die hohe Temperaturen erzielten, sowie ausreichend Rohmaterial, Voraussetzungen, die dank der Erfahrungen der Töpfer aus dem Neolithikum und dank des hohen Erzvorkommens in China gegeben waren. Man hat Bergwerke entdeckt, die bereits vor 3 000 Jahren betrieben wurden.

A Erlitou
  Einflussbereich der Xia
  Territorium der Xia

29 *Die Bedeutung und die rituelle Funktion dieser Darstellung aus Türkiseinlagen auf einer Bronzetafel ist nicht bekannt. Es scheint ein von oben betrachtetes, riesiges Tier zu sein, das den Betrachter mit durchdringendem Blick fixiert. (Erlitou)*

A Anyang
B Zhengzhou
C Sanxingdui
D Xin'gan

DIE SHANG-DYNASTIE

Gemäß der Überlieferung verlor die Xia-Dynastie, die mit göttlichem Mandat regierte, die Gunst des Himmels wegen der Gottlosigkeit und der Untauglichkeit ihres letzten Herrschers Jie, der von einer grausamen und zügellosen Konkubine gegängelt wurde. Aufgrund seiner heiligen Aufgabe erregte sein unwürdiges Verhalten den Zorn der Götter, was sich tief greifend auf Mensch und Natur auswirkte. Seinetwegen geschah so schreckliches Unheil und die soziale Ordnung geriet derart aus den Fugen, dass es notwendig schien Jie durch Tang zu ersetzen. Er war ein tugendhafter Mann, würdig den göttlichen Auftrag zu erhalten. Dies war der Beginn der Shang-Dynastie (16.–11. Jahrhundert v. Chr.).

Ursprünglich war Shang der Name der alten Hauptstadt des Volkes, das die Xia besiegt hatte. Später wurden damit die Schamanenherrscher betitelt, die jahrhundertelang regieren sollten. Sie standen an der Spitze einer Art Stammesgemeinschaft, die unterschiedliche Traditionen

30 links Die geschwungenen Füße dieses eleganten Gefäßes (jia), *die wie Stoßzähne wirken, und das am Rand thronende Vogelpaar sind gegensätzliche Symbole, die harmonisch und stilecht zusammengefügt wurden.* (11. Jahrhundert v. Chr.)

30 rechts Dieser große *fangding, ein Opfergefäß, wurde aus einem Stück gegossen: Für die Außenkonturen verwendete man eine achtteilige Form. Die Griffe wurden direkt in einer Doppelschalenform angegossen. Für die Füße benötigte man zwei Außen- und eine Innenform.* (Erligang)

31 oben Die gong, Behältnisse für Flüssigkeiten mit charakteristischer Tierform, hatten ihre Blütezeit im 14. und 13. Jahrhundert v. Chr. Dieses gong stellt eine Hybride aus Vogel und Katze dar und ist eines der schönsten und reich verziertesten Stücke. (Shang)

31 unten Während der Zeremonien, die typisch für das Leben am Hofe der Shang waren, wurden große Mengen alkoholischer Getränke aus Bronzekelchen (gu) genossen. Diese Kelche stehen auf einem schlanken Fuß und weiten sich trompetenförmig. (Shang)

und Bräuche pflegte. Die Existenz der Shang-Dynastie wurde durch systematische Grabungen in Anyang (Henan) bestätigt, die von der Sinologischen Akademie seit 1928 durchgeführt wurden. Diese Arbeiten förderten die Überreste der Hauptstadt Yin zutage, die seit 1300 v. Chr. bewohnt war. Die Überreste von Yin erstrecken sich über eine Fläche von 24 km² und bestehen aus der Stadt (Grabungsstätte Xiaotun) und der Totenstadt (Grabungsstätte Xibeigang), am gegenüberliegenden Ufer des Flusses Huan.

Zwischen der Shang-Dynastie und den neolithischen Kulturen bestehen gravierende Unterschiede, die anhand von Funden aus beiden Epochen deutlich werden. Wissenschaftler suchen daher nach weiteren Fundstücken aus der frühen Bronzezeit, um die Hypothese einer Völkerwanderung und des Austausches von Wissen zwischen den Kulturen zu widerlegen.

Erst seit den 50er-Jahren sind die Archäologen in der Lage die kontinuierliche Entwicklung der Ureinwohner und die Zuverlässigkeit traditioneller Schriften zu belegen. Sie entdeckten Überreste verschiedener Siedlungen der Xia-Dynastie (Erlitou) und aus der Anfangszeit der Shang-Dynastie. In Erligang, nahe der Stadt Zhengzhou (Henan), wurden die Überreste einer massiven Ringmauer freigelegt, die bis zu 20 m hoch ist und eine Länge von 7 km aufweist. Innerhalb dieser Mauer stieß man auf Überreste palastähnlicher Gebäude, außerhalb entdeckte man Häuser, Lager, Werkstätten, Gießereien und Grabstätten. In dieser Stadt, die majestätisch gewesen sein muss, ist der Reichtum viel offensichtlicher als in Erlitou. Einige Archäologen vermuten, dass es sich hierbei um Ao oder Xiao, die zweite Hauptstadt der Shang-Dynastie handelt. Später wurden zahlreiche Funde in Shanxi, Shaanxi, Shandong, Hebei, Anhui und Hubei den Funden von Erligang gleichgestellt, unter anderem auch die des 4. Grabungsabschnitts von Erlitou.

Ein weiteres archäologisches Ereignis hat die heutigen Kenntnisse über die Shang-Dynastie erweitert: die Entdeckung von annähernd 200 000 Schriften, die mit minutiöser Genauigkeit die seherischen Praktiken der Schamanen während religiöser Zeremonien am Hofe beschreiben. Die Entzifferung dieses aus der Zeit der letzten neun Herrscher stammenden Materials führte dazu, dass man die wesentlichen Charakteristika der Shang-Yin-Kultur verstehen konnte. Es handelt sich um die Inschriften in den so genannten „Orakelknochen" *(jiaguwen)*, die man in großer Zahl in den Archiven von Anyang fand. Für das Orakel wurden vor allem Schulterblätter von Rindern, aber auch Schafknochen sowie Bauchknochen und Panzer von Schildkröten verwendet. Man ritzte Fragen in die Tierknochen und erhitzte diese. Die hierbei entstehenden Risse in den Knochen wurden von den Schamanen als Nachrichten der Ahnen, die während des Rituals angerufen wurden, interpretiert. Das Knochenorakel war zwar bereits im Neolithikum bekannt,

aber erst zur Zeit der Shang-Dynastie wurden die Fragen in die Knochen geritzt. Die Texte auf den Orakelknochen sind die ersten bekannten chinesischen Schriftzeichen und stellen eine Informationsquelle von unschätzbarem Wert dar.

Wahrsagungen gehörten im China der Shang-Dynastie zum Alltag und waren am Hofe hoch geschätzt. Entscheidungen des Hofes und des Staates stützten sich stets auf die Aussagen des Orakels.

Die Shang-Dynastie wird in zwei Phasen unterteilt: Die erste ist nach Erligang oder Zhengzhou (ca. 16.–13. Jahrhundert v. Chr.) benannt, die zweite nach Anyang (ca. 13.–11. Jahrhundert v. Chr.). In der Erligang-Phase erlebte die Herstellung von Sakralbronzen eine Blütezeit. Diese Bronzen wurden von den Aristokraten bei Kulthandlungen verwendet und den Verstorbenen neben der wertvollen Jade mit in das Grab gelegt. Die Gefäße wurden in tönerne Formen gegossen (über 1000 hat man in einer einzigen Gießerei entdeckt). In der Anyang-Phase zeichnen sich die Kultgefäße durch realistische Tierdarstellungen und ausdrucksvolle stilisierte Masken aus. Erstmals befinden sich kurze Inschriften auf den Gefäßen, die den Besitzer oder den Empfänger des Objekts und später auch den Anlass der Feierlichkeit festhalten.

Nach einem komplexen System der Thronfolge, das auf den Familienbanden innerhalb des herrschenden Klans basierte, gab es 30 Shang-Herrscher. Das königliche Geschlecht bestand aus Schamanen: Der Herrscher, Inhaber der politischen, militärischen und religiösen Macht, und der Klan, dessen Oberhaupt er war, erhielten ihre Macht aufgrund ihrer allgemein anerkannten Fähigkeit, mit den Ahnen und den Gottheiten in Verbindung treten zu können. Die direkte Verbindung mit den eigenen Vorfahren, deren Einfluss auf das irdische Dasein man als entscheidend betrachtete, verlieh dem Herrscher

32 *Dieser seltene Krug aus Elfenbein mit Intarsien gehörte Königin Fu Hao. Der Dekor ist typisch für Sakralbronzen der Shang-Dynastie. Taotie-Masken und Spiralen zieren das Gefäß und den Henkel, der die Form eines Greifvogels hat. (Shang)*

33 oben *Diese Jadefigur gehört zur reichen Grabausstattung der Königin Fu Hao und stellt eine kniende Frau dar. Sie hat eine auffällige Frisur und trägt einen imposant geknoteten Gürtel. (Shang)*

33 unten *Die Verbindung mit den Gottheiten und den Ahnen wurde mithilfe religiöser Riten hergestellt, bei denen man sich tierischer Knochen bediente. Die Inschriften auf diesem Schildkrötenpanzer beziehen sich auf Jagdexpeditionen. (Shang)*

und seinen Angehörigen einen göttlichen Status und rechtfertigte seine Position innerhalb der Gesellschaft. Mittelpunkt der Riten war der Ahnenkult, der die Familien- und Stammesbande stärkte und heiligte. Religion und Politik waren eng miteinander verbunden. Zeremonien und Riten spielten eine entscheidende politische Rolle. Der Ahnenkult des königlichen Geschlechts folgte strengen Ritualen, bei denen auch das Göttliche des Herrschers zum Tragen kam, und war ausnahmslos den direkten Nachkommen der königlichen Familie vorbehalten. Wie man auch anhand der reichen Dekors der Sakralbronzen erkennen kann, begünstigten Fantasietiere und die während der Zeremonie genossenen alkoholischen Getränke die Trance, die eine Begegnung mit dem Jenseits ermöglichte.

Die Shang-Herrscher unternahmen Feldzüge und unterhielten diplomatische Beziehungen, um ihre Vorherrschaft zu festigen oder die Allianzen mit anderen Staaten zu erhalten. Sie verfügten über eine schlagkräftige Armee, die mit wendigen Kampfwagen ausgerüstet war. Die Stütze des Staates bildete das Territorium, das direkt der Verwaltung des königlichen Geschlechts unterstand. Daneben gab es Regionen, die von Gouverneuren, die an die Zentralmacht gebunden waren, verwaltet wurden, meist Familienangehörige oder sonstige Abhängige. Die Völker, die an den Grenzen des Shang-Reiches lebten, hielt man für „Barbaren". Sie wurden als Sklaven verschleppt oder als Menschenopfer dargebracht.

Diverse Funde lieferten Beweise für hoch entwickelte Kulturen, die in den Orakelaufzeichnungen nicht erwähnt werden und auch von der traditionellen Historiographie übergangen wurden. Diesbezüglich äußerst interessant sind die Funde, die man in zwei sakrale Stätten aus dem 12. Jahrhundert v. Chr. in der Provinz Sichuan in Sanxingdui nahe Guanghan entdeckte. Sie zeugen von hoch entwickelten Bräuchen und Riten und davon, dass diese Zivilisationen sich unabhängig von der chinesischen Kultur dieser Periode entwickelt haben.

DIE WESTLICHE ZHOU-DYNASTIE

Die traditionelle Historiographie geht davon aus, dass die Shang-Dynastie aus dem gleichen Grund wie die Xia-Dynastie unterging. Der zügellose und korrupte letzte Herrscher Di Xin (oder Zhou Xin) soll den Zorn der Götter durch solch schlimme Untaten erregt haben, dass seine Absetzung beschlossen wurde. Wieder einmal wurde die Theorie des Mandats des Himmels (tianming) bemüht, um eine Dynastie dem Untergang zu weihen. Der Himmel, tian, die höchste Gottheit, übertrug das göttliche Mandat demjenigen, der über eine außergewöhnliche Moral und über Charisma (de) verfügte und fähig war, Recht und Ordnung wiederherzustellen.

Das Fehlverhalten der Herrscher wurde von den Historikern stets als Rechtfertigung für den Untergang einer Dynastie herangezogen. In der Realität wurden jedoch die Spannungen zwischen zentraler Macht und Randinteressen gegen Ende der Shang-Dynastie immer offenkundiger, eine Tatsache, die sich durch die ganze chinesische Geschichte zieht. Die adeligen Shang gingen immer mehr auf Distanz zu Di Xin und schwächten dadurch seine Macht. Den Nutzen daraus zog Wu (1049/45–1043 v. Chr.), König der Zhou. Er befreite sich nicht nur von der Autorität der Shang, sondern entriss ihnen auch die Vorherrschaft. Die Hauptstadt des Reiches der Zhou, entlang dem Fluss Wei, war Feng, nahe der heutigen Stadt Xi'an. Um mit dem Reich der Shang rivalisieren zu können, wurde das Zhou-Reich von Wen (1099/56–1050 v. Chr.), Vater des Wu, zu einem mächtigen und straff organisierten Staat umgebildet. Die Beziehungen zwischen den Shang und den Zhou waren seit langem problembeladen, vor allem weil Wen eine Zeit lang in Youli, nahe der Hauptstadt Yin, gefangen gehalten wurde. Man wollte so die Gefahr der Vernichtung der Shang bannen, die aufgrund der militärischen Stärke der Zhou bestand.

Der Untergang der Shang wurde nach Wens Tod besiegelt. Sein Sohn Wu übernahm die Führung einer gigantischen Armee, die nicht nur aus den Truppen der Zhou, sondern auch aus Soldaten anderer Stämme wie den Shu und den Qiang – seit jeher Feinde der Shang – bestand. Außerdem konnte Wu auf die Unterstützung eines großen Teils der Shang-Aristokratie zählen. Um 1045 v. Chr. kam es in

34 *Dieses herrliche bronzene pan wurde als Fingerschale während sakraler Handlungen oder bei Festmahlen benutzt. Fisch, Drache und Vogel im Inneren der Schale symbolisieren die Tierwelt und die geistige Welt, die durch bestimmte Riten miteinander in Verbindung treten. (11. Jahrhundert v. Chr.)*

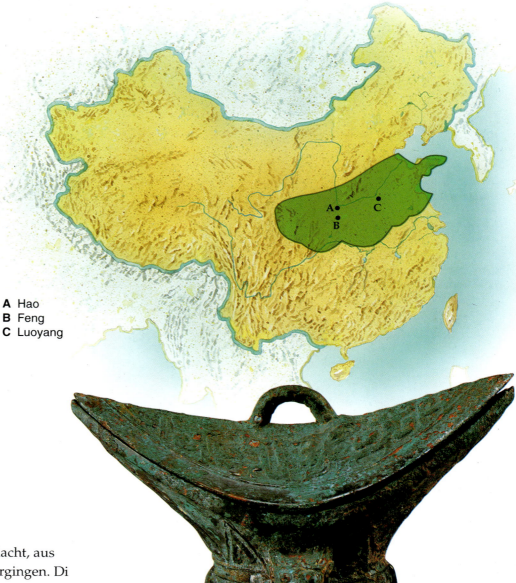

A Hao
B Feng
C Luoyang

Muye, nahe Yin, zu einer Schlacht, aus der die Zhou als Sieger hervorgingen. Di Xin wurde getötet, aber Yin wurde nicht zerstört, sondern Wugeng, dem Sohn des Di Xin übertragen, der unter der Aufsicht der drei Brüder des Königs Wu regierte. In Hao gründete man eine neue Hauptstadt, die nur religiöse Hauptstadt und der Ort königlicher Tempel war. Dies war der Beginn der Zhou-Dynastie. Historiker gliedern diese Zeit in zwei Perioden: die Westliche Zhou-Dynastie (ca. 1045–771 v. Chr.) und die Östliche Zhou-Dynastie (770–256 v. Chr.).

Nach dem Tod von Wu folgte sein Sohn Cheng auf den Thron (1042/35–1006 v. Chr.). Er war jedoch noch sehr jung und wurde unter die Vormundschaft des Bruders von Wu, des Herzogs von Zhou (1042–1036 v. Chr.), gestellt. Wugeng seinerseits wagte, möglicherweise mit der Unterstützung eines Teils der Zhou-Aristokratie, in einem günstigen Moment einen Aufstand. Der Herzog von Zhou griff jedoch entschlossen ein, schlug die Aufständischen nieder und teilte die neuen Territorien in Fürstentümer ein, die er seinen Brüdern unterstellte. In Luoyi, nahe der heutigen Stadt Luoyang (Henan), wurde eine zweite Hauptstadt für die östlichen Gegenden gegründet. Als Cheng volljährig war, zog sich der Herzog von Zhou aus den Amtsgeschäften zurück. Die späteren Historiker, von Konfuzius geprägt, würdigten die Könige Wen und Wu, sowie den Herzog von Zhou für ihre große Tugend und Weisheit.

Die historischen Ereignisse und die Heldentaten der ersten Zhou-Herrscher wurden in einigen Werken festgehalten, die in späterer Zeit vollendet oder überarbeitet wurden. Aus der Zeit der Westlichen Zhou-Dynastie stammen Teile des „Shujing" (Klassische Schriften), einer Sammlung historischer Texte, und Teile des „Shijing" (Buch der Lieder), einer Sammlung poetischer Texte.

35 links *Das Motiv verwobener Drachen oder Schlangen, das normalerweise auf Stoff oder kleineren Bronzegefäßen (z. B. als Henkel) zu finden ist, bildet das Hauptthema auf diesem* hu *aus dem 9. Jahrhundert v. Chr. (Westl. Zhou).*

35 rechts *Unter den tausenden Sakralbronzen der Shang-Dynastie und der Westlichen Zhou-Dynastie haben nur etwa 40 diese Form vom Typ* jiao. *Diese Gefäße, die für alkoholische Getränke bestimmt waren, fand man in späteren Grabstätten nicht mehr. (Westl. Zhou)*

36 oben *Die Haltung der Arme dieser Bronzestatuette aus dem Jahr 900 v. Chr. erinnert an die große Statue aus dem 12. Jahrhundert v. Chr., die in Sanxingdui entdeckt wurde. Man hat die Figur in Baoji gefunden; ihre Bedeutung ist bis heute ein Geheimnis. (Westl. Zhou)*

Wertvolle Zeugen sind auch die Inschriften auf zahlreichen Bronzegefäßen. Manche bestehen aus hunderten von Schriftzeichen. Sie sind eine unverfälschte Informationsquelle und dienen somit, den Wahrheitsgehalt der historisch-literarischen Erzählungen zu überprüfen.

Die Könige der Zhou trugen den Titel *tianzi*, Sohn des Himmels. Sie galten jedoch nicht länger als gottgleich wie noch die Könige der Shang-Dynastie, sondern waren vielmehr die Vertreter des Himmels auf Erden und nur die Ausführenden des göttlichen Willens. Dies hatte große Auswirkungen auf das Sozialgefüge. Die Zeremonien und Riten erfuhren tief greifende Veränderungen. Die immensen Mengen an Materialien und Menschen, die eine Verbindung zum Jenseits herstellen sollten, wurden drastisch reduziert und die Wahrsagung verlor ihre zentrale Stellung.

Die Struktur des Staates, der besser gegliedert war als in der Vergangenheit, basierte noch immer auf Familienbanden. Die Machtverteilung wurde von klaren religiösen Werten geregelt und gründete sich auf die Hierarchien innerhalb des Klans, die nach dem *zongfa* gegliedert waren. Kraft dieses Systems hing die Position jedes Mitglieds davon ab, ob es gemäß seiner Geburt zu einer Haupt- oder Nebenlinien des Klans gehörte. In Riten und Traditionen wurde diese Unterscheidung bei allen Anlässen deutlich.

Mit der Zhou-Dynastie begann die Mischbebauung der Felder, um keinen Raubbau am Ackerboden zu betreiben. Auch begann man Soja anzubauen. Die Handwerker genossen aufgrund des hohen Stellenwerts der Sakralgegenstände aus Jade und Bronze hohes Ansehen.

Die Westliche Zhou-Dynastie wird in drei Phasen unterteilt: die erste Phase (ca. 1045–957 v. Chr.) mit den Herrschern Wu, Cheng, Kang und Zhao, die mittlere Phase (ca. 956–866 v. Chr.) mit Mu, Gong, Yi und Xiao und die späte Phase (ca. 865–771 v. Chr.), die unterteilt wird nach der Regierungszeit der Könige Yi und Li und nach der Herrschaft von Gong He, Xuan und You. Unter Xuan (827/25–782 v. Chr.) begann der Zerfall der Dynastie. Ihr endgültiger Untergang vollzog sich unter You (781–771 v. Chr.). 771 v. Chr. verbündeten sich die Quanrong, ein Barbaren-Stamm, der nicht zum Herrschaftsgebiet der Zhou gehörte, mit einem Teil der Zhou-Aristokratie. Sie ermordeten You und vertrieben die Zhou aus Hao.

36 unten *Diese glasierte Keramikvase erinnert in Form und Dekor an Sakralbronzen der Östlichen Zhou-Dynastie, deren Ornamente ihren rituellen Wert verloren hatten und lediglich ästhetischen Ansprüchen genügen mussten. (Östl. Zhou, Streitende Reiche)*

DIE ÖSTLICHE ZHOU-DYNASTIE

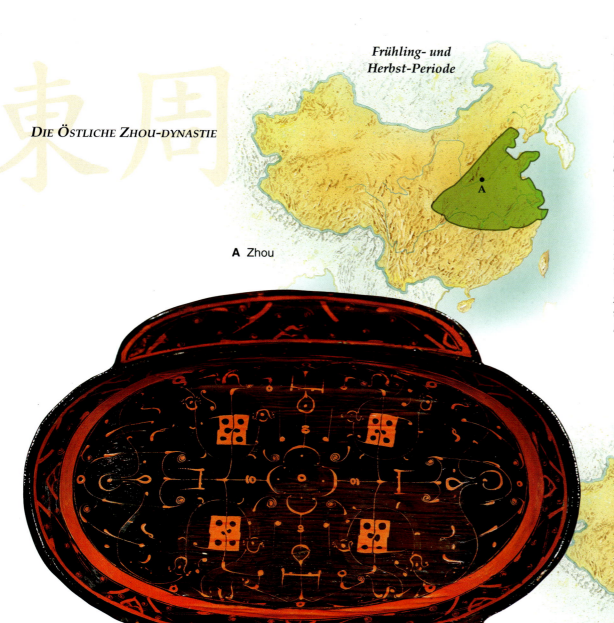

Frühling- und Herbst-Periode

A Zhou

Streitende Reiche

37 oben Dieser herrliche Kelch mit Henkeln in Form von Ohren blieb Dank seiner besonderen Verarbeitung 23 Jahrhunderte erhalten. Er ist Wasser abweisend und unempfindlich gegenüber Korrosion und Temperaturschwankungen. Das Holz wurde mit Lack überzogen, getrocknet, poliert und nochmals mit Lack überzogen. Dieser Vorgang konnte bis zu 30-mal wiederholt werden. (Östl. Zhou, Streitende Reiche)

37 unten Die goldenen Inschriften auf diesen bronzenen Bambusrohren sind Empfehlungsschreiben von König Chu aus dem Jahr 323 v. Chr. Sie berechtigen den Herrn des kleinen, aber strategisch wichtigen Reiches E, seine Waren entlang den Uferstraßen zu verkaufen. (Östl. Zhou, Streitende Reiche)

Mit der Verlegung der Hauptstadt nach Luoyi begann die Herrschaft der Östlichen Zhou-Dynastie (770–221 v. Chr.). Die Historiker unterscheiden zwei Phasen. Die erste ist bekannt als Frühling- und Herbst-Periode (770–476 v. Chr.), benannt nach dem Titel eines Werkes aus dem 5. Jahrhundert v. Chr., dem „Chunqiu" (Frühling und Herbst des Fürstentums Lu), offizielle Chronik der Ereignisse in den Jahren 722–481 v. Chr. im Fürstentum Lu, der Heimat des Konfuzius. Die zweite Phase, die Periode der Streitenden Reiche (475–221 v. Chr.), verdankt ihren Namen einem historischen Werk, das im 1. Jahrhundert v. Chr. vollendet wurde, dem „Zhanguoce" (Intrigen der Streitenden Reiche). Es handelt sich hierbei um eine Textsammlung aus dem 3.–1. Jahrhundert v. Chr., die von den Ereignissen in den Fürstentümern des 4.–3. Jahrhunderts v. Chr. berichtet.

Die politische und institutionelle Ordnung der früheren Epochen löste sich schrittweise auf. Das Königshaus Zhou, jetzt ohne militärische Macht und unfähig, die unter seiner Herrschaft stehenden Territorien zu verteidigen, verlor seine politische Autorität. Es blieb ihm jedoch die bedeutende Rolle der obersten religiösen Autorität, als die es das *tianxia*, „alles, was unter dem Himmel ist", in der bürgerlichen Welt zum Gipfel führte. Viele Fürstentümer und Königreiche, die von Nachkommen der Stammesführer regiert wurden und im Lauf der Jahrhunderte von den Zhou-Königen als Belohnung für Tribute oder militärische Hilfe Land erhalten hatten, kämpften um den Erhalt ihrer Autonomie und Vorherrschaft. Einmal an der Macht, gaben sie sich den Titel *wang*, König, der bislang den Zhou-Herrschern vorbehalten war.

Im Verlauf des 7. Jahrhunderts v. Chr. gewannen die Randkönigreiche immer mehr politischen Einfluss und wurden bald zu einer ernsthaften Bedrohung für die Regionen der Zentralen Tiefebene. Im Norden begannen die Qi, gefolgt von den Jin, und im Süden die Chu, lange und erbitterte Kämpfe um die Vorherrschaft zu führen. Diese zogen sich, mit wechselndem Ausgang, bis zum Ende des 5. Jahrhunderts v. Chr. hin. 453 v. Chr. wurde

das Jin-Reich in drei Teile gespalten. Aus dieser Teilung entstanden die Reiche der Zhao, Wei und Han.

Während der Periode der Streitenden Reiche kämpften sieben Königreiche um die Vorherrschaft: Zhao, Wei, Han, Qin, Qi, Yan und Chu. Der schwierige Integrationsprozess trat in eine langwierige, unklare Phase ein. Ständige Auseinandersetzungen, mit den Ereignissen wechselnde Allianzen, intensive diplomatische Bemühungen, Verrat, Überfälle und Mordanschläge begleiteten die sich rasch entwickelnde Politik, an deren Ende die Gründung des Qin-Reiches stand. Dieses hatte dank seiner strategisch günstigen Lage – am Unterlauf des Gelben Flusses, in Shaanxi und umgeben von natürlichen Schutzwällen – entscheidende Vorteile.

Unter der Herrschaft der Qin wurden viele institutionelle und administrative Reformen durchgeführt, angeregt von den Theorien des Reformpolitikers Shang Yang (4. Jahrhundert v. Chr.), einem berühmten Vertreter der Legalisten-Schule (fajia). Dank der rigorosen Anwendung der Reformen sowie einer straffen Innenpolitik, die ganz auf die Stärkung des Staates ausgerichtet war, und dank einer skrupellosen Außenpolitik, die auf die allumfassende Einheit des tianxia abzielte, wurde das Qin-Reich zu einer scheinbar unbezwingbaren militärischen Macht.

Entscheidend war die Thronbesteigung von Ying Zheng, einem Mann mit außergewöhnlichem Organisationstalent, im Jahr 246 v. Chr. Unter seiner Führung gelang es der Armee des Qin-Reiches in den Jahren 230–221 v. Chr., alle Gegner zu bezwingen, und es entstand das erste große Imperium der chinesischen Geschichte. Die einzelnen Staaten gründeten, um den ständigen Bedrohungen von außen trotzen zu können, ein Machtsystem, das ihnen größtmögliche politische und militärische Macht garantierte. In dieser Zeit rascher Veränderungen wurde das Verwandtschaftsprinzip bezüglich der sozialen Hierarchien nicht mehr berücksichtigt. Militärische Werte und Reichtum sorgten für eine neue Führungsriege, während sich aus den Adelsfamilien die Klasse der Intellektuellen entwickelte. Minister, Reformatoren, Denker und Philosophen versuchten, die Gesellschaft neu zu definieren. Sie sollten die ideologische und kulturelle Krise erklären und lösen, die diese großen Umwälzungen hervor-

38 *Diese 143,5 cm hohe Halterung für eine Trommel in Form eines Vogels mit Hirschgeweih wurde neben dem Sarkophag des Grafen Yi von Zeng entdeckt. Ihre Fundstelle lässt vermuten, dass sie bei rituellen Handlung verwendet wurde. (Östl. Zhou, Streitende Reiche)*

39 oben *Dieses Behältnis für Getreide (dou), ein Kelch mit Fuß und einem Deckel in Form einer umgedrehten Tasse, ist mit einem Wolkenmuster dekoriert und mit Goldfäden reich verziert. (Östl. Zhou, Streitende Reiche)*

39 unten *Ein Fantasietier – halb Katze, halb Reptil – und bedrohlich wirkende Geschöpfe, die an Greifvögel erinnern, zieren dieses Behältnis aus Bronze und Kupfer, das für alkoholische Getränke vorgesehen war. (Östl. Zhou, Streitende Reiche)*

Unter der Östlichen Zhou-Dynastie vollzog sich eine unvergleichliche technologische Entwicklung. Zwischen dem 6. und 5. Jahrhundert v. Chr. lernte man, Eisen zu schmelzen, was dem Westen erst mehr als tausend Jahre später gelang. Gusseisen und Stahl ermöglichten eine handliche und wirkungsvolle Bewaffnung der Armee, zum Beispiel mit Armbrüsten und Speeren, und ermöglichten die Herstellung neuer landwirtschaftlicher Geräte. Holz-, Stein- und zum Teil auch Bronzewerkzeuge wurden Schritt für Schritt durch in Serie gefertigte, eiserne oder gusseiserne Werkzeuge ersetzt. Dies ermöglichte die Urbarmachung großer Flächen und steigerte die Produktivität. Bronze, früher nur für zeremonielle Zwecke bestimmt, wurde immer häufiger zur Herstellung von Gegenständen des täglichen Lebens verwendet. Die Herstellungsmethoden änderten sich grundlegend und wurden durch neue Techniken vielseitiger, darunter das Vergolden, die Dekorgravur und Einlegearbeiten aus Türkisen. Der Handel wurde intensiviert, wodurch die Wirtschaft florierte. Man baute Bewässerungsanlagen, hob Kanäle von mehreren hundert Kilometern Länge aus, legte Deiche zur Umleitung von Flüssen an und errichtete mächtige Schutzmauern.

gerufen hatten. In dieser verwirrenden geistigen, materiellen und ideologischen Situation, wurde ein Wertesystem, das eine neue Ordnung schaffen sollte, zum Dreh- und Angelpunkt. Dieses System sollte für die Regierung und die soziale Kontrolle zweckmäßig gestaltet sein. Es wurden verschiedene Vorschläge unterbreitet. Die zeitgenössischen Intellektuellen ließen ihrer Fantasie freien Lauf und so entstand eine überraschende Meinungsvielfalt.

Vor diesem Hintergrund formierten sich die wesentlichen Gedanken des alten Chinas, bekannt unter der Bezeichnung „Hundert Schulen". Konfuzianismus, Taoismus, Moismus, die Legalisten und die Begriffe der Logik und des korrelativen Denkens entstanden. Dies war die Zeit von Konfuzius, Mengzi, Xun Kuang, Laotse, Zhuang Zhou, Han Feizi, Mo Ti und vieler anderer großer Meister.

DAS ERSTE KAISERREICH

Im Jahr 221 v. Chr. war der schwierige Integrationsprozess zwischen den Völkern, die auf dem weiten chinesischen Territorium lebten, vollendet. Es kam zur Gründung eines Kaiserreiches, das bis 1911 Bestand hatte. Die Zeit von 221 v. Chr. bis 220 n. Chr., als die Dynastien Qin (221–206 v. Chr.) und Han (206 v. Chr.–220 n. Chr.) herrschten, war für die Schaffung administrativer, wirtschaftlicher und sozialer Strukturen des Kaiserreiches entscheidend. Die politische Einheit, die unter Qin Shi Huangdi (221–210 v. Chr.) begann und sich unter Wudi oder Wu (140–87 v. Chr.) konsolidierte, die eindrucksvollen Werke, die die Bauingenieure schufen, das hohe technische Niveau der Handwerker bei der Metallbearbeitung, der Zimmermannskunst, der Spinnerei und Weberei und auf vielen anderen Gebieten, führten zu einem unvergleichlichen wirtschaftlichen Aufschwung. Die

40 Bogenschützen spielten in der Armee des Qin Shi Huangdi eine wichtige Rolle. An der ersten Grabungsstätte, an der die meisten Statuen entdeckt wurden, standen sie an der Spitze der Armee, die aus sieben Kolonnen zu je drei Reihen Soldaten bestand. Neben diesem knienden Bogenschützen fand man Überreste eines Bogens, Pfeilspitzen und einen Bronzespeer. (Qin)

41 oben Diese lackierte Schale mit vergoldeten Bronzeeinfassungen trägt eine umlaufende Inschrift, die den Gegenstand beschreibt, das Datum (4 n. Chr.) und den Ort der Herstellung nennt und die Künstler auflistet. (Westl. Han)

41 unten Für die Chinesen ist das Gänsepaar, hier in Form von bemalten Terrakottagefäßen, das Symbol für eheliches Glück. Die Gans ist das Sinnbild für Ehrlichkeit und Zuverlässigkeit. (Han)

42 Die volle Formgebung und die kraftvolle Erscheinung dieses Bronzepferdes sind typisch für die Han-Dynastie. Sie spiegeln nicht nur den Stil wider, sondern zeigen auch den Stellenwert des Pferdes. Um die kaiserliche Kavallerie zu stärken ließ Kaiser Wudi die „himmlischen Pferde", die majestätischer waren als die einheimischen, aus Zentralasien beschaffen. (Östl. Han)

43 links *Zahlreiche Statuetten aus bemaltem Holz oder anderen Materialien, die in großer Zahl in den Han-Gräbern und in Gräbern späterer Dynastien gefunden wurden, geben Auskunft über die Stoffe und die Mode der verschiedenen Epochen. (Westl. Han)*

43 rechts *Bei den Töpfern der Han-Zeit setzte sich die Technik der Bleiglasur auf der Basis von Metalloxiden durch, womit man eine Farbskala von Braun und Bernstein (Eisen) bis Grün (Kupfer) erzielte. Die Ergebnisse waren oft überraschend, wie dieses elegante Gefäß mit Deckel vom Typ hu zeigt. (Han)*

blühenden Handwerksbetriebe und die Händler schufen enormen Wohlstand. Intellektuelle Aktivitäten entwickelten sich nicht nur auf dem Gebiet der Literatur, der Geschichte und der Philosophie, sondern auch in der Mathematik, der Medizin und der Astronomie. Zu dieser Zeit lebten große Poeten wie Sima Xiangru (179–ca. 118 v. Chr.) und Cao Cao (155–220), Philosophen wie Dong Zhongshu (ca. 179–93 v. Chr.) und Wang Chong (ca. 27–100), Historiographen wie Sima Qian (ca. 145–ca. 86 v. Chr.) und Ban Gu (32–92) und Schriftsteller wie Liu Xiang (77 v. Chr.–6 n. Chr.) und Ma Rong (78–166). Es war auch die Zeit großer Wissenschaftler wie Zhang Heng (78–139).

Die unbekannten zeitgenössischen Künstler, noch in der Rolle einfacher Handwerker, hinterließen Werke von berückender Schönheit; herrlich verzierte Lackarbeiten, elegante Stoffe, zarte Malereien, Mauerfresken, glasierte Keramik und *céladon*, Holz- und Steinskulpturen, Basreliefs, wunderschönen Schmuck und wertvolle Ornamente in Jade oder Metall.

Auf diese Zeit geht auch die Erfindung des Papiers zurück, hergestellt aus Pflanzenfasern wie Hanf oder Ramie. Papierfragmente aus Ramie- und Hanffasern wurden 1957 bei Xi'an entdeckt. Sie datieren aus dem Jahr 49 v. Chr. Um 751 wurde die Kunst des Papiermachens durch chinesische Kriegsgefangene im arabischen Kulturkreis bekannt. Seit dem 13. Jahrhundert wird Papier in Europa gefertigt. 610 wurde die Technik der Papierherstellung von dem koreanischen Mönch Damjing (579–631) nach Japan gebracht. Das älteste auf Papier gedruckte Buch ist das „Piyujing" (Buch der Fabeln), ein buddhistisches Werk aus dem Jahr 256, das im Kalligraphiemuseum in Tokio aufbewahrt wird.

Die Qin-Dynastie

Innerhalb weniger Jahre gelang es dem Qin-Reich alle seine Gegner zu unterwerfen. 230 v. Chr. wurde das Han-Reich geschlagen, 225 das der Wei. Ebenso kapitulierten 223 die Chu, 222 die Zhao und die Yan und 221 die Qi. Niemals hatte ein einziger Herrscher die Kontrolle über ein solch weites Territorium. Das Reich umfasste die Hochebenen von Gansu und Qinghai, im Süden Guangdong und Guangxi und andere, im Osten reichte es bis ans Meer und im Norden über den Huanghe hinaus und zur Halbinsel Liaodong. König Zheng der Qin-Dynastie war sich bewusst, dass er eine neue Zeit eingeläutet hatte. Er gab sich den Titel *Huangdi*. Bis zu diesem Zeitpunkt waren die Beinamen *huang* und *di* den mythischen Herrschern der Kulturen vorbehalten; für die Shang-Dynastie bezeichnete *di* die höchste Gottheit. Die Tradition herausfordernd nannte König Zheng sich Shi Huangdi, „Erster Erhabener Kaiser", Gründer einer neuen Dynastie, die „zehntausend Generationen" hätte andauern sollen.

Qin Shi Huangdi und sein Erster Minister Li Si trafen eine Reihe wichtiger Maßnahmen, um die zentrale Macht zu sichern, da sie sich der Schwierigkeiten einer umfassenden Integration von Völkern und Kulturen, die sich jahrhundertelang bekämpft hatten, bewusst waren. Die Gesetzesdoktrin, die 130 Jahre die Grundlage für die Politik des Qin-Reiches bildete und seinen politischen und militärischen Erfolg bedingte, wurde zur Reichsideologie. Für die Anhänger der Legalisten-Schule waren nur die Staatsinteressen von Bedeutung. Sie verwirklichten, ausgehend von zwei fundamentalen Prinzipien, ein straff organisiertes und zentralistisches Regierungssystem: das Gesetz *(fa)*, ein unverzichtbares Instrument zur sozialen Kontrolle, und die Taktik *(shu)*, die sich die natürlichen menschlichen Neigungen zunutze machte und besagte: „Wer nicht zum Wohl des Staates handelt, handelt gegen das Vertraute". Eine effiziente Legislatur sollte gerecht, einfach, verständlich und öffentlich sein, sodass keiner sie missachten oder ignorieren konnte. Die strikte Anwendung von Belohnung und Bestrafung sollte Garant für den Respekt vor dem Gesetz und die Loyalität der Untertanen sein. Also kämpfte man für eine extrem pragmatische Doktrin, die effiziente Maßnahmen für die soziale Kontrolle schuf. Die einzigen Kriterien für die Wahl der Regierungsmitglieder waren ihr Können und ihre Verdienste, wie Han Feizi, der große Rechtstheoretiker, Freund und Kommilitone von Li Si es ausdrückte. 233 v. Chr. wurde er für diese Auffassung inhaftiert und in den Selbstmord getrieben.

Im Zuge der Durchführung dieser Prinzipien wurden die alten Adelsfamilien entmachtet und gezwungen in die Hauptstadt Xianyang, nahe dem heutigen Xi'an (Shaanxi), zu ziehen. Das Reich wurde in 36 Präfekturen *(jun)* unterteilt und diese wiederum in Kreise *(xian)*. Die Bevölkerung wurde in Distrikten *(xiang)* in Dorfgemeinschaften organisiert, die

A Xianyang

44 *Die Frisuren der Soldaten der Terrakotta-Armee sind sehr fein gearbeitet. Sie bestehen aus vielen Zöpfen, die in einem Knoten zusammengefasst sind. (Qin)*

45 *Man entdeckt immer mehr beschriftete Materialien aus der Zeit vor der Erfindung des Papiers im 1. Jahrhundert. Bambus- oder Seidenrollen wurden bis ins 5. Jahrhundert benutzt. Die Bambusstreifen wurden vertikal und einspaltig mit Pinseln beschriftet. Dann wurden die Streifen senkrecht aneinander gefügt und von links nach rechts gelesen. Zu den wichtigsten Funden zählt eine kleine Sammlung philosophischer Bücher, die in einem Grab aus dem Jahr 350 v. Chr. in Guodian (Hubei) entdeckt wurde. (Östl. Han)*

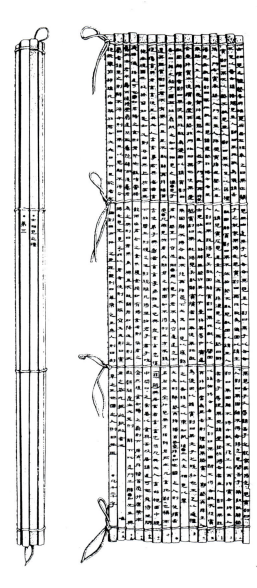

46 *Die Haltung dieses tönernen Dieners, der nahe dem Mausoleum von Qin Shi Huangdi gefunden wurde, war im alten China eine Geste der Ergebenheit, die in Japan bis heute Bestand hat. Ursprünglich war das Gewand bunt bemalt. (Qin)*

aus Siedlungen zu 1000 Familien *(ting)* bestanden. Diese wurden wiederum unterteilt in kleine Weiler zu 100 Kernfamilien *(li)*. An der Spitze dieses Systems standen vom Kaiser ernannte, lokal gewählte Beamte. Man führte das Prinzip der kollektiven Verantwortung ein, das die Familien, unterteilt in 5er- oder 10er-Gruppen, zusammenfasste.

Die Regierung selbst war eine Art Triumvirat: der Große Kanzler oder Erste Minister *(chengxian)*, an der Spitze der zentralen Verwaltung, der Große Marschall *(taiwei)*, oberster Befehlshaber der Truppen, und der Kaiserliche Berater *(yushu dafu)*, der Kontrollfunktion hatte. Die Regierungsmitglieder entsprachen hierarchisch den Verwaltungssektoren *(cao)* und unterstanden direkt dem Ersten Minister. Ein unabhängiges Organ, „die Neun Würdigen" *(jiuqing)*, kümmerte sich ausschließlich um die Belange des Kaiserhauses.

Es wurden Maßnahmen getroffen, um die politische und wirtschaftliche Einheit zu stärken. So wurden zum Beispiel die Schrift, das Währungssystem, die Gewichtseinheiten und die Spurbreite der Wagen standardisiert. Man schuf Kodexe, die dank einiger Bambusrollen, die 1975 in Shuihudi (Hubei) in einem Grab aus dem Jahr 217 v. Chr. gefunden wurden, erhalten sind. Diese Rollen waren aneinander gebunden und sahen bereits wie richtige Bücher aus. Gemäß der Überlieferung stammt der erste Kodex aus dem Jahr 536 v. Chr., als Zichan, der Erste Minister des Zeng-Reiches, die geltenden Strafgesetze in dreifüßige Bronzegegenstände ritzen ließ. Auch das Qin-Reich schuf sich 513 v. Chr. eine Rechtsgrundlage. Im 4. Jahrhundert v. Chr., zur Zeit von Shang Yang, gab es insgesamt sechs Grundgesetze. Die Schriften von Shuihudi verblüffen durch die große Anzahl der darin enthaltenen Regelungen. Es handelt sich vor allem um administrative und strafrechtliche Vorschriften, die von der nachfolgenden Legislatur fast vollständig übernommen wurden. Die Vorschriften bezogen sich nicht nur auf Regierungsangelegenheiten, sondern auch auf viele Bereiche des Privatlebens der Untertanen.

Da die Tradition bei der Realisierung der Pläne hinderlich war, ließ Qin Shi Huangdi 213 v. Chr. per Dekret alle historischen, literarischen und philosophischen Schriften verbrennen, ausgenommen wissenschaftliche Abhandlungen und die Qin-Annalen. Nur ein Exemplar wurde nicht zerstört und blieb in der Kaiserlichen Bibliothek erhalten. Es war jedoch den Machthabern vorbehalten. Drakonische Strafen, bis hin zur Todesstrafe, drohten jedem, der sich auf alte Traditionen berief oder sich dem Dekret widersetzte. 212 v. Chr. sollen 460 Schriftsteller lebendig begraben worden sein, weil sie das Dekret missachtet hatten. Dies wird jedoch von Historikern stark angezweifelt.

Über zwei Jahrtausende wurde der Erste Kaiser von der chinesischen Historiographie aufgrund seiner Missachtung der Kultur mit Schande überschüttet. Vor allem die Arroganz und die Grausamkeit

47 oben Miniaturen ländlicher Gegenden oder architektonischer Werke wie das hier abgebildete, dienten als Getreidebehältnisse. In den Gräbern aus dem Ersten Kaiserreich wurden Brunnen, Töpfe, Öfen und Gefäße für die Fischzucht gefunden. (Qin)

47 Mitte „Möge der Himmel die Tugend schicken, möge sie zehntausend Jahre andauern und es ermöglichen, dass Friede auf Erden herrscht". So lautet die Inschrift auf dieser Tonscheibe, die die Frontseite einer Palastregenrinne schmückte. (Qin)

47 unten Bronzematrizen für die Münzprägung entstanden zur Zeit der Streitenden Reiche. Sie ersetzten die tönernen oder steinernen Formen. Das geschmolzene Metall wurde in die mittlere Rinne gegossen und verteilte sich in die seitlichen Formen. (Qin)

während seiner Regierung wurden angeprangert. Tatsächlich aber verwirklichte er große und nützliche öffentliche Projekte, die den Jahrhunderten trotzten. So wurde zum Beispiel ein weitläufiges Straßennetz errichtet, um die entlegensten Regionen des Reiches miteinander zu verbinden. Es umfasste ca. 6 800 km.

Man begann mit dem Bau des Lingkanals, der die Flüsse Xiang und Li miteinander verband. Außerdem wurde dadurch eine Verbindung zwischen dem Jangtsekiangbecken und dem Becken des Zhujiang (Perlfluss) hergestellt und somit der Warentransport und die Bewässerung großer landwirtschaftlicher Flächen erleichtert. Die Große Mauer wurde vollendet, ein fantastisches Bauwerk, über 5 000 km lang, das von Lintao (Gansu) bis zur Halbinsel Liaodong reichte. Für ihren Bau verband man bereits früher errichtete Schutzmauern, die in den nördlichen Reichen von Qin, Zhao und Yan errichtet worden waren, um diese vor der ständigen Bedrohung durch die Xiongnu zu schützen. Millionen Menschen fanden Arbeit bei der Verwirklichung öffentlicher Bauvorhaben oder militärischer Expeditionen. Diese waren nötig, um die wenigen Revolten, vor allem im Süden, gegen die zentralistische Regierung niederzuschlagen oder um die Bedrohungen von außen abzuwehren, vor allem aus dem Norden, hinter der Großen Mauer.

210 v. Chr. starb der Erste Erhabene Kaiser während einer Expedition nach Shaqiu (Hebei). Sein Leichnam wurde in Lintong (Shaanxi) in einem Mausoleum beigesetzt. Hier schuf man ihm eine Armee aus Terrakotta, bestehend aus ca. 7 000 Kriegerstatuen, über 600 fast lebensgroßen Pferden, ca. 100 Kampfwagen aus Holz und 2 aus Bronze sowie einer großen Anzahl an Waffen.

Die Dynastie, die „zehntausend Generationen" regieren sollte, überstand den Verlust ihres Gründers nicht. Der Hof und die Regierung zerfleischten sich bei Machtkämpfen, deren Hauptakteure der Erste Minister Li Si und der einflussreiche Eunuch Zhao Gao waren. Sie trieben den Erbprinzen in den Selbstmord, hoben den Zweitgeborenen Hu Hai, auf den Thron und gaben ihm den Titel Zweiter Erhabener Kaiser *(Er Shi Huangdi)*. 201 v. Chr. ermordete Zhao Gao den Zweiten Erhabenen Kaiser, nachdem er vorher schon Li Si beseitigt hatte. Er übertrug die Macht Zi Ying, dem Enkel von Shi Huangdi, da dieser es nicht wagte seine Ansprüche als Dritter Erhabener Kaiser geltend zu machen. Der neue Herrscher war sich der Gefährlichkeit Zhao Gaos bewusst. Er ließ ihn hinrichten, aber für die Dynastie kam dieser Schritt zu spät. Während die Regierung durch Palastintrigen immer mehr geschwächt wurde, war die Bevölkerung, die bis an die Grenzen des Erträglichen verarmt war, bereit, ihrem Zorn freien Lauf zu lassen. Die ständigen Kriegszüge und großen Bauprojekte des Ersten Erhabenen Kaisers hatten dazu geführt, dass Millionen Menschen die Landwirtschaft vernachlässigen mussten. Die Qin-Gesetze wurden in den neu eroberten Gebieten unerträglich, da sie keine Rücksicht auf die regionalen Gegebenheiten und die landesüblichen Bräuche nahmen. Ein Volksaufstand 209 v. Chr. breitete sich im ganzen Reich aus. Nach grausamen Kämpfen drangen Liu Bang, ein einfacher Mann, und Xiang Yu, ein Adeliger der Chu, mit ihrer Armee in das Kaiserreich ein und löschten die Qin-Dynastie aus.

47

西漢

DIE WESTLICHE HAN-DYNASTIE

48 links Dieser elegante Jadegriff in Form eines Fantasietieres, das eine bi-Scheibe zwischen den Zähnen hält, stammt aus dem Grab von Zhao Mo (137–122 v. Chr.), zweiter Herrscher des südlichen Nanyue-Reiches. Vermutlich war der Griff an einer Schachtel oder an einem Koffer aus dem reichen Grabschatz angebracht. (Westl. Han)

48 Mitte Unter den wertvollen Jadestücken aus dem Grabmal des Zhao Mo verdient dieses Ornament besondere Beachtung. Nach Meinung einiger Experten könnte es sich um eine Befestigungsschnalle für ein Schwert handeln. (Westl. Han)

48 rechts Diese Figur einer Jadetänzerin ist nur 3,5 cm groß. Ihre grazilen Formen werden durch das lange Gewand, die weiten Ärmel, die im Wind flattern, und ihre Haltung unterstrichen. (Westl. Han)

49 In einem Graben nahe dem Mausoleum des Kaisers Jingdi (157–141 v. Chr.) wurden tausende rote Keramikstatuen gefunden, die ca. 62 cm groß sind. Die beweglichen Arme aus Holz und die Gewänder aus Seide oder Hanf blieben nicht erhalten. (Westl. Han)

Die Zeit der Han-Dynastie begann 206 v. Chr., aber erst 202 v. Chr. erhielt Liu Bang den Kaisertitel, nachdem er Xiang Yu, seinen mächtigen Verbündeten vergangener Tage, besiegt hatte. Erstmals in der chinesischen Geschichte bestieg ein einfacher Mann den Thron. Posthum ging Liu Bang als Gaodi, Erhabener Kaiser, oder Gaozu, Erhabener Ahne (202–195 v. Chr.), in die chinesische Geschichte ein. Der neue Herrscher machte Chang'an, nahe Xi'an, zur Hauptstadt. Um seine Macht zu festigen, versah er diejenigen, die ihn gegen Xiang Yu unterstützt hatten, mit Ländereien und Adelstiteln. Wie bereits zu Zeiten der Östlichen Zhou-Dynastie gaben sich die neuen Herren den Beinamen *wang*, König. Die Beamten wurden durch regionale Wahlen bestimmt, nur den Ersten Minister ernannte der Kaiser. Die insgesamt sechs Könige hatten weiterhin ein Recht auf eine eigene Armee. Da wesentliche Teile der Institutionen der Qin-Dynastie erhalten blieben, führte die Schaffung der einzelnen Reiche innerhalb des Kaiserreiches zu einer Art doppelte Regierungsführung, was jedoch ständige Konflikte hervorrief. Der zentrale Machtapparat hoffte, seine Kontrolle über das Kaiserreich zu festigen, während die lokalen Könige eine kontraproduktive Politik betrieben und ständig mehr Autonomie forderten. Gaodi bereitete dem ein Ende, indem er die Könige durch Prinzen kaiserlichen Geschlechts ersetzte.

Von 206 v. Chr. bis 9 n. Chr. bestiegen zwölf Kaiser und eine Kaiserin den Thron. Unter ihnen war Kaiser Wudi der Herrscher, der entscheidend zur Stärkung der Dynastie beitrug. In den 54 Jahren seiner Regierungszeit verfolgte er eine zielgerichtete Politik der Zentralisierung und Expansion. Das Reich verdoppelte unter Wudi sein Territorium. Im Norden reichte es bis an die Mongolei und Korea, im Süden wurden einige unabhängige Reiche unterworfen, darunter Dian in Yunnan und Nanyue in Guangxi sowie Teile von Guangdong und Nordvietnam. In Guizhou wurde Yelang und in Fujian die Min-Stadt Yue annektiert. Im Osten in Ordos, Gansu und Sichuan wurden Befehlshaber eingesetzt. Für den Handel mit

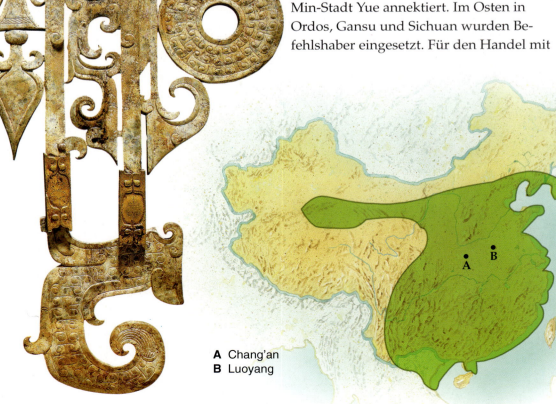

A Chang'an
B Luoyang

50 links Fantasie und Ästhetik der Künstler der Han-Dynastie drücken sich vor allem bei der Lampenfertigung aus, wie dieses herrlich bemalte Bronzestück belegt. Es hat die Form einer Wildgans, mit einem Fisch im Schnabel, in dessen Bauch sich die Lichtquelle befindet, die regulierbar ist. (Westl. Han)

Zentralasien war die Kontrolle über diese Regionen von großer strategischer Bedeutung. Die chinesischen Armeen rückten bis nach Xinjiang vor, ins Tarimbecken, nach Ferghana und in die Täler von Sirdarya. Überall gab es chinesische Garnisonen. Die häufigen Missionen nach Westen und die Einsetzung zuverlässiger Verwaltungen in immer ferneren Gebieten trugen dazu bei, dass die politischen, wirtschaftlichen und kulturellen Beziehungen zwischen den Völkern, denen bisher die chinesische Kultur fremd war, immer enger wurden. Karawanen konnten ihre Waren sicher über die Seidenstraße transportieren, die von Chang'an bis nach Merv führte und dann weiter bis zu den Küsten des Mittelmeeres. In östlicher Richtung erreichte man über die Seidenstraße Indien. Auch auf dem Seeweg, der nach Indien und Südostasien führte, unterhielt man Handelsbeziehungen. Die unter Qin Shi Huangdi begonnenen Bauwerke wurden unter der Westlichen Han-Dynastie fortgeführt. Man erweiterte das Straßennetz und baute die Hauptstraßen auf eine Breite von 23 m aus. 129 v. Chr. wurde der über 100 km lange Kanal zwischen dem Huanghe und dem Wei fertig gestellt. Die eindrucksvollen zivilen Bauwerke, die mit Beginn des Kaiserreiches entstanden, und das hohe technische Niveau der Handwerker, führten zu einer nie dagewesenen wirtschaftlichen Blüte. Durch den enormen Reichtum entstand eine neue politische Klasse, die fest entschlossen war, ihre Privilegien mit allen Mitteln zu erhalten.

Die ersten Herrscher der Han-Dynastie schienen nicht sonderlich an ideologischen Fragen interessiert zu sein. Wudi allerdings sah in der Ehrfurcht vor Idealen und traditionellen Prinzipien die Grundlage seiner Autorität und den Schlüssel für die Veränderungen, die er begonnen hatte und als *taichu*, Großer Neuanfang, betitelte. Die Doktrin, die seinen Zielen am zuträglichsten war, war der Konfuzianismus, nicht so sehr aufgrund seiner philosophischen Inhalte als vielmehr wegen der von Dong Zhongshu, dem größten Philosophen der Han-Dynastie, erarbeiteten Auslegung. Er interpretierte den konfuzianischen Gedanken in Gegenüberstellung mit anderen Theorien wie Taoismus und Legalismus und schuf die Voraussetzung, dass Kaiser Wudi den Konfuzianismus zur Staatsideologie machte.

Für die Erziehung zukünftiger Führungsgenerationen wurde 124 v. Chr. die Kaiserliche Universität gegründet, die sich vor allem dem Studium der konfuzianischen Klassiker widmete. Die Universität entwickelte sich zur Talentschmiede für Beamte, sowohl für die zentrale als auch für die lokale Verwaltung. Aus dieser Zeit stammt das erste umfassende Geschichtswerk, das „Shiji" (Aufzeichnungen des Historiographen), von Sima Qian. Es dien-

50 rechts Fantasietiere und Jagdszenen aus der chinesischen Mythologie schmücken diese elegante Kutschenverzierung. Sie ist Teil eines Pfeilers, der den Baldachin stützte, und besteht aus Bronze mit Gold- und Silberintarsien und gefassten Türkisen. (Westl. Han)

51 links Im 5. Jahrhundert v. Chr. wurde in China das Wachsausschmelzverfahren eingeführt, mit dem diese Bronzestatue gefertigt wurde. Vor dieser Zeit verwendete man nur geteilte Matrizen, in die man das geschmolzene Metall einfüllte. Diese Statue stellt einen Sklaven dar, der einen Sonnenschutz hält. (Westl. Han)

51 rechts Die Kunst der Metallbearbeitung entfaltet in diesem Räuchergefäß aus Bronze, Gold und Silber ihre ganze Schönheit. Öffnungen zwischen den Gipfeln der von Gottheiten und heiligen Tieren bewohnten heiligen Berge sorgen dafür, dass der Duft entweichen kann. (Westl. Han)

te als Vorlage für die Geschichte der folgenden Dynastien und trug entscheidend zur Bildung der kaiserlichen Ideologie der Han-Dynastie bei.

In der zweiten Hälfte der Han-Dynastie kam es zum Verfall der Institutionen und zu einer Verschlechterung der Lebensbedingungen. Bauern und kleine Landbesitzer waren aufgrund steigender Abgaben, Frondienste und anderer Verpflichtungen gegenüber der zivilen oder militärischen Administration gezwungen, ihr Land zu verkaufen. Die Großgrundbesitzer, häufig von Steuerzahlungen befreit, mehrten ihre Besitztümer derart, dass der Staat eingriff, indem er den Besitz der mächtigen Adeligen beschlagnahmte. Viele Adelige verfügten über eigene Armeen und stellten somit eine ständige Bedrohung für die zentrale Macht dar. Gegen Ende der Dynastie nahmen die Spannungen zwischen der Regierung und den mächtigen Familien zu und es kam zu Volksaufständen. Unter diesen Bedingungen gelang es Wang Mang, einem Verwandten des Kaiserhauses, den Thron zu besteigen. Er gründete die kurzlebige Xin-Dynastie (9–24).

A Luoyang

DIE ÖSTLICHE HAN-DYNASTIE

東漢

52 Ein Ochse mit gesenktem Haupt trägt diese einzigartige Bronzelampe mit Silberintarsien. Über das gebogene Rohr wurde der entstehende Rauch ins Innere des Tieres abgeleitet. (Östl. Han)

Wang Mang bemühte sich seine Thronbesteigung mit dem *tianming,* dem „Mandat des Himmels", zu rechtfertigen, doch in die Geschichte ging er als Thronräuber ein und seine Machtergreifung wurde als Staatsstreich angesehen. Er verfolgte eine Politik der Alleinherrschaft, um die Privilegien der Adelsfamilien und der großen Geschlechter einzuschränken. Dafür setzte er wichtige Reformen durch, zum Beispiel die Abschaffung des Großgrundbesitzes, der privaten Sklaverei und des Handels mit Ackerboden. Er ordnete die Neuverteilung des Bodens an und führte die Preisbindung sowie die Kontrolle der Produktivität ein. Eine kluge Steuerpolitik bewirkte, dass die kaiserlichen Goldreserven innerhalb weniger Jahre 140 Tonnen umfassten. Diese Maßnahmen trafen auf den ständigen Widerstand der herrschenden Klasse, der es schließlich gelang, die gesamte Reformpolitik scheitern zu lassen.

Die wirtschaftliche Situation verschlechterte sich auch durch Naturkatastrophen, die Not und Armut hinterließen. Volksaufstände, meist von der kaiserlichen Familie der Han-Dynastie angeführt, waren vorprogrammiert. Die Armee konnte die Revolten nicht niederschlagen und so erhoben sich im Jahr 23 auch die Bewohner in der Hauptstadt. Sie besetzten den Palast und ermordeten Wang Mang. Bis in das Jahr 25 dauerten die Kämpfe an. In diesem Jahr proklamierte Liu Xiu, der Spross einer Seitenlinie der Han und Anführer einer schlagkräftigen Armee, die Wiedereinsetzung der Han-Dynastie. Luoyang (Henan) wurde zur Hauptstadt. Diese Dynastie wird als Östliche oder Spätere Han-Dynastie bezeichnet, im Gegensatz zur vorhergehenden, die als Westliche oder Frühere Han-Dynastie bekannt ist.

Die reichen Familien, die unter der Westlichen Han-Dynastie zu Großgrundbesitzern geworden waren, begrüßten die Thronbesteigung von Liu Xiu (posthum Guang Wudi, 25–57). Die Spannungen

lich, als man bemerkte, dass der Handel mit dem Ausland einen wichtigen Faktor der chinesischen Wirtschaft darstellte.

Mit der Herrschaft von Mingdi (58–75) begann eine nach Westen gerichtete Expansionspolitik. Zwischen 73 und 102 kam es zu mehreren Militärexpeditionen unter General Ban Chao, Bruder des Historiographen Ban Gu. Das Hauptwerk von Ban Gu, das „Han-shu" (Buch der Han), das er mit seinem Vater Ban Biao und seiner Schwester Ban Zhao verfasste, markiert den Anfang der so genannten Dynastiegeschichte und der amtlichen chinesischen Geschichtsschreibung.

General Ban Chao gelang es, die kaiserliche Autorität über das Tarimbecken zwischen zentraler Macht und lokalen Interessen, die 150 Jahre gekennzeichnet hatten, ließen nach und die wirtschaftlichen Ziele der kaiserlichen Verwaltung änderten sich grundlegend. Die Versklavung der Bauern wurde nicht länger verhindert, sodass immer mehr Menschen ihren Grund und Boden verloren und gezwungen waren für die Großgrundbesitzer zu arbeiten. Monopole wurden abgeschafft und das Steuersystem wurde von Grund auf revidiert. Im Zuge der neuen Außenpolitik wurde die chinesische Kultur schrittweise auch über die nördlichen Grenzen verbreitet. In den Jahren 39 und 44 erlaubte man größeren Gruppen der Xiongnu die Große Mauer zu überqueren und sich in einigen Gebieten des Kaiserreiches anzusiedeln. Die ursprünglich dort lebenden Chinesen wurden umgesiedelt.

Doch die Ruhe war von kurzer Dauer. Seit der Zeit von Wang Mang hatten die Xiongnu die absolute Kontrolle über die Handelsstraßen in Zentralasien an sich gebracht. Das Interesse daran war beträcht-

53 rechts Fantasietiere und geflügelte Drachen bilden den Dekor dieser Lampe aus bemalter Keramik, die für den Totenkult bestimmt war. Ein majestätischer Baum wächst aus dem Fuß in Form eines Berges, auf dem es von Tieren wimmelt. (Östl. Han)

53 links Menschen, Tiere, Insekten und Pflanzen zieren dieses Totengefäß. Der obere Teil mit den vier kleinen Vasen, die mit dem Korpus verbunden sind, ist mit der charakteristischen gelbgrünen Glasur überzogen. (Östl. Han)

und die Seidenstraße wiederherzustellen. 97 erreichte er das Kaspische Meer und schickte einen Boten, Gan Ying, auf die Suche nach dem Herrscher des Römischen Reiches, von dem die Chinesen nur eine vage Vorstellung hatten. Die Mission war nicht von Erfolg gekrönt, denn Gan Ying war von den Parthern, die den Seidenhandel kontrollierten, falsch informiert worden. Sie wollten einen direkten Handel zwischen den beiden Reichen unterbinden.

Nach Ban Chaos Tod überschlugen sich die Ereignisse und die Lage in Zentralasien war wieder äußerst angespannt.

Zu Beginn der Dynastie erfuhr die Wirtschaft einen enormen Aufschwung. Schätzungen aus dieser Zeit sprechen von 50 Millionen Hektar Ackerland. Die Werkzeuge für die Feldarbeit wurden, wie viele Gegenstände des täglichen Lebens, aus Eisen oder Gusseisen hergestellt, deren be-

55 Dieser Bronzegegenstand, der für Wahrsagungen verwendet wurde, ist mit einem Magneten versehen und konnte in einen Kompass verwandelt werden. Das Quadrat steht für die Erde, während die kreisförmige Vertiefung, der „Himmlische See", den Himmel symbolisiert. Ursprünglich befand sich in dieser Vertiefung eine runde Scheibe. (Östl. Han)

54–55 oben Zur Zeit der Han-Dynastie wurden die Gräber der Beamten und Adeligen oft mit behauenen oder bemalten Steinen geschmückt. Geometrische Ornamente bildeten den Hintergrund für die Darstellungen von Adeligen und von Jagdszenen sowie von Szenen aus der chinesischen Mythologie. (Östl. Han)

54–55 unten Von Pferden gezogene Karren sind in China seit der Bronzezeit bekannt. In ca. 20 Gräbern entdeckte man Skelette von Zugpferden und Überreste von Karren aus der Shang-Dynastie. Sie waren zum Teil um ein Vielfaches größer als die in der westlichen Welt bekannten. Bronzekarren mit Kutscher findet man häufig in der Kunst der Han-Dynastie. (Östl. Han)

sondere Schmelztechnik eine Massenherstellung erlaubte. Auch wurde die Produktion von Waffen aus gehärtetem Stahl immer populärer. Aber nicht nur die Metallverarbeitung, sondern auch andere Handwerkszweige erfuhr einen bemerkenswerten Aufschwung. Bei der Keramik entwickelte man eine besondere, bei niedrigen Temperaturen zu brennende Bleiglasur und die Techniken für die Porzellanherstellung gelangten zur Perfektion. Äußerst fein gearbeitet sind die *céladon*, die in Zhejiang und Jiangxi entdeckt wurden. Ihre Formen und die gleichmäßig auf den Ton gebrachten Glasuren sind besonders beeindruckend. Auf dem Textilsektor war Seide von immenser Bedeutung.

Die neun Herrscher, die von 89 bis zum Ende der Östlichen Han-Dynastie im Jahr 220 regierten, waren bei der Thronbesteigung noch Kinder. Am Hofe entstanden zwei Machtpole, die aus ethischer Sicht absolut konträr waren. Auf der einen Seite standen die Kaiserinnen und ihre mächtigen Familien. Sie spielten eine bedeutende Rolle, sowohl am Hofe als auch in den regionalen Machtzentren, wo sie die strategisch wichtigen Posten mit ihren Gefolgsleuten und Anhängern besetzten. Auf der anderen Seite standen die Eunuchen, meist von niedriger Geburt, die wachsenden Einfluss am Hofe nahmen, weil die jungen Herrscher nur allzu bereit waren, sich der Bevormundung durch ihre Mütter und Verwandten zu entziehen. Immer mehr prägten Komplotte, Selbstmorde und Massaker die Geschichte der Dynastie. Die Auseinandersetzungen bei Hofe hatten auch Auswirkungen auf die Staatsführung, die oft keine wirksame Wirtschaftspolitik betrieb. Naturkatastrophen, um deren Folgeerscheinungen die Verantwortlichen sich nicht kümmerten, stürzten viele Bauern ins Elend und führten zu unerträglichen sozialen Zuständen. Ganze Völker setzten sich in Bewegung und der Druck fremder Stämme, die sich im Reich angesiedelt hatten, wurde immer größer. Überall kam es zu Volksaufständen. Die gefährlichsten Aufstände waren die der Gelben Turbane (*Huangjin*) und der taoistischen Sekte „Weg des Großen Friedens" (*Taiping dao*). Die Revolten wurden jedoch blutig niedergeschlagen. Die militärischen Führer versuchten mit allen Mitteln ihre Macht zu erhalten und rangen um die Kontrolle bei Hofe. Diese chaotischen Zustände führten dazu, dass die Besitzlosen in die Städte strömten und die Großgrundbesitzer sich schrittweise zu politischen und wirtschaftlichen Vereinigungen zusammenschlossen. Zu diesem Zeitpunkt war das Reich bereits in der Hand der militärischen Führer Cao Cao im Norden, Sun Quan im Süden und Liu Bei in Sichuan. Im Jahr 220 war schließlich das Ende der Han-Dynastie besiegelt.

Die Drei Reiche

A Luoyang
B Nanking
C Chengdu

DER UNTERGANG DES ERSTEN KAISERREICHES: DIE SPALTUNG ZWISCHEN NORD UND SÜD

Die Zeit zwischen 220 und 589 ist geprägt vom Untergang der Zentralverwaltungen und dem Zerfall der politischen, wirtschaftlichen und kulturellen Einheit des Kaiserreiches. Diese Zeit wird in drei Perioden unterteilt: Drei Reiche, Westliche und Östliche Jin sowie Nördliche und Südliche Dynastien. Es gibt viele Analogien zur Situation der westlichen Welt in der Zeit nach dem Untergang des Römischen Reiches, zum Beispiel die Dekadenz der Kultur, das Festhalten an kaiserlichen Idealen an den Höfen und die Ausbreitung fremder Religionen – im Westen das Christentum, in China der Buddhismus –, um die Leere, die durch den Werteverlust entstanden war, auszufüllen. Ebenso hatten in Ost und West die „Barbaren" gegenüber dem kulturellen Erbe zunächst eine zerstörerische, später eine aufbauende Wirkung. Im Gegensatz zur westlichen Welt entstand jedoch in China ein institutionelles System, das sich von der Feudalherrschaft nicht unterschied, und auch die buddhistische Glaubensgemeinschaft trat dem Staat gegenüber nie als autonome Macht auf. Diese Zeit war für China eher eine Übergangsphase auf dem Weg von einem politisch-institutionellen System, das eine Reihe von Widersprüchen geschaffen hatte, hin zu einem zwar gleichartigen, aber fortschrittlicheren System, das diese Widersprüche lösen konnte.

Nach dem Tod von Cao Cao im Jahr 220, setzte dessen Sohn Cao Pi dem Reich der Han ein Ende und proklamierte sich zum Herrscher der neuen Wei-Dynastie. Unter dem Namen Wendi (220–225) regierte er über Nordchina. Hauptstadt war Luoyang. Im Westen ernannte sich 221 Liu Bei aus einer Seitenlinie der Han-Kaiser, zum Herrscher, gab sich den Namen Xuande (221–263) und errichtete in Sichuan das Reich der Shu (oder Shu Han) mit der Hauptstadt Chengdu. Südlich des Mittel- und Unterlaufs des Jangtsekiang bis zum Meer ernannte sich Sun Quan, zum Herrscher. Er gab sich den Namen

56 Dieser berittene Terrakotta-Soldat stammt aus dem Grab von Lou Rui, Militärkommandant aus der Xianbei-Sippe, beigesetzt im Jahr 577. Die Figur gehört zu der Eskorte, die den General und seine letzte Ruhestätte bewachen sollte. (Nördl. Qi)

56–57 Ochse und Wasserbüffel gehörten zu den beliebtesten Themen der chinesischen Töpfer. Manchmal werden sie einzeln dargestellt, manchmal vor einen Karren gespannt. Die Holzteile des hier abgebildeten Karrens sind eine Rekonstruktion. (Nördl. Qi)

57 Das Kamel war das wichtigste Transportmittel auf der Seidenstraße. Meist wird es mit Waren beladen dargestellt oder mit Reitern, deren Gesichter zentralasiatische Züge tragen. (Nördl. Wei)

Die Westliche Jin-Dynastie

A Luoyang

Nördliche und Südliche Dynastien

A Datong
B Luoyang
C Nanking

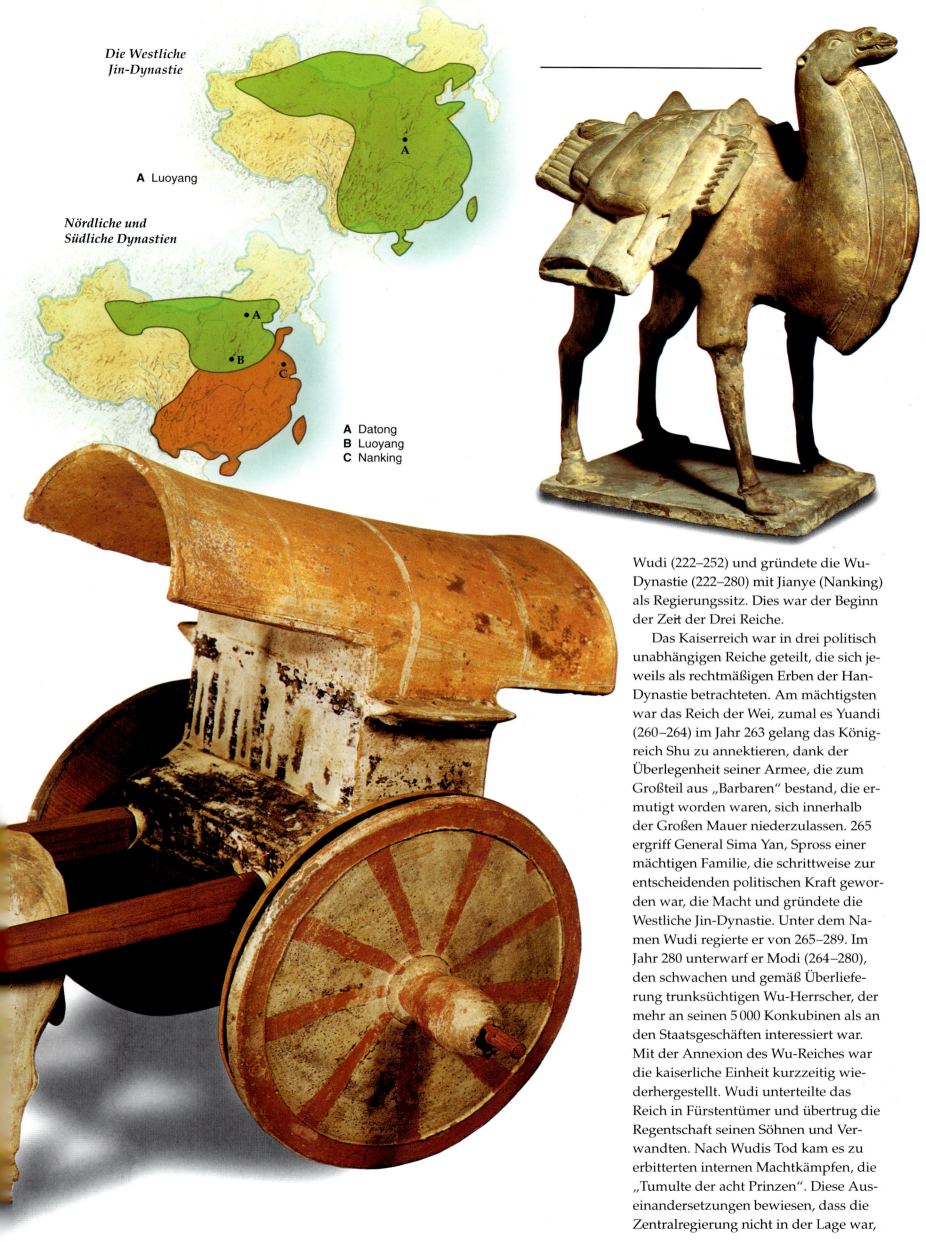

Wudi (222–252) und gründete die Wu-Dynastie (222–280) mit Jianye (Nanking) als Regierungssitz. Dies war der Beginn der Zeit der Drei Reiche.

Das Kaiserreich war in drei politisch unabhängigen Reiche geteilt, die sich jeweils als rechtmäßigen Erben der Han-Dynastie betrachteten. Am mächtigsten war das Reich der Wei, zumal es Yuandi (260–264) im Jahr 263 gelang das Königreich Shu zu annektieren, dank der Überlegenheit seiner Armee, die zum Großteil aus „Barbaren" bestand, die ermutigt worden waren, sich innerhalb der Großen Mauer niederzulassen. 265 ergriff General Sima Yan, Spross einer mächtigen Familie, die schrittweise zur entscheidenden politischen Kraft geworden war, die Macht und gründete die Westliche Jin-Dynastie. Unter dem Namen Wudi regierte er von 265–289. Im Jahr 280 unterwarf er Modi (264–280), den schwachen und gemäß Überlieferung trunksüchtigen Wu-Herrscher, der mehr an seinen 5000 Konkubinen als an den Staatsgeschäften interessiert war. Mit der Annexion des Wu-Reiches war die kaiserliche Einheit kurzzeitig wiederhergestellt. Wudi unterteilte das Reich in Fürstentümer und übertrug die Regentschaft seinen Söhnen und Verwandten. Nach Wudis Tod kam es zu erbitterten internen Machtkämpfen, die „Tumulte der acht Prinzen". Diese Auseinandersetzungen bewiesen, dass die Zentralregierung nicht in der Lage war,

ihre Autorität gezielt einzusetzen. Das wirtschaftliche und soziale Gefüge des Kaiserreiches brach erneut zusammen.

Immer mehr fremde Völker siedelten in Nordchina. Sie stellten fortan auch den größten Teil der Armee. Im Lauf der Zeit weiteten die militärischen Führer ihre politische Macht immer weiter aus. Im Jahr 304 gründete Liu Xiong vom Geschlecht der Di das Reich Sichuan. Gleiches tat Liu Yuan vom Stamm der Xiongnu in Shanxi. 316 stürzte Liu Gong, auch er vom Stamm der Xiongnu, Mindi (313–316), den letzten Kaiser der Westlichen Jin-Dynastie.

Die Zeit zwischen 304 und 439, die als Epoche der Sechzehn Reiche in die Geschichte einging, war von politischen Wirren geprägt. Das Kaiserreich zerfiel erneut in unabhängige, aber kurzlebige Reiche, politisch und institutionell unorganisiert, oft gegängelt von ausländischen Autoritä-

Bediensteten war es ihnen möglich, sich auf den fruchtbarsten Ländereien nahe der Hauptstadt anzusiedeln und leitende Positionen in der Regierung und der Armee zu erlangen. Machtkämpfe und Palastintrigen schwächten die Dynastie und führten zu ihrem Untergang.

420 proklamierte sich General Liu Yu zum Kaiser einer neuen Dynastie, genannt Song (420–479). Es folgten drei weitere Dynastien: Südliche Qi (479–502), Liang (502–557) und Chen (557–589), bekannt als die Südlichen Dynastien. In ca. 170 Jahren lösten sich 22 Herrscher auf dem Thron ab. Die herausragendste Persönlichkeit unter ihnen war Wudi (502–549) aus der Liang-Dynastie. Der gebildete Aristokrat und überzeugte Anhänger der konfuzianischen Lehre in der Politik, unterstützte die Studien der Klassiker und öffnete seinen Hof für Künstler und Intellektuelle. Als leidenschaftlicher Buddhist wurde er Mönch und zog sich dreimal in ein Kloster zurück.

Wenn auch die chinesische Geschichte die Regierungen in Nordchina als ungesetzlich betrachtet, so formierte sich dennoch eben dort die Basis für einen Wiederaufbau des zentralistischen Kaiserreiches. 386 gründeten die Tuoba die erste Dynastie im Norden: die Nördliche Wei-Dynastie (386–534). Die Tuoba waren ursprünglich ein türkischer Stamm, der später zur Familie der Xianbei gehörte und Anfang des 4. Jahrhunderts nach Shaanxi kam. Innerhalb weniger Jahrzehnte dehnten sie ihr Reich auf den gesamten Norden Chinas aus und führten bedeutende wirt-

ten, wie den Xiongnu, Xianbei, Jie, Di und Qiang. Charakteristisch war die scharfe politische Trennung zwischen Nord und Süd und die einsetzende Völkerwanderung von den Steppen nach China, aber auch innerhalb Chinas aus dem Norden in südliche Gebiete. Dies führte zu einer ethnischen Integration zwischen „Barbaren" und Chinesen ebenso wie zwischen Nord- und Südchinesen.

Im Süden regierte die Östliche Jin-Dynastie (317–420). Sie war von Sima Rui (posthum Yuandi, 317–322), einem Mitglied der Kaiserfamilie Jin, gegründet worden. Hauptstadt war Jianye (Nanking). Zur der Zeit der Sechzehn Reiche wanderten mehr als eine Million Nordchinesen auf der Flucht vor Zerstörung in den Süden. Auch einige Großgrundbesitzer wanderten aus. Mit ihren unermesslichen Reichtümern und tausenden von

58 Dieses 800 g schwere goldene Siegel stammt von der Nördlichen Zhou-Dynastie. Eingraviert ist der Name der Witwe des Kaisers Tianyuan. Fast immer stellen die goldenen oder silbernen Siegel Tiere dar. (Nördl. Zhou)

58–59 und 59 Dieser lackierte Holzparavent aus dem 5. Jahrhundert zeigt feiernde Frauen. Unten sieht man Ban Fei, eine Hofdame, die zum intellektuellen Gefolge des Kaisers Chen Di (37–7 v. Chr.) gehörte. Aufgrund der Trennung der Geschlechter durfte sie jedoch nicht mit dem Kaiser in der Sänfte sitzen. (Nördl. Wei)

60 links *Dieser Kerzenleuchter* (céladon) *in Form eines Reiters auf einem Fabeltier stammt aus der Werkstatt des berühmten Yue von Zhejiang. Hier entwickelte man die Technik, das gesamte Werkstück mit einer flüssigen grünen Glasur zu überziehen.* (Westl. Jin)

60 rechts *Geflügel und die Köpfe von Greifvögeln sind das bevorzugte Thema bei dieser Art* céladon. *Das Gefäß hat eine dünne glänzende Glasur, die es besonders elegant erscheinen lässt.* (Westl. Jin)

schaftliche und soziale Reformen durch. Sie schufen den Agrarausgleich (*juntian*) mit doppelter Zielsetzung: Die landwirtschaftliche Entwicklung sollte gefördert werden, indem man kleinen Bauern eigenes Land zuteilte, und das Steuersystem sollte effektiver werden, indem die Zentralverwaltung die landwirtschaftliche Produktion kontrollierte. Die herrschende Klasse, überzeugt von der Überlegenheit des Modells der chinesischen Zivilisation, begann eine Politik der Asiatisierung, um die Integration anderer ethnischer Stämme voranzutreiben. Nach 493, als die Hauptstadt nach Luoyang verlegt worden war, mussten die Tuoba chinesisch sprechen und chinesische Sitten und Familiennamen annehmen. Darüber hinaus wurden sie zur Schließung von Mischehen ermutigt.

Ab dem 4. Jahrhundert breitete sich der Buddhismus im ganzen Land aus. Die Tuoba-Herrscher, die das große Potenzial der neuen Religion erkannten, machten den Buddhismus zur Staatsreligion. Er erwies sich als ideologische Stütze bei der angestrebten ethnischen Integration und auch bei der Wiederherstellung der Einheit des Reiches. Viele Klöster, Tempel, und Felsenheiligtümer entstanden. Aus dieser Zeit stammen die Grotten von Dunhuang (Gansu), Yungang (Shaanxi) und Longmen (Henan). Sie sind für ihre Wandfresken und religiösen Statuen bekannt und belegen, dass Bildhauerei und Malerei eine Blütezeit erlebten. Die Einbeziehung indischer Elemente, die durch den Buddhismus nach China kamen, führte zu neuen ausdrucksvollen Formen. Die von der Regierung eingeführte Politik der Asiatisierung stieß bei Teilen der

Xianbei-Aristokratie auf Widerstand und löste schließlich staatliche Wirren aus, die erst 589 endeten.

534 wurde das Reich der Nördlichen Wei-Dynastie in zwei Reiche geteilt: die Östliche Wei-Dynastie (534–550) mit der Hauptstadt Ye (Henan) und die Westliche Wei-Dynastie (534–557) mit der Hauptstadt Chang'an (Shaanxi). Die Westliche Wei-Dynastie wollte die Tuoba-Institutionen wiederherstellen, während der Östliche weiterhin die Asiatisierung betrieb.

Der Östlichen Wei-Dynastie folgte die Nördliche Qi-Dynastie (550–577), gegründet von Gao Yang, Sohn eines chinesischen Generals. Die Westliche Wei-Dynastie wurde abgelöst von der Nördlichen Zhou-Dynastie (557–581), gegründet von Yuwen Jue, Sohn von General Xianbei. Der Nördlichen Zhou-Dynastie gelang es, nachdem sie die Nördliche Qi-Dynastie besiegt hatte, alle Regionen im Delta des Huanghe zu einen. 581 stürzte Yang Jian, Spross einer aristokratischen Soldatenfamilie aus dem Norden, den letzten Zhou-Herrscher. Er ernannte sich zum Kaiser der Sui-Dynastie (581–618) und bestimmte Chang'an zur Hauptstadt. Er schloss einen Waffenstillstand mit den fremden Völkern entlang der nordöstlichen Grenzen und führte eine Militärexpedition durch, um den Norden und den Süden zu einen. 588 griff er das letzte unabhängige Reich im Süden an: Chen. Yang Jian konnte die Macht an sich reißen, denn mit einem Aufruf hatte er die Untaten von Hou Zhou (583–589) angeprangert und ihn als des „Mandats des Himmels" unwürdig denunziert. Erst im Jahr 589 war China wieder ein geeintes Kaiserreich, auch wenn die Geschichte es 370 Jahre lang fortlaufend als solches bezeichnet.

61 oben Der himmlische Sitz der Unsterblichen, bewohnt von geflügelten Wesen und mythischen Tieren und geleitet von der göttlichen Xiwangmu, „Königinmutter des Westens", ist auf dieser herrlichen Jadevase (zun) dargestellt. (Westl. Jin)

61 unten Charakteristisch für die Keramiken des 6. Jahrhunderts sind grüne und braune Glasuren. Sie sind oft von erstaunlicher Größe und mit Blumenmotiven, Medaillons oder Masken von Fantasietieren verziert. (Nördl. Qi)

DER GLANZ DES ZWEITEN KAISERREICHES

Die Wiedervereinigung der nördlichen und südlichen Regionen und die Wiederherstellung des zentralverwalteten Kaiserreiches waren die Voraussetzungen für die Weiterentwicklung der während der Nördlichen Wei-Dynastie und der Nördlichen Dynastien bestehenden institutionellen, wirtschaftlichen und militärischen Ordnung. Die Sui-Dynastie (581–618) konnte ihre Vormachtstellung zwar nicht festigen, doch gelang es ihr, die großen Werke der Tang-Dynastie (618–907) vorzubereiten. Die neue asiatisch-barbarische Aristokratie des Nordwestens, entstanden in den Jahrhunderten der Teilung, betrieb die Wiedervereinigung mit Entschlossenheit. Aus ihren Reihen kamen fähige Generäle und Herrscher. Ihnen entstammten die Kaiser der Sui- und der Tang-Dynastie, unter denen das Kaiserreich eine territoriale und wirtschaftliche Expansion ohnegleichen erfuhr und zur größten Macht im damaligen Asien wurde.

Die chinesische Kultur nahm großen Einfluss auf die angrenzenden Länder, vor allem auf Japan und Korea. Mit chinesischer Unterstützung wurden weite Teile des heutigen Korea und der Mandschurei als Königreich Silla geeint.

Unter der Sui- und der Tang-Dynastie erfreuten sich nicht nur die ursprünglichen Religionen wie der Taoismus einer großen Popularität, sondern auch fremde Religionen wie Buddhismus, Manichäismus, Parsismus, Nestorianismus und Islam. Doch waren sie unter den verschiedenen Herrschern manchmal auch blutiger Verfolgung ausgesetzt. Der Buddhismus erlebte in dieser Zeit seine Blüte. Unter den nichtchinesischen Religionen hatte er die meisten Anhänger. Viele indische Mönche kamen nach China, um ihren Glauben zu verkünden, aber auch einige chinesische Pilger wie Xuanzang (600–664) und Yijing (635–717) unternahmen Reisen nach Zentralasien, Indien und in andere südostasiatische Länder auf der Suche nach heiligen Schriften, die sie in die Heimat brachten und übersetzten. Der Buddhismus wurde in der chinesischen Kultur schnell heimisch, belebte die ursprünglichen religiösen Traditionen und verbreitete sich über die Grenzen des Kaiserreiches hinaus.

Die Auswirkungen auf Kunst und Kultur waren immens. Skulpturen waren ausschließlich religiös inspiriert und die sakrale Malerei erlebte eine beachtliche Entwicklung, wie Felsentempel im ganzen Reich belegen. Das Handwerk erfuhr durch den wachsenden Handel einen enormen Aufschwung, vor allem bei der Herstellung von Seide und Brokat, Juwelen und erlesenem Schmuck, Keramiken und Porzellan. Es wurden neue Techniken für die Produktion immer feineren Geschirrs entwickelt, wie zum Beispiel das weiße Porzellan von Xing oder die feinen *céladon* von Yue.

Die Tang-Dynastie machte zwei bedeutende Erfindungen: Buchdruck und Schießpulver. Der Buchdruck entwickelte sich aus den Siegeln und der Technik, Einritzungen in Stein und Metall auf Papier zu reproduzieren. Der Wunsch der Buddhisten, sakrale Bilder und Schriften in großen Mengen herzustellen, gab den Anstoß zu dieser Erfindung. Die Matrizen gehen auf die Sui-Dynastie oder auf die

62 links *Gold- und Silberarbeiten erlebten unter der Tang-Dynastie eine Blütezeit, dank der Einflüsse fremder Länder und der neuen, aus Persien überlieferten Techniken. (Tang)*

62 rechts *Dieser herrliche Teller aus getriebenem Silber mit Goldeinlagen zeigt den Einfluss der persischen Goldschmiede, sowohl bei der Technik als auch bei den Blumenmotiven. (Tang)*

63 *Das Kamel wurde fast ausschließlich von Händlern aus dem Mittleren Osten auf der Seidenstraße für den Warentransport eingesetzt. Die Frau auf diesem Kamel gehört zu den Hu, einem zentralasiatischen Stamm, der außerhalb der westlichen Grenzen des Kaiserreiches lebte. (Tang)*

Anfänge der Tang-Dynastie zurück. Zu Beginn des 8. Jahrhunderts verwendete man Holzschnitte und Mitte des 11. Jahrhunderts wurden die beweglichen Lettern eingeführt. Der erste vollständig überlieferte, gedruckte Text ist das „Jingangjing" (Diamant-Sutra), das Anfang des 5. Jahrhunderts von Kumarajiva übersetzt und 868 gedruckt wurde. Man hat es, mit tausenden anderen Manuskripten, in einer Bibliothek in Dunhuang entdeckt.

Unter der Tang-Dynastie erreichten Literatur und Kunst ihren Höhepunkt, dank Menschen wie Wang Wei (ca. 700–ca. 760), Li Bai (701–762), Du Fu (712–770), Bai Juyi (772–846) und Han Yu (768–824). Die zu jener Zeit geschriebene Poesie zählt zur schönsten der chinesischen Literatur. Das 1707 herausgegebene „Quan Tangshi" (eine vollständige Sammlung der Tang-Poesie) enthält ca. 50 000 Gedichte.

DIE SUI-DYNASTIE

A Chang'an
B Luoyang

64 links *Diese vergoldete Buddhastatue ist typisch für die Bildhauerkunst der Sui-Dynastie. Die glatten runden Formen werden durch den Faltenwurf und die körpernahe Form des Gewandes hervorgehoben – ganz im Gegensatz zu den gefühlsbetonten Figuren in der indischen Kunst. (Sui)*

Die Wiedervereinigung unter Yang Jiang (posthum Wendi, 581–604) im Jahr 581 begonnen und 589 durch die Annexion des südlichen Königreiches Chen vollendet, stieß in einigen Gebieten auf erbitterten Widerstand. Vor allem im Süden Chinas führte die Errichtung des Sui-Reiches zu Gewalttaten. Friede und Ordnung wurden erst von Yang Guang, Wendis Sohn, wiederhergestellt. Er war zum Gouverneur von Jiangdu (Yangzhou) ernannt worden, einer Stadt, die er – nach der Zerstörung des antiken Jiangkang durch seinen Vater – neu gegründet hatte. Yang Guang förderte Kunst und Kultur, ermutigte zum Studium der konfuzianischen Klassiker, befürwortete die Verbreitung des Taoismus und baute stabile Beziehungen zur buddhistischen Kirche im Süden auf. Obwohl er von der offiziellen Historiographie als unglaublicher Tyrann beschrieben wird, spielte Yang Guang eine entscheidende Rolle bei der Stabilisierung des Kaiserreiches.

Kaiser Wendi, ein fähiger Politiker, verstand es, sich mit tüchtigen Ministern und Beratern zu umgeben, mit deren Hilfe er eine Agrar- und eine Steuerreform verwirklichte. Er verbesserte das System des Agrarausgleichs, das zur Zeit der Nördlichen Wei-Dynastie eingeführt worden war. Er änderte auch die Auswahlkriterien für Beamte, sodass Bewerber aus den südlichen Gebieten bewusst gefördert wurden. Wendi ließ außerdem grandiose öffentliche Arbeiten ausführen, wie den Wiederaufbau der Hauptstadt Chang'an und die Fertigstellung der Großen Mauer. Darüber hinaus ließ er ein weit verzweigtes Bewässerungssystem anlegen und ein über 2 000 km langes, schiffbares Kanalnetz errichten, das die fruchtbaren Landstriche im Süden mit den trockenen Ebenen im Norden verband. Sein ehrgeizigstes Projekt aber war der Bau des Kaiserkanals, der in der Region Luoyang beginnt und vom heutigen Hangzhou im Süden bis nach Peking im Norden reicht.

Yang Guang (posthum Sui Yangdi, 604–617) vollendete dieses Projekt und führte die Politik seines Vaters fort. Er besaß jedoch nicht dessen hartnäckigen Charakter und seine absolute Hingabe an die Politik. Yangdi liebte den Luxus und kannte keine Grenzen. Die Überlieferungen schreiben den Untergang der Sui-Dynastie seiner Verschwendungssucht zu, die ihren Ausdruck in prunkvollen und extravaganten Projekten fand. Er erbaute eine zweite Hauptstadt, Luoyang. Für ihren unglaublichen Glanz musste die Arbeitskraft von über einer Million Menschen eingesetzt werden. Der kaiserliche Park erstreckte sich über 155 km². Für Ausflüge auf dem Kaiserkanal benötigte man eine große Flotte, um den gesamten Hofstaat zu befördern. Das Schiff des Kaisers verfügte über vier Brücken, einen Thronsaal und 120 besonders reich verzierte und eingerichtete Kajüten für seine Konkubinen. Die übrigen 80 000 Passagiere waren Mitglieder der kaiserlichen Familie, Minister, Beamte, Botschafter,

64 rechts *Die Kombination von Gold und weißer Jade symbolisiert bei dieser Tasse die vollkommene Einheit zwischen Reichtum und Weisheit. (Sui)*

65 *Schakjamuni flieht bei Nacht aus dem elterlichen Haus, um das spirituelle Heil zu suchen. Dabei heben Fabelwesen die Hufe seines Pferdes, um ihm auf seinem Weg in die Berge über die Mauer zu helfen. (Grotte Nr. 278 in Dunhuang [Sui])*

Mönche, Offiziere, Wachen, Musiker und Bedienstete.

Zum Untergang der Sui-Dynastie trug auch die hartnäckige militärische Kampagne gegen das Koguryo-Reich bei, das sich vom heutigen Nordkorea bis in die Mandschurei erstreckte. Zwischen 612 und 614 wurden drei Feldzüge unternommen, die mit großen Verlusten scheiterten. Unterstützt von Volksaufständen und Verschwörungen, eroberte 617 Li Yuan, Spross eines ausländischen Adelsgeschlechts, das bereits zur Zeit der Nördlichen Wei-Dynastie in China sesshaft war, die westliche Hauptstadt Chang'an. Er zwang Yangdi nach Jiangdu zu flüchten und zu Gunsten seines Enkels Gongdi (617–618) abzudanken. 618 eroberte Li Yuan auch die östliche Hauptstadt Luoyang und ermordete Gongdi. Er setzte der Sui-Herrschaft ein Ende und proklamierte sich zum ersten Kaiser der Tang-Dynastie.

64–65 *Der obere Teil dieses Freskos zeigt das Jataka von Sattva, der untere Teil das Sutra vom Feld der Glückseligkeit. Die Sutras oder Jataka-Sutras, sind Erzählungen der Taten, die Buddha im Lauf seiner Reinkarnation als Prinz vollbrachte. (Grotte Nr. 302 in Dunhuang [Sui])*

Die Tang-Dynastie

A Chang'an
B Luoyang

Die Wiedervereinigung des Kaiserreiches brauchte Zeit. Als Li Yuan (posthum Gaozu, 618–626) im Jahr 618 den Thron bestieg, war das Reich durch Kämpfe zerrissen. Ca. 200 rebellierende Gruppen, deren militärische Macht keineswegs unbedeutend war, bekriegten sich. Einige kontrollierten große Gebiete und wurden, zumindest pro forma, von Mitgliedern der Kaiserfamilie Sui angeführt. Mithilfe seines zweiten Sohnes Li Shimin gelang es Gaozu innerhalb von sechs Jahren die Aufstände zu beenden, seine Gegner zu besiegen und den Frieden wiederherzustellen. Li Shimin ermordete den Erbprinzen und überredete 626 seinen Vater, zu seinen Gunsten abzudanken.

So begann die Herrschaft von Taizong (626–649), einem der größten Kaiser in der chinesischen Geschichte. Taizong war sehr gebildet und ein begabter Kalligraph. Er hatte die konfuzianischen Klassiker studiert und verstand es, sich mit den besten Ministern und loyalen Ratgebern zu umgeben. Als fähiger Führer und kluger Diplomat verwirklichte er eine auf die höchsten konfuzianischen Ideale eingeschworene Regierung. Im Gegensatz zu seinem Vater, der die religiöse Freiheit stark eingeschränkt hatte, übertrug er den taoistischen Mönchen eine wichtige Rolle bei den kaiserlichen Zeremonien und unterstützte die Übersetzung der buddhistischen Schriften, die von Xuanzang nach China gebracht worden waren. Unter seiner Herrschaft wurden die Drei Doktrinen *(sanjiao)* – Konfuzianismus, Buddhismus und Taoismus – zum Dreh- und Angelpunkt der kaiserlichen Ideologie. Taizong hielt weitgehend an der herkömmlichen Dreiteilung bezüglich der Verwaltungsspitze fest. Das Sekretariat *(zhongshusheng)*, das offizielle Dokumente und kaiserliche Edikte verfasste, wurde unterstützt von der Akademie der Weisen *(jixiandian shuyuan)*, einem Schriftstellerzirkel, der unter der Patenschaft des Kaiserhofes literarisch tätig war. Auch das historiographische Büro *(shiguan)*, das sich mit der Vervollständigung der dynastischen Geschichte befasste, stand dem Sekretariat zur Verfügung. Das Kanzleramt *(mengxiasheng)*, das die vom Sekretariat vorbereiteten Dokumente prüfte, leitete das Büro für den Fortschritt der Literatur *(hongwenguan)*, das die Texte für kaiserliche Ansprachen vorbereitete. Die Staatskanzlei *(shangshusheng)* stand den sechs Ministerien *(liubu)* – Personal, Militär, Finanzen, Justiz, Riten und öffentliche Arbeiten – vor und kümmerte sich um die Durchführung der getroffenen Entscheidungen. Die Präsidenten dieser Ämter und andere vom Kaiser ernannte Würdenträger trafen sich täglich in Anwesenheit des Kaisers, um die Grundzüge der Politik festzulegen.

Unter der Regierung von Taizong wurde China wieder zur Großmacht. Nach dem Sieg über die östlichen Türken und

66 Zur Zeit der Tang-Dynastie erreichte das Töpferhandwerk seinen Höhepunkt, wie diese dreifarbig glasierte Statue und auch Gemälde belegen. Tiere, die seit jeher zur chinesischen Kunst gehörten, und die Leidenschaft für Pferde fanden hier ihren künstlerischen Ausdruck. (Tang)

67 links und Mitte Das Schönheitsideal der Tang-Dynastie verlangte entspannte Gesichtszüge, wohlgeformte Körper und kunstvolle Frisuren. Diese Kopien von Höflingen, eine Frau und ein Mann, die einen kleinen Gegenstand beziehungsweise eine Tasse halten, entsprechen diesem Schönheitsideal. (Tang)

67 rechts Damen und Höflinge werden oft stehend dargestellt. Sie tragen Haarknoten am Hinter- oder am Oberkopf, leicht nach vorn oder zur Seite geneigt, und elegante Wickelgewänder, die bis zu den Füßen reichen. (Tang)

68 Diesen Bodhisattwa aus vergoldetem Silber stiftete Kaiser Yizong dem Tempel von Famen. In der Figur sollte eine wertvolle Reliquie, vermutlich ein Finger Buddhas, aufbewahrt werden. Die Schmuckplatte, in die das Gebet des Kaisers eingraviert ist, ruht auf einem Tablett in Form eines Lotosblattes. (Tang)

nach deren Unterwerfung (630) erstreckte sich das Reich bis zum Ordos und in die Innere Mongolei. Die kommerziellen und religiösen Zentren am Tarimbecken gehörten ebenso wie die Karawanenstraßen Zentralasiens, bis ins heutige Kirgisien, zum Kaiserreich. Man baute diplomatische Beziehungen zu Tibet auf, dessen Herrscher sich 641 mit einer chinesischen kaiserlichen Prinzessin vermählte. Nur das Koguryo-Reich konnte sich der Expansionspolitik von Taizong entziehen.

Macht und Ansehen des Kaiserreiches hatten ihren Höhepunkt erreicht und die chinesische Kultur nahm großen Einfluss auf die Nachbarstaaten. Die Hauptstadt Chang'an, eine Metropole mit zehntausenden Fremden, war einmalig in der Welt. Entsprechend der territorialen Expansion entwickelten sich auch Wirtschaft und Handel. Das System der Landverteilung wurde weitgehend beibehalten. Ebenso das Steuergesetz aus der Zeit der Sui-Dynastie. Das Handwerk und die Landwirtschaft erfuhren einen enormen Aufschwung, auch dank neuer Techniken und Werkzeuge. Die Verkehrsnetze wurden weiter ausgebaut, was den Warenfluss schneller und sicherer machte. Unterirdische Lagerräume, die hunderte Tonnen Getreide fassten, wurden entlang den Hauptverkehrsadern gebaut. In Chang'an und den wichtigsten Städten am Kaiserkanal, wie Luoyang und Hangzhou, wurden riesige Märkte errichtet, die den Händlern aus ganz Asien Platz boten. Man schätzt, dass allein auf dem Markt von Chang'an etwa 4000 Familien aus dem Westen, vor allem Araber, Perser, Türken, Uiguren, Sogdier und Tocharer lebten und arbeiteten.

Nach dem Tod von Taizong bestieg dessen Sohn Li Zhi (posthum Gaozong, 649–683) den Thron, ein schwacher junger Mann, ohne Begabung für Regierungsgeschäfte. Er setzte die Politik seines Vaters ohne wesentliche Neuerungen fort. 655 wurde Wu Zhao, eine seiner Frauen, zur Kaiserin und Mitregentin proklamiert. Sie löste Kaiserin Wang ab, die beschuldigt wurde, auf den Kaiser einen Giftanschlag verübt zu haben. Wu Zhao stammte aus einer einflussreichen, Kaiser Gaozu verbundenen Familie. Sie war zunächst Taizongs Konkubine und musste sich nach dessen Tod – wie es Brauch war – in ein Kloster zurückziehen. Gaozong holte sie aus dem Kloster und machte sie zu seiner Nebenfrau. Es gelang ihr mit großem Ehrgeiz und wilder Entschlossenheit, die Palastintrigen zu steuern und innerhalb weniger Jahre persönliche und politische Feinde auszuschalten. Bis zu ihrem Tod im Jahr 705, beherrschte sie den Hof und damit das Reich. Als Gaozong starb, folgte ihm Li Zhe (posthum Zhongzong, 684 und 705–710). Da er seiner Gemahlin Kaiserin Wei Einflussnahme zugestand, wurde er Opfer seiner eigenen Mutter Wu Zhao, die ihn stürzte. Sein jüngerer Bruder, Li Dan (posthum Ruizong, 684–690 und 710–712) wurde zum Kaiser ernannt. Die Absetzung von Zhongzong rief bei

geschäften zu suspendieren. Er wählte seine Minister nach Meriten nicht nach Familienbanden aus. Die Beamten pendelten zwischen der Hauptstadt und den Provinzen, um eine direkte Kontrolle der Zentralverwaltung über die Randregionen zu ermöglichen. Xuanzong erließ humanere Gesetze, die absolut unparteiisch angewandt werden mussten. Er förderte eine neuen Führungsriege und erweiterte die kaiserlichen Prüfungen, um begabten Männern Aufstiegsmöglichkeiten zu geben. Xuanzong, selbst ein begabter Dichter, Maler und Kalligraph, öffnete seinen Adel und Volk Unmut hervor. In Yangzhou kam es zu einem Aufstand, der blutig niedergeschlagen wurde. Zwölf Seitenlinien der kaiserlichen Familie sowie viele Würdenträger und Beamte, die man der Untreue bezichtigte, wurden ausgelöscht.

690 wurde Wu Zhao von ihrem grenzenlosen Ehrgeiz übermannt und setzte auch Ruizong ab. Es war das erste und einzige Mal in der chinesischen Geschichte, dass es einer Frau gelang, offiziell die Staatsmacht zu übernehmen. Unter dem Namen Wu Zetian (690–705) gründete Wu Zhao die Zhou-Dynastie. Nach ihrem Tod bestieg Zhongzong erneut den Thron. Als dieser, vermutlich von seiner Frau vergiftet, 710 starb, übernahm sein schwacher Bruder Ruizong wieder die Herrschaft. Er dankte zwei Jahre später zu Gunsten seines Sohnes Li Longji (posthum Xuanzong, 712–756) ab.

Aufgewachsen zwischen Palastintrigen, entledigte sich Xuanzong sofort der Beamten und Minister, die unter Wu Zetian hohe Ämter bekleidet hatten, und versuchte mit allen Mitteln Eunuchen und Verwandte seiner Frauen von den Staats-

69 oben *Diese durchbrochene silberne Duftlampe basiert auf einer Mechanik, die man heute als kardanische Aufhängung bezeichnet. Der Weihrauch befindet sich in einer Schale, die in zwei konzentrischen Ringen in der unteren Halbkugel drehbar gelagert ist. Dadurch bleibt die Schale stets in horizontaler Lage, sodass kein Weihrauch verschüttet wird. (Tang)*

69 unten *Bei Banketten lockerte man die Atmosphäre mit Spielen auf, die zum Trinken animierten. Bei einem dieser Spiele musste man eines der 50 Silberplättchen angeln, die sich in einem Gefäß, wie dem hier abgebildeten, befanden. Auf diesem Gefäß stand das Incipit einer Maxime des Konfuzius. Diese musste vollständig und auswendig rezitiert werden. Gelang dies bevor die anderen Gäste den Umtrunk beendet hatten, wurde dem Rezitator das Silberplättchen überlassen. (Tang)*

70 links Bronzespiegel haben in China eine lange Tradition, die auf das 2. Jahrtausend v. Chr. zurückgeht. Die Oberfläche der Spiegelvorderseite war glänzend und reflektierend, die Rückseite mit geometrischen Mustern oder mythologischen Szenen verziert. Manche Spiegel waren mit kurzen Gedichte oder Wünschen versehen.

Der Dekor dieses Spiegels entwickelt sich aus einem zentral angebrachten Knopf, mit dem man den Spiegel am Gürtel befestigen konnte. Kleine Spiegel dienten der Toilette, waren aber manchmal auch Teil militärischer Ausrüstung oder wurden in der Magie verwendet, denn man schrieb ihnen kosmische Kräfte zu. (Tang)

70 rechts und 71 In der Mitte dieses Bronzespiegels, der mit Gold und Silber verziert ist und die Form einer achtblättrigen Blume hat, sitzt eine Raubkatze mit dichter Mähne. Sie ist von anderen Raubkatzen, Vögeln und Phönixen umgeben, die von Weinranken und Blattwerk eingefasst werden. (Tang)

Hof für Intellektuelle und Künstler, protegierte sie und zeigte sich offen für neue Ideen. 725 gründete er die Kaiserliche Akademie der schönen Künste (*hanlin yuan*). Xuanzong ist einer der geachtetsten Kaiser in der chinesischen Geschichte, die ihm den Beinamen Ming Huan, Erleuchteter Kaiser, gab. Damit ehrte sie vor allem seine Verdienste in der ersten Hälfte seiner Regierungszeit.

Viele Gedichte und Balladen künden von der Liebe des Kaisers zur schönen Yang Guifei. Die Romanze wurde ein Lieblingsthema der Volkserzählungen und des Theaters. Die aus Sichuan stammende Yang Guifei war die Gemahlin eines Sohnes von Xuanzong. Der Kaiser wollte sie besitzen und veranlasste sie, den Gatten zu verlassen. In Verkleidung einer Taopriesterin kam sie 745 in seinen Palast. Von Anfang an hatte sie einen unheilvollen Einfluss auf den Kaiser. Innerhalb weniger Jahre gelangte sie zu großer politischer Macht. 752 wurde ihr Cousin Yang Guozhong, der bereits Gouverneur von Sichuan war, zum Großen Berater ernannt. Zu diesem Zeitpunkt befand die Tang-Dynastie sich in einer schweren politischen und militärischen Krise und wurde an allen Grenzen bedroht. Ein Jahr zuvor hatten die Araber der chinesischen Armee in den westlichen Regionen bei Talas eine vernichtende Niederlage beigebracht. Sie waren immer weiter nach Osten vorgedrungen und hatten Teile Zentralasiens, die einst unter chinesischem Protektorat standen, besetzt. Die Dynastie hatte die militärische Kontrolle über die Siedlungen im Tarimbecken und entlang der Seidenstraße endgültig verloren und musste auch ihre Vorherrschaft als Handelsmacht auf den Karawanenstraßen Zentralasiens aufgeben. Im Nordosten verfügten die Qidan über eine 200 000 Mann starke Armee, angeführt von An Lushan, einem General sogdischer Abstammung, der von Yang Guifei adoptiert worden war und somit kaiserlichen Schutz genoss. Im Südwesten wurden die kaiserlichen Soldaten von Truppen des unabhängigen Reiches Nanzhao vernichtend geschlagen. Nanzhao war mit chinesischer Zustimmung aus dem Reich Yunnan hervorgegangen, weil man glaubte, so der wachsenden Macht Tibets besser entgegenwirken zu können.

Die politische und militärische Krise wirkte sich auf die ohnehin schon prekäre

kaiserliche Finanzlage aus. 755 proklamierte sich An Lushan nach einer Revolte zum Kaiser und gründete die Dynastie Große Yan, die in der offiziellen Historiographie jedoch nie anerkannt wurde. An der Spitze einer 150 000 Mann starken Armee rückte er nach Süden vor, machte die Stadt Kaifeng dem Erdboden gleich, eroberte Luoyang und stand vor den Toren von Chang'an. Xuanzong, Yang Guifei, Yang Guozhong und einige Beamte flüchteten nach Chengdu in Sichuan. Unterwegs jedoch meuterte ihre Eskorte. Man machte die schöne Konkubine und ihren Cousin für das Desaster verantwortlich, ermordete Yang Guozhong und ließ Yang Guifei erdrosseln.

Unterdessen hatte sich der Erbprinz Li Yu (posthum Suzong, 756–762) zum Kaiser proklamiert. Wenige Monate später waren Chang'an und Luoyang wieder in der Hand der Tang-Dynastie.

Die Revolte An Lushans war der Beginn einer neuen Periode. Beachtliche soziale Auswirkungen veränderten das Kaiserreich. Die erwachsene Bevölkerung, die bei einer Zählung im Jahr 754 noch 53 Millionen betrug, sank auf 17 Millionen im Jahr 774. 763 drang die tibetische Armee, die bereits weite Teile des Tarimbeckens erobert hatte, bis Chang'an vor und hielt es bis 777 besetzt. Auch als die Stadt wieder in chinesische Hand übergegangen war, blieben die Tibeter in dieser Region präsent.

Die wachsende Autonomie der Militärgouverneure schwächte schrittweise die kaiserliche Macht. Die 13 Nachfolger von Suzong versuchten die Zentralverwaltung wiederherzustellen. Aber ihre Autorität wurde von den unseligen Einmischungen der Eunuchen untergraben und die katastrophale Finanzlage tat ein Übriges.

Der letzte Verfechter der kaiserlichen Einheit war Xianzong (805–820), dem es gelang, die soziale Ordnung und das Ansehen des Reiches wiederherzustellen. In Verwaltung und Wirtschaft führte er wirksame Reformen durch und er unternahm einige glückliche Militärexpeditionen. Nach seiner Ermordung 820 durch Eunuchen folgte eine kurze, relativ stabile Phase. Doch bald brachen erneut Unruhen aus. Einige Herrscher vernachlässigten ihre Pflichten und flüchteten sich in die Religion. Die buddhistische Kirche, die immer mehr an Macht, Reichtum und Privilegien gewann, übte großen politischen Einfluss aus und wurde zu einer stetig wachsenden Gefahr für den Staat.

Kaiser Wuzong (840–846), ein fanatischer Anhänger des Taoismus verfügte 845 die Zerstörung der buddhistischen Tempel und Klöster, konfiszierte riesige Flächen fruchtbaren Ackerlandes und laisierte über 260 000 Mönche und Nonnen, die bislang Steuerfreiheit genossen hatten. 4 600 Klöster und 40 000 Heiligtümer wurden zerstört. Obwohl die buddhistische Kirche einen schweren Schlag erlitten hatte, von dem sie sich nur langsam erholte, wurde dadurch das kaiserliche Ansehen nicht wiederhergestellt und der Untergang der Dynastie vollzog sich unaufhaltsam.

Die drei letzten Kaiser der Dynastie, Xizong (873–888), Zhaozong (888–904) und Zhaoxuan (904–907, auch Aidi genannt) waren nur Marionetten in den Händen der Eunuchen und Militärgouverneure. Die Folge war eine ständige Verschlechterung der Lebensbedingungen. 875 gab es eine große Dürre, die zum Volksaufstand führte. Die Aufständischen erreichten 879 Guangzhou (Kanton) und ermordeten 120 000 der dort lebenden 200 000 Fremden, vor allem Araber, Perser, Khmer, Singalesen, Tscham und Javaner. 880 stürmten sie Chang'an und zwangen den Kaiser zur Flucht nach Sichuan. 904 entledigte sich Zhu Wen, ein aufständischer General in Diensten der Dynastie, der Eunuchen durch Massenmorde, meuchelte Kaiser Zhaozong und setzte Zhaoxuan auf den Thron. 907 bemächtigte er sich selbst des Throns, beendete die Tang-Dynastie und proklamierte sich zum Kaiser der Liang-Dynastie. So begann eine neue Periode des politischen und sozialen Chaos.

72 Dieser bis an die Zähne bewaffnete Soldat aus weißem Stein ist ein Offiziersdiener. Neben seinen eigenen Waffen (Schwert, Säbel, Pfeil und Bogen) trägt er auch noch die seines Herrn. (Tang)

72–73 Die Art dieses achteckigen Rhytons aus Porzellan, aus dem ein Löwenkopf und Löwenbeine herausragen, erinnert in seiner Herstellung und Charakteristik an ein Modell aus Metall, vielleicht aus Silber. Vermutlich handelt es sich hierbei um das Werk eines mittelasiatischen Künstlers. (Tang)

DIE CHINESISCHE KULTUR IM LAUF DER JAHRTAUSENDE

Die vorgeschichtliche Zeit

Die ersten Vertreter des Homo sapiens traten in China vor ca. 40 000 Jahren auf. Sie hatten berühmte Vorfahren, wie den Yuanmoumensch, der vor ca. 1,7–1,6 Millionen Jahren lebte, den Lantianmensch, der China vor ca. 700 000–650 000 Jahren bevölkerte, und den Pekingmensch, dessen älteste Siedlungen vor ca. 500 000–400 000 Jahren entstanden. Ab dem 10.–9. Jahrtausend v. Chr. begannen die Jäger, Fischer und Sammler – bis dato Nomaden –, sich der Landwirtschaft, Viehzucht und Töpferei zu widmen und wurden in den ersten Dörfern sesshaft. Im weiten China entstanden zahlreiche Zentren neolithischer Kulturen, unter denen ein reger Austausch der jeweiligen Erfindungen stattfand. Die Kulturen im Norden bauten vor allem verschiedene Hirsearten an, die im Süden Reis, dessen Kultivierung im 7. Jahrtausend v. Chr. begann. Viele Grabstätten enthielten Totengaben. Neben Steinwerkzeugen fand man auch Gegenstände aus Jade, die bereits einen hohen Grad an künstlerischer Fertigkeit aufweisen. Gegen Ende des 3. Jahrtausends v. Chr. entwickelte sich die Metallbearbeitung, zunächst mit Kupfer, Gold und Silber und später mit Bronze.

Paläolithikum
(vor ca. 2 Millionen Jahren bis ca. 8500 v. Chr.)
Neolithikum
(ca. 8500–ca. 1800 v. Chr.):
Xinglongwa, Xinle, Hongshan
(ca. 8500–ca. 2000 v. Chr.)
Cishan, Peiligang, Yangshao, Dawenkou, Daxi, Longshan
(ca. 6500–ca. 2000 v. Chr.)
Majiabang, Hemudu, Qingliangang, Liangzhu
(ca. 5000–ca. 2200 v. Chr.)
Dapenkeng, Shixia
(ca. 5000–ca. 2480 v. Chr.)

Die Anfänge der Bronzezeit

Gemäß der Überlieferung entstand das erste chinesische Reich unter der Xia-Dynastie (21. Jahrhundert v. Chr.–16. Jahrhundert v. Chr.). Es folgten 17 Könige aufeinander, die für eine kontinuierliche Regierung sorgten und neun verschiedene Hauptstädte hatten. Archäologische Grabungen förderten in Erlitou eine Stadt zutage, die von 2010–1324 v. Chr. bewohnt war. In ihrer Mitte stand ein großer Palast, der das belegen könnte, was bisher nur als eine Legende galt. Die reichen Totengaben von Erlitou beweisen, dass es sich um eine gegliederte Gesellschaft handelte, in der politische Macht und religiöse Autorität vereint waren. Dies beweisen die ersten Sakralbronzen, die man in China fand. Der Untergang der Xia-Dynastie steht in engem Zusammenhang mit der Gründung der Shang-Dynastie. Letztere war eine Kaste von Schamanenherrschern, die eine Klangesellschaft schuf, deren Organisation ohne politische Macht ein komplexes Verwandtschaftssystem stützte. Die Überreste zweier Hauptstädte in Erligang und Anyang bestätigten die Existenz dieser Dynastie. Zu jener Zeit vollzogen sich große Fortschritte in der Metallbearbeitung, wie eine Vielzahl von Sakralbronzen belegt. Durch die systematische Pflege der Riten am Hofe erfuhr auch die Schriftkunst eine beachtliche Entwicklung.

Xia-Dynastie
(21.–16. Jahrhundert v. Chr.):
Erlitou (1700–1500 v. Chr.)
Shang-Dynastie
(16.–11. Jahrhundert v. Chr.):
Zeit von Erligang – Zhengzhou
(1500–1300 v. Chr.)
Zeit von Anyang
(1300–1050 v. Chr.)

Das Ende der Bronzezeit

In der legendären Schlacht bei Muye ca. 1045 v. Chr. schlugen die Truppen des Königs Wu der Zhou-Dynastie, die westlich des Shang-Reiches beheimatet waren, die Armee der Shang-Dynastie. Das bedeutete das Ende einer Dynastie, die sechs Jahrhunderte die Zentrale Hochebene beherrscht hatte. Unter den Zhou-Herrschern verloren die Schamanenriten an Bedeutung. Jedoch blieb das Verwandtschaftssystem erhalten. Regierungsämter wurden innerhalb der Familien vergeben. Während der Zhou-Herrschaft gab es in der Gesellschaft und der Landwirtschaft erstaunliche Fortschritte. Im 8. Jahrhundert v. Chr. wurde die Dynastie immer schwächer, vor allem als 771 v. Chr. die barbarischen Quanrong die Zhou aus ihrer Hauptstadt Hao vertrieben und sie zwangen sich nach Luoyi zurückzuziehen. Dort erhielten sie sich die religiöse Autorität, wenn auch ohne politische Macht, bis 221 v. Chr. Das Reich zerfiel in viele Königreiche, die sich ständig bekämpften. Daraus zogen die Randgebiete ihren Nutzen. Zur Zeit der Streitenden Reiche rivalisierten sieben Königreiche um die Vorherrschaft: Zhao, Wei, Han, Qin, Qi, Yan und Chu. Ständige Kriege führten zu einer Neuordnung innerhalb der Königreiche und begünstigten den technischen Fortschritt, vor allem bei der Metallbearbeitung. Riesige Schutzwälle wurden errichtet und Bewässerungssysteme angelegt. 221 v. Chr. besiegte die Qin-Dynastie, dank der strategischen Fähigkeiten ihres Herrschers Ying Zheng, ihre Gegner und gründete das Erste Kaiserreich.

Westliche Zhou-Dynastie
(ca. 1045–771 v. Chr.)
Östliche Zhou-Dynastie
(770–256 v. Chr.):
Frühling- und Herbst-Periode
(770–476 v. Chr.)
Zeit der Streitenden Reiche
(475–221 v. Chr.)

Das Erste Kaiserreich

Qin Shi Huangdi, der Erste Erhabene Kaiser der Qin, versuchte während seiner Regierungszeit den besiegten Stämmen die Regierungsprinzipien und die im Qin-Reich geltenden Gesetze nahe zu bringen. Er unterteilte das Reich in Gouvernements und Distrikte, um so Schritt für Schritt eine Verwaltung zu etablieren, die eine zentrale Kontrolle ermöglichen und die Adelsprivilegien einschränken sollte. Er vereinheitlichte Schrift, Geld, Maße und die Spurbreite der Wagen. Er erließ einen Kodex, der für mehr als 20 Jahrhunderte die Grundlage der chinesischen Rechtsprechung blieb. Er gab gigantische Bauwerke in Auftrag, die die Zeit überdauern sollten, wie zum Beispiel sein Mausoleum, von Tausenden vollständig bewaffneten Terrakotta-Soldaten bewacht. Die Große Mauer wurde mit einer Länge von über 5 000 km vollendet und das Straßen- und Schifffahrtsnetz wurde ausgebaut, was eine schnellere Beförderung von Menschen und Waren ermöglichte. Als Qin Shi Huangdi 210 v. Chr. starb, fand man keinen würdigen Nachfolger, der den Gefahren durch die angrenzenden Völker hätte die Stirn bieten können. Auch war niemand in der Lage, die Aufstände und die durch die Verarmung der Bauern entstandene Wirtschaftskrise zu beenden. Das Ende der Qin-Dynastie wurde 206 v. Chr. durch einen Volksaufstand besiegelt, angeführt von Liu Bang, einem einfachen Mann, und Xiang Yu, einem Adeligen. Trotz ihrer kurzen Regierungszeit legte die Qin-Dynastie den Grundstein für ein mächtiges Reich, das in der Folgezeit wirtschaftlichen und sozialen Wohlstand erlangte und sich weiter ausdehnte.

Qin-Dynastie *(221–206 v. Chr.)*

Der Glanz des Ersten Kaiserreiches

Liu Bang war der erste Kaiser der Han-Dynastie und machte Chang'an zu seiner Hauptstadt. Er teilte die Macht auf sieben Könige auf, um sich deren Unterstützung zu sichern. Seine Nachfolger hoben diese Privilegien wieder auf, weil sie eine starke zentrale Macht anstrebten. Von den zwölf Kaisern, die während der ersten Periode, der Westlichen Han-Dynastie, regierten, war Wudi der mächtigste. In 54 Regierungsjahren führte er das Reich zu großer Blüte. Wichtige Reformen und Bauwerke wurden verwirklicht, die dem Land Reichtum und Wohlstand brachten. Es expandierte in alle Richtungen und der chinesische Einfluss reichte bis in die westlichen Gebiete entlang der Seidenstraße, was den Handel zwischen den verschiedenen Kulturen förderte. Kunst und Wissenschaft erlebten eine Blütezeit. Während des zweiten Regierungsabschnitts führte der zunehmende Großgrundbesitz zur Verarmung der Bauern. Jetzt riss Wang Mang die Macht an sich und gründete im 9. Jahrhundert die kurzlebige Xin-Dynastie. Er schaffte den Grundbesitz ab und verteilte das Land unter den Bauern. Im Jahr 25 setzte Liu Xiu die Han-Dynastie wieder ein. Luoyang wurde Hauptstadt und die Politik favorisierte erneut die Aristokratie. Die neue Dynastie, die Östliche Han-Dynastie, versuchte das Kaiserreich wieder zu stärken. Stabile Zeiten wechselten mit wirtschaftlichen und sozialen Krisen. Von 89–220 folgten Kindkaiser auf den Thron. Machtkämpfe zwischen den Eunuchen und den Kaisermüttern führten zu Volksaufständen und militärischen Vergeltungsschlägen und letztlich zur Auflösung des Kaiserreiches.

Westliche Han-Dynastie (206 v. Chr.–9 n. Chr.)
Xin-Dynastie (9–24)
Östliche Han-Dynastie (25–220)

Die Zeit der Spaltung

Nach dem Untergang der Han-Dynastie kam es zum Zerfall der kaiserlichen Institutionen, mit schweren wirtschaftlichen und sozialen Folgen. Es wurden drei Reiche ausgerufen, das der Wei, der Shu (oder Shu Han) und der Wu, die unter Sima Yan kurzfristig geeint waren. Sima Yan, ein mächtiger General, der die Kontrolle über das Königreich Wei hatte, gründete die Westliche Jin-Dynastie. Ständige Militärexpeditionen führten dazu, dass immer mehr Nomadenvölker, die an den West- und Nordgrenzen des Landes lebten, nach China strömten. Deren militärische Führer strebten nach politischer Macht. Die Zeit der Sechzehn Reiche (304–439) war gekennzeichnet vom Zerfall des Reiches und der Vormacht ausländischer Führer, wie den Familien Xiongnu und Xianbei. Der Zustrom der Steppenvölker aus dem Norden Chinas führte dazu, dass viele Chinesen nach Süden auswanderten. Dort wechselten die Dynastien einander ab, ohne jedoch die eigene politische oder militärische Macht festigen zu können. Zu dieser Zeit breitete der Buddhismus sich immer stärker aus. Bereits in der Zeit der Han-Dynastie aus Indien nach China gebracht, bekannten sich vor allem die neuen Einwanderer zu dieser Lehre.

Zeit der Drei Reiche (220–280):
Wei-Dynastie (220–265)
Shu Dynastie (221–263)
Wu-Dynastie (222–280)
Westliche Jin-Dynastie (265–316)
Östliche Jin-Dynastie (317–420)

Die Nördlichen und Südlichen Dynastien

Im 5. Jahrhundert war die Integration zwischen barbarischen und chinesischen Stämmen sowie zwischen nördlichen und südlichen Völkern abgeschlossen. Dies war vor allem der Verbreitung des Buddhismus zuzuschreiben, der zum Kredo vieler Menschen geworden war. Aus dieser Zeit stammen die ersten Felsentempel. In Shaanxi hatten sich die Tuoba niedergelassen. Sie gründeten die Nördliche Wei-Dynastie, die ihre Macht schrittweise auf den gesamten Norden Chinas ausdehnte und die örtlichen Sitten und Bräuche annahm. Das Ackerland wurde unter den Bauern aufgeteilt und die Zentralverwaltung gestärkt. Nach 493, als Luoyang Hauptstadt geworden war, förderte man mit allen Mitteln die Asiatisierung der Tuoba. Ein Teil des Adels widersetzte sich und eine Zeit relativer Stabilität neigte sich dem Ende zu. 534 erfolgte die Trennung zwischen dem Reich der Westlichen Wei-Dynastie, die an den Sitten der Tuoba festhalten wollte, und dem Reich der Östlichen Wei-Dynastie, die die Integration vorantreiben wollte. Der Westlichen Wei-Dynastie folgte die Nördliche Zhou-Dynastie, die von Yang Jian entmachtet wurde. Ihm gelang es, die südlichen Provinzen zu erobern und das Kaiserreich unter der Sui-Dynastie zu einen.

Nördliche Dynastien (386–581):
Nördliche Wei-Dynastie (386–534)
Östliche Wei-Dynastie (534–550)
Westliche Wei-Dynastie (534–557)
Nördliche Qi-Dynastie (550–577)
Nördliche Zhou-Dynastie (557–581)
Südliche Dynastien (420–589):
Song Dynastie (420–479)
Südliche Qi-Dynastie (479–502)
Liang-Dynastie (502–557)
Chen-Dynastie (557–589)

Wiedergeburt und Glanz des Zweiten Kaiserreiches

Die Sui-Dynastie begann mit der Umgestaltung des Reiches. Sie führte Agrar- und Steuerreformen durch und verwirklichte große Bewässerungsprojekte. Aber unglückliche Militärexpeditionen und das ausschweifende höfische Leben führten zu ihrem Untergang. Unter den Herrschern der nachfolgenden Tang-Dynastie war vor allem Taizong eine herausragende Persönlichkeit. Er förderte den Konfuzianismus, Buddhismus und Taoismus, perfektionierte die Verwaltung, gab Wirtschaft und Handel neue Impulse und vergrößerte den Einflussbereich Chinas. Auch auf die angrenzenden Völker hatte er großen kulturellen Einfluss. Unter seiner Regierung gewann das Reich seinen früheren Glanz zurück. Die Hauptstadt Chang'an wurde zu einer Metropole mit über zwei Millionen Einwohnern. Nach Taizongs Tod bemächtigte sich Kaiserin Wu Zhao des Thrones und nannte sich fortan Wu Zetian. Sie hatte ihre eigenen Söhne des Thrones beraubt, ein Einzelfall in der gesamten chinesischen Geschichte. Unter ihren Nachfolgern tat sich vor allem Kaiser Xuanzong hervor, der die zentrale Macht festigte und eine fähige Führungsriege förderte. Er unterstützte die kulturelle Entfaltung und zeigte sich tolerant gegenüber der Religion. Dennoch konnte seine erfolgreiche Politik militärische Rückschläge nicht verhindern, die den Einfluss Chinas in Zentralasien und entlang der Seidenstraße schmälerten. Die zentrale Macht wurde immer mehr geschwächt, woraus Militärgouverneure ihre Vorteile zogen. Es kam zu grausamen religiösen Verfolgungen. Der unvermeidliche Untergang der Dynastie war von Aufständen und Gewalt geprägt. 907 wurde der letzte Kaiser der Tang-Dynastie abgesetzt.

Sui-Dynastie (581–618)
Tang-Dynastie (618–907)

RELIGION

Die Jesuiten, die in das Reich der Mitte gereist waren, um das Christentum zu verbreiten, prägten in der westlichen Welt das Bild Chinas. Sie erzählten von einem Volk, das keine ausgeprägte religiöse Gesinnung habe und von weisen Philosophen regiert werde. Diese Berichte waren zum großen Teil irreführend und nicht dazu angetan die Besonderheiten der religiösen Gesinnung der Chinesen zu verstehen, die stark und echt war, und die chinesische Gesellschaft seit frühester Zeit prägte.

Funde aus den ersten Siedlungen Chinas zeigen, dass es Gegenstände und Darstellungen gab, die in direktem Zusammenhang mit dem Glauben standen, mit Gottheiten, Dämonen und der Welt der Geister. Durch den Totenkult des Neolithikums wird offenbar, dass es eine Fülle an Volksglauben, Zeremonien und Ritualen gab. Mit dem Leichnam bestattete man Gegenstände und Gefäße mit Speisen und Getränken, die der Verstorbene im Jenseits benötigte. Die Grabstätten der Wohlhabenden enthielten Beigaben, die sich oft auf immaterielle Werte sowie auf Geister und Gottheiten bezogen, die das Jenseits bewohnten. Neben den Toten legte man Schmuckstücke und Jadegegenstände, die oft mit geheimnisvollen, menschen- oder tierähnlichen Masken verziert waren und den Toten vor bösen Geistern beschützen sollten. Gottesdienste wurden in den Tempeln von Dongshanzui und Niuheliang (Liaoning) abgehalten, Zeugen dafür, dass politische Macht und Schamanenkult untrennbar miteinander verbunden waren.

Bis in das Neolithikum sorgte das Verwandtschaftssystem, das auf einem Netz der Hierarchien und Abstammungen basierte, für einen starken Zusammenhalt des herrschenden Klans. Das Streben nach Vorherrschaft und Bodenschätzen, die für die Festigung der Klans nötig waren, führte zu ständigen internen Rivalitäten. Politische Macht und religiöse Autorität bildeten eine Einheit. Erstere musste sich den Schamanen unterordnen, die von den regierenden Geschlechtern abstammten.

Beispielhaft war unter diesem Aspekt die Regierungsform der Shang-Dynastie. Sie basierte auf einer strengen Einhaltung der Regeln des Verwandtschaftssystems und auf einer engen Verbindung zwischen politischen Vorrechten und rituellen Aufgaben. Man war der Überzeu-

86 oben Dieses Gesicht aus ungebranntem Ton mit Jadeaugen stellt vielleicht die Göttin dar, der ein Haupttempel im religiösen Zentrum von Niuheliang geweiht war. Niuheliang war die Kultstätte der Völker, die im 4.–3. Jahrtausend v. Chr. an der chinesischen Nordostküste siedelten. (Hongshan)

86 unten *Im alten China hatte der Krieg sowohl politische als auch religiöse Bedeutung. An den Geschirren der Pferde und an den Kampfwagen wurden Furcht erregende Bronzemasken angebracht, um die Feinde in Angst und Schrecken zu versetzen und gleichzeitig die Gunst der Götter zu beschwören. (Westl. Zhou)*

87 *Die Bronzeköpfe und -masken aus Sanxingdui könnten das Medium gewesen sein, das die Schamanen mit den Geistern der Ahnen verband. Diese wurden mit besonderen Riten auf die Erde zurückgerufen und schlüpften in die Masken, denen die Gläubigen bei Kulthandlungen huldigten, weil in ihnen die Gottheit wohnte. (12. Jahrhundert v. Chr.)*

gung, dass die Gottheiten und die Geister der Ahnen aus dem Jenseits Zeichen sendeten, die das Leben der Menschen lenkten. Wer die Fähigkeit besaß, zu dieser Welt Zugang zu erlangen, erhielt die Regierungsgewalt. Der König, seine Minister und ein Großteil der Beamten stammten aus dem Kreis der Schamanenpriester. Der Herrscher, oberster politischer und militärischer Führer, war also auch die höchste religiöse Autorität.

Das Leben am Hofe war gemäß dem religiösen Glauben organisiert. Dies fand seinen Ausdruck in Zeremonien, die sich auf die magische Kraft *(de)* des Herrschers und der Schamanen gründeten. Nur die Schamanen besaßen die Fähigkeit, in direkten Kontakt mit dem Jenseits zu treten. Dort lebten nicht nur die Geister der Ahnen, sondern auch die Naturgottheiten (zum Beispiel der Gelbe Fluss, das Gebirge, der Regen, der Wind, die Sonne und der Mond) sowie andere Geister und Helden, die in den verschiedenen lokalen Traditionen verehrt wurden. Die Geister der Ahnen waren das Medium, das den Kontakt zur höchsten Gottheit *Di* oder *Shang* (Herrscher des Himmels) ermöglichte. Diese Gottheit war ursprünglich vielleicht eine Totemfigur oder der höchste Ahn des königlichen Klans, die höchste Gottheit, die über allen anderen stand, in vielerlei Hinsicht vergleichbar mit *Tian* (Himmel), der höchsten Gottheit der Zhou, einem Volk, das im westlichen

88 Der Schamane vertraut sich der raubtierähnlichen Kreatur an, die die Zähne über seinem Kopf fletscht. Das Tier verkörpert vermutlich ein Medium, das die Verbindung mit dem Jenseits ermöglichte. Mit seiner Hilfe konnte der Schamane mit den Ahnen und den Gottheiten in Verbindung treten. (Shang)

88–89 Diese Bronzekreatur, die mit Silber verziert ist, verkörpert vielleicht die älteste Darstellung des bixie, einer mystischen geflügelten Wildkatze, die das Böse abwehren konnte. (Östl. Zhou, Streitende Reiche)

Shang-Reich entlang dem Unterlauf des Flusses Wei siedelte.

Das soziale Leben drehte sich überwiegend um Zeremonien, die man nur ausführen konnte, wenn man mit komplexen Ritualen und mit der Verwendung bestimmter Geräte und Gegenstände – vor allem aus Jade und Bronze – vertraut war.

Die chinesische Kunst des Neolithikums und der frühen Bronzezeit kann als Ausdruck für die Verbindung zwischen der Herrscherklasse und den Gottheiten verstanden werden. Dem gegenüber diente der Schamanenkult, ein Vorrecht des Herrschers und seines Klans, als Instrument der Regierung. Man glaubte, dass die Schamanen mit dem Jenseits Verbindung aufnahmen, um sich Rat für die Angelegenheiten bei Hofe zu holen. Ihre Fragen an die Gottheiten formulierten die Schamanen während der Zeremonie mithilfe von Tierknochen und Schildkrötenpanzern, die ins Feuer geworfen wurden. Anhand der durch die Hitze verursachten Risse an den Knochen und Panzern erhielten sie die Antworten, die dann vorsichtig in die Knochen und Panzer geritzt wurden. Die kaiserlichen Schriftgelehrten bewahrten diese Dokumente in Archiven auf, die bis heute erhalten sind. Weitere wichtige Bestandteile der Feierlichkeiten waren Tieropfer, Gesänge und Tänze sowie Speise- und Trankopfer, die in Sakralgefäßen dargebracht wurden. Während der Zeremonien nahmen die Schamanen viel Alkohol zu sich, um schneller den für die Wahrsagungen erforderlichen Zustand der Trance zu erreichen. Einige Wissenschaftler deuten die Tiere, die auf den Sakralbronzen der Shang und Zhou dargestellt sind, als Medium, mit dessen Hilfe die Schamanen Zugang zum Himmel fanden und mit Ahnen und Gottheiten in Verbindung treten konnten.

Als König Wu, Herrscher der Zhou, die Shang-Dynastie stürzte, rechtfertigte er dies mit dem bei den Zhou verehrten Gott Tian, dessen Wille er zu interpretieren und durchzuführen vorgab. Die Zhou glaubten, dass dieser Gott am Firmament *(tian)* wohnte, das er auch verkörperte.

Einige Elemente der Shang-Religion wurden nach der Eroberung schrittweise übernommen, darunter der Kult des Shangdi. Die Figur des Shangdi erfuhr jedoch eine tief greifende Veränderung und verlor jede direkte Verbindung zum Kaisergeschlecht. Es kam zu einer scharfen Trennung zwischen der Welt der Gottheiten und der Welt der Ahnen. Gleichzeitig stellte die *de* nicht länger die magische Kraft dar, die eine Verbindung mit dem Jenseits ermöglichte. Sie blieb jedoch eine Art moralischer Kraft, die auf dem Weg zum Himmel *(tiandao)* unerlässlich war. Der Himmel, Quell der kosmischen Ordnung und das höchste Wesen, das über allen Ahnen und anderen Geistern stand, wurde schnell zum neutralen, allgegenwärtigen Richter, der den Herrschern und allen Menschen moralische Ermahnungen und Anregungen übermitteln konnte.

Der Herrscher, *tianzi* (Sohn des Himmels), wurde der Vertreter des Tian auf Erden. Er regierte mit dem Mandat des Himmels *(tianming)*, das ihm entzogen werden konnte, wenn er sich als unwürdig erwies. So wurde jahrhundertelang die Zerschlagung von Dynastien mit Waffengewalt gerechtfertigt.

Wenn ein Herrscher bestechlich war und keine *de* besaß, schickte der erzürnte, enttäuschte Himmel erste warnende Zeichen seines Missfallens in Form von Überschwemmungen, Hungersnöten und Unglück und entzog schließlich dem Herrscher und seinem Geschlecht das

89 *Die beiden Tiger, die den Kopf eines Menschen zwischen ihren Zähnen halten, sollten der Bronzeaxt* (yue) *einen erschreckenden Anblick verleihen und die Macht und Autorität ihres Besitzers bezeugen. Die Axt galt als königliches Insigne. In der Mitte der Darstellung ist der Name der Königin Fu Hao eingraviert.* (Shang)

90 Zwei mythologische Helden mit menschlichem Torso und Schlangenleibern umschlingen sich zwischen den Gestirnen. Der eine hält einen Zirkel, Symbol für den Himmel, den man sich rund vorstellte. Der andere hält einen Winkel, Symbol für die Erde, die man sich quadratisch vorstellte. Es handelt sich um Nü Wa, die Schöpferin des Menschengeschlechts, und Fuxi, den legendären Gründer der Kultur. Laut Überlieferung waren die beiden Geschwister, was sie jedoch nicht an einer Eheschließung hinderte. (Tang)

Mandat des Himmels, um es einem anderen Klan zu übertragen, dessen Führer bewiesen hatte, dass er die unerlässliche *de* besaß. Das Mandat des Himmels war stets dem Urteil des Himmels unterworfen, der dadurch die Taten der Herrscher kontrollierte. Die kaiserlichen Befehle waren folglich die Befehle des Himmels: Der Kaiser führte den Willen des Himmels aus. Sich ihm zu widersetzen, bedeutete die Gebote des Höchsten zu übertreten. Die Identifizierung des Herrschers mit dem Himmel festigte die politische Autorität der neuen Dynastien.

Die Regierung der Shang-Dynastie, die auf einer strengen politisch-religiösen Struktur basierte, hatte unter der Zhou-Dynastie grundlegende Veränderungen erfahren: Der Kaiser stand an der Spitze eines Feudalherrschaftssystems. Um den Zentralismus bezüglich der Familienbande und ihres Kultes zu erhalten, bildeten rituelle Normen und die Erbfolge die Grundlage der Autorität. Dies galt für politische Ämter ebenso wie für administrative und soziale Aufgaben. Auch die Zeremonien der Shang-Dynastie unterlagen Veränderungen. Der Brauch, Wahrsagungen mit Tierknochen und Schildkrötenpanzern durchzuführen, wurde bald abgeschafft. Hingegen war die gewissenhafte Ausführung der Riten und die Beachtung der damit verbundenen zeremoniellen Regeln von großer Bedeutung ebenso wie die Kultgegenstände, mit denen die Gottesdienste feierlicher gestaltet wurden. Im Lauf der Zeit wurden die rituellen Normen auf Gebiete ausgedehnt, die nicht unbedingt Teil der Zeremonien waren, bis sie schließlich zu einem politischen und sozialen Verhaltenskodex wurden.

Die erste Zeit der Dynastie verlief friedlich und war von relativem Wohlstand geprägt. Bald sollte dieser Zustand jedoch der Vergangenheit angehören. Zur Zeit der Streitenden Reiche verlagerte sich

91 oben *Die Überzeugung, dass übernatürliche, unsterbliche Wesen existierten, war bei den Anhängern des Taoismus tief verwurzelt. Hinweise darauf gehen auf die Östliche Zhou-Dynastie zurück. Ihren Höhepunkt erreichte diese Überzeugung zur Zeit der Han-Dynastie. (Östl. Han)*

91 unten *Hier ist Xiwangmu, die „Königinmutter des Westens", abgebildet. Sie sitzt in einer Kutsche zwischen vorbeiziehenden Wolken und Himmelsblumen. Ein Unsterblicher lenkt die von riesigen Phönixen gezogene Kutsche. Fantasiewesen, teilweise mit Flügeln, teilweise auf den Phönixen reitend, begleiten sie. (Westl. Wei).*

das Gleichgewicht immer mehr. Der Himmel zeigte sich gegenüber dem Herrscher nicht mehr wohlwollend und die Unfähigkeit der Regierenden für soziale Ordnung zu sorgen, gefährdete sogar das Bild des höchsten Wesens selbst, da es untrennbar mit dem Schicksal der Menschen verbunden war. Sein Wille wurde unverständlich und unvorhersehbar und in der Gesellschaft machte sich Skepsis breit. Es entwickelten sich viele unterschiedliche Denkweisen als Gegengewicht zu den politischen, moralischen und ideologischen Wirren, die um sich griffen. Man wollte die Grundlage für eine Neuordnung schaffen. Wesentlich waren hier Konfuzianismus und Taoismus, die anfangs eher philosophischen Doktrinen als religiösen Lehren glichen. Sie zeigten zwei Wege auf, um das Leben und die Beziehungen des Menschen zur Natur und zu Seinesgleichen zu regeln. Die konfuzianische Schule *(rujia)* war vor allem bemüht, die soziale und politische Harmonie wiederherzustellen. Sie wollte ethische Modelle und Werte wieder beleben, die man für die Basis der Regierungen der vordynastischen Herrscher und der ersten Könige der Zhou hielt. Konfuzius und seine Schüler hatten zwar kein Interesse an den Praktiken der Schamanen und dem Glaubensmuster der Zhou-Dynastie, respektierten jedoch die Verehrung des Himmels und der Riten. Weit bedeuten-

92 Auf dieser Terrakottatafel, die vermutlich die Wand einer Pagode zierte, ist ein mächtiger, beängstigender Dämon abgebildet. (Tang)

93 oben Die chinesischen Künstler bewiesen große Fantasie bei der Herstellung von Wächtern für bedeutende Grabstätten. Dieses eindrucksvolle Paar geflügelter Wesen ist ein Beispiel für diese Kreativität. (Tang)

der waren für die Anhänger des Konfuzius die Familienbande, die familiären Riten und die Opfer für die Ahnen. Die Familie bildete die Stütze der Gesellschaft. Die Vermittlung alter Werte und Kulturen und die Pflicht, selbst ein besserer Mensch zu werden, wurden als unverzichtbar für das moralische Weiterkommen des Einzelnen betrachtet. Nur so war es möglich, ein soziales Bewusstsein zu entwickeln, das für Ordnung und Harmonie unabdingbar war.

Die taoistische Schule war traditionell in zwei Bewegungen geteilt, eine philosophische (*daojia*) und eine religiöse (*daojiao*). Die Unterscheidung ist in der Realität eher theoretisch als substanziell und daher schwierig zu treffen. Die Taoisten legten größeres Augenmerk auf das Individuum als auf die Gesellschaft. Sie betrachteten den Menschen als einen Teil der unendlichen Schöpfung und sahen ihn deshalb nicht als Mittelpunkt des Universums. Sie verurteilten die konfuzianischen Werte und strebten nach einem einfachen Leben, in dem Ehrgeiz keinen Platz haben sollte. Sie wollten in Meditation und absolutem Einklang mit der Natur leben, möglichst am Rande der sozialen Organisationen. Für die Taoisten war es ein sinnloses Unterfangen, danach zu streben, selbst ein besserer Mensch zu werden, um sich des tieferen Sinnes des Lebens bewusst zu werden oder am Wert des Tao (Weg) teilhaben zu können. Hingegen benötige man einen mystischen Anstoß, den jeder Einzelne in sich trage, wenn er sich einmal von den Zwängen und Bindungen der sichtbaren Welt losgesagt habe. Der Taoismus war die Doktrin für individuelles Heil, die ihre Anhänger zu Unsterblichkeit führen wollte, auch mithilfe von Diätetik, Ekstase, Atemübungen, Sexualpraktiken und Alchimie. Der Konfuzianismus lehnte die Schamanenbräuche und den Glauben an die Welt der Geister ab, der Taoismus hingegen legte Wert auf alle Traditionen, die aus dem Volksglauben entstanden waren.

Die archäologischen Funde der letzten Jahrzehnte sind wertvolle und überraschende Zeugen für die Religiosität gegen Ende der Zhou-Dynastie und zu Beginn der Kaiserzeit. Sie belegen die Frömmigkeit jeder sozialen Schicht und die vielfältigen Traditionen dieser Zeit. Die Grabbeigaben zeigen, dass die Menschen

93 unten Die Wächter der vier Himmelsrichtungen (lokapala) wurden neben dem Sarg, in den vier Ecken der Grabkammer oder am Eingang der Grabstätte aufgestellt, um den Verstorbenen vor allen bösen Einflüssen zu bewahren. Sie sind das weltliche Pendant der buddhistischen Himmelskönige. (Tang)

überzeugt waren, dass es mehrere Welten gab, in denen böse Dämonen, aber auch göttliche, mythologische Wesen, glückliche Tiere und Mischwesen lebten.

Die Übernahme des Konfuzianismus als offizielle Doktrin des Kaiserreiches zur Zeit der Wu- und der Westlichen Han-Dynastie trug dazu bei, dass die religiösen Rituale in den Hintergrund traten. Nachdem der Konfuzianismus neu definiert worden war, wurde er nicht mehr als Antithese zum Taoismus gesehen. Auch war es nichts Ungewöhnliches, wenn konfuzianische Beamte, die in den Staatsapparat integriert waren, im Privatleben oder nachdem sie sich zur Ruhe gesetzt hatten, die taoistischen Lehren pflegten.

Mit zunehmender Verschlechterung der wirtschaftlichen und sozialen Lage hatten breite Bevölkerungsschichten das Bedürfnis sich in Gruppen zur gegenseitigen Unterstützung zu organisieren. Es entstanden verschworene Gemeinschaften und Untergrundorganisationen, die Aufstände und Revolten schürten. Gegen Ende der Östlichen Han-Dynastie prophezeiten taoistische Bewegungen wie die „Gelben Turbane", der „Weg des Großen Friedens" und die „Meister des Himmels" (auch „Fünf Scheffel Reis" genannt) die bevorstehende Rückkehr in ein mythisches, goldenes Zeitalter. Bei gemeinsamen Zeremonien bekannten die Schüler öffentlich ihre Sünden, in denen sie den Grund für Krankheit und Unglück sahen.

Der religiöse Taoismus fand immer mehr Anhänger. Eine Weiterentwicklung vollzog sich nach dem Zusammenbruch des Kaiserreiches, als die Unzufriedenheit auch die Intellektuellen ergriff, die vom Konfuzianismus enttäuscht waren. Lange Zeit hatte er Gesellschaft und Regierung beherrscht, bis sich herausstellte, dass er den institutionellen, geistigen und materiellen Ruin nicht aufhalten konnte. Alternative Bewegungen, die sich in der taoistischen Schule formiert hatten, gewannen an Bedeutung. Viele wendeten sich von der Welt ab und verweigerten jegliche Teilnahme am öffentlichen Leben, um auf diese Weise den Urgrund des Seins, Musik, Dichtkunst, Malerei, Meditation und letztlich sich selbst wiederzufinden. Diese Richtung vertraten die Schule der reinen Diskussion *(Qingtan)* und die Schule der Geheimwissenschaft *(Xuanxue)*. Okkultismus, Diätetik, Atemübungen, Sexualpraktiken und Meditation waren wieder von

94 *Dieser sitzende Bodhisattwa aus vergoldeter Bronze ist ein leuchtendes Beispiel für den naturalistischen Stil gegen Ende des 8. Jahrhunderts, der sinnliche, rundliche Körper bevorzugte. Die eng anliegenden Gewänder weisen einen besonders reichen Faltenwurf auf und der ganze Körper ist mit Juwelen geschmückt. (Tang)*

Interesse und die Alchimisten waren auf der Suche nach einem Mittel, das Unsterblichkeit verleihen sollte.

Die Entwicklung des Taoismus und die ideologische Krise nach dem Zerfall des Kaiserreiches führten dazu, dass eine neue Religion Fuß fassen konnte: der Buddhismus. Er war im 1. Jahrhundert aus Indien überliefert worden. Anfangs betrachtete man den buddhistischen Glauben als eine dem Taoismus nahe stehende Doktrin, denn die Missionare verwendeten die taoistische Terminologie, um die Menschen zu bekehren. Sie hoben die Ähnlichkeiten hervor, ohne die Unterschiede zu unterstreichen. Sowohl das Mahajana (Großes Fahrzeug) als auch das Hinajana (Kleines Fahrzeug) fand schnell Anhänger bei der Führungsschicht in Nord und Süd. Die Mahajana-Schule wurde jedoch von den Gläubigen bevorzugt, vor allem nachdem sie sich zu einer Form des Buddhismus gewandelt hatte, die von den Werten der chinesischen Kultur beeinflusst wurde. Neben komplexen Theorien wurden doktrinäre Elemente erarbeitet, die auch die breite Masse der weniger gebildeten und pragmatischeren Anhänger nachvollziehen konnte. Das Nirwana, der Zustand völliger, seliger Ruhe, wurde zum Beispiel als ein himmlisches Paradies beschrieben, das man erreichen konnte, indem man auf dem Sterbebett den Namen Buddha Amitabha aussprach.

In den ersten zwei Jahrhunderten der Tang-Dynastie erreichte der Buddhismus seinen Höhepunkt. Er breitete sich im ganzen Kaiserreich aus, das Volk entwickelte einen bemerkenswerten religiösen Eifer und der Hof stand dem wohlwollend gegenüber, bis im Jahr 845 Wuzong, ein fanatischer Anhänger des Taoismus, die Zerstörung tausender buddhistischer Tempel und Klöster anordnete und Güter und Ländereien der buddhistischen Kirche beschlagnahmen ließ. Über 260 000 Nonnen und Mönche wurden laisiert. Unter den Verfolgten waren auch einige tausend Anhänger des Nestorianismus und des Parsismus. Diese Glaubensrichtungen waren einige Jahrhunderte zuvor nach China gekommen und wurden vor allem von der nichtchinesischen Bevölkerung ausgeübt.

Zahlreiche buddhistische Schulen entstanden im Lauf der Jahrhunderte, darunter die tantrische Schule des Wahren Wortes (Zhenyan), die Schu-

sattwa Avalokitesvara (Guanyin), das personifizierte erlösende Mitleid, erfreuten sich großer Beliebtheit.

Der Taoismus wurde von der aufstrebenden buddhistischen Kirche stark beeinflusst. Im 5. Jahrhundert versuchte Kou Qianzhi (gest. 448) vergeblich den Buddhismus zur Staatsreligion zu erheben. Die buddhistische und die taoistische Gesellschaft, die die konfuzianische Doktrin als ideologische Basis für die kaiserlichen Institutionen wiederherstellen wollten, schufen eine neue Situation. Die grundsätzliche Anerkennung verschiedener religiöser Richtungen führte zu einer Verschmelzung von Konfuzianismus, Buddhismus und Taoismus.

len Tiantai (Tiantajiao), Reine Erde (Qingtujiao), Drei Stufen (Sanjejiao) und die der Chan Meditation (japanisch Zen), die die ursprünglichste Form des chinesischen Buddhismus repräsentiert.

Die religiöse Literatur, ob indischen oder chinesischen Ursprungs, erfuhr einen grandiosen Aufschwung. Die Übersetzung des indischen Sanskrit ins Chinesische, an der indische und chinesischen Mönche, Pilger und Gläubige mitwirkten, war eine außergewöhnliche Leistung.

Das buddhistische Pantheon beheimatete zahlreiche Gottheiten, Buddhas und Bodhisattwas. Anstatt ins Nirwana einzugehen, verweilten Letztere auf der Erde, nachdem sie erleuchtet worden waren, um den Frommen beizustehen. Zeugen des weit verbreiteten Kultes sind die Darstellungen der Gottheiten in den nordchinesischen Felsentempeln sowie sakrale Malereien und Skulpturen. Die populärsten Gottheiten waren Maitreya, Buddha der Zukunft und Retter der Menschheit, der Frieden und Gerechtigkeit bringen sollte, und Schakjamuni, der historische Buddha. Auch Amitabha, der Buddha des westlichen Paradieses, Manjusri, der Bodhisattwa der Weisheit, und der Bodhi-

95 links Dieses vergoldete Bronzekunstwerk aus dem Jahr 518 zeigt Schakjamuni, der dem Buddha der Vergangenheit, Prabhutaratna, seine Lehre vorstellt. Gemäß dem Stil, der sich im 6. Jahrhundert in Longmen durchsetzte, ist die Erscheinung der Personen wesentlich. Sie sind ausgezehrt, eingehüllt in weite Gewänder und scheinen in den flammenden Aureolen beinahe zu verschwinden. (Nördl. Wei)

95 rechts Dieser Buddha Schakjamuni in Meditationshaltung mit zusammengelegten Händen trägt eine Inschrift, die seine Entstehung auf das Jahr 338 datiert. Es handelt sich hierbei um die älteste Buddhastatue aus vergoldeter Bronze, die aus China stammt. (Nördl. Wei)

DAS LEBEN NACH DEM TOD: GRABBEIGABEN FÜR DAS JENSEITS

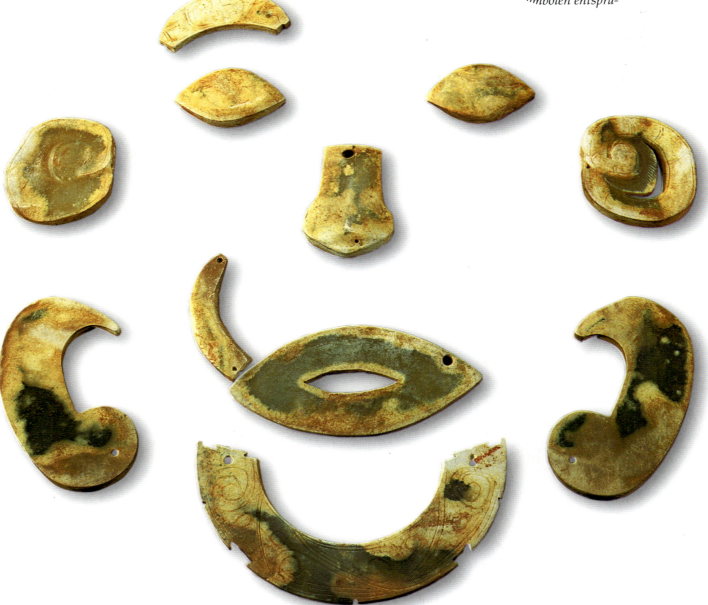

96 *Der Brauch, den Körper des Verstorbenen mit kleinen Jadeobjekten zu bedecken, stammt aus dem Neolithikum. Zur Zeit der Zhou-Dynastie wurden diese Objekte so angeordnet, dass sie ...mbolen entsprachen, die magische oder religiöse Bedeutung hatten. Die hier abgebildeten Stücke waren auf ein seidenes Leichentuch genäht, das das Antlitz des Toten bedeckte. (Westl. Zhou)*

In den letzten Ruhestätten der Adeligen und der Herrscher Chinas entdeckte man eine Fülle von Grabbeigaben, mit denen der Verstorbene seinem Rang entsprechend gewürdigt werden sollte. Außerdem belegen sie, dass die Menschen davon überzeugt waren, dass es ein Leben nach dem Tod gab. Im Lauf der Jahrtausende – vom Neolithikum bis zur Tang-Dynastie – gab es viele religiöse und philosophische Richtungen, die tief greifende Veränderungen verursachten, die sich sowohl anhand der Grabbeigaben als auch anhand sakraler Darstellungen nachvollziehen lassen. Sie ermöglichen es den Archäologen, Zugang zu den Glaubensrichtungen zu finden, die das Leben nach dem Tod in den verschiedenen Epochen definierten. Die Grabbeigaben und Grabstätten, die in den letzten Jahrzehnten entdeckt wurden, offenbaren eine unerwartete Symbolik und religiöse Themen, die in den schriftlichen Überlieferungen nicht erwähnt sind. Die eigentliche und die allegorische Bedeutung religiöser Darstellungen im alten China ist nicht immer eindeutig nachvollziehbar und es gestaltet sich oftmals schwierig, die Entwicklung nachzuzeichnen oder Ähnlichkeiten beziehungsweise Unterschiede festzustellen. Man kann jedoch eine allgemein verständliche Übersicht erstellen.

Im Neolithikum waren die Grabstätten lediglich Gruben. Manchmal wurden neben dem Leichnam Terrakottagefäße mit Speisen und Getränken platziert, die der Verstorbene im Jenseits benötigte. In einigen Gräbern der Liangzhu-Kultur fand man Überreste lackierter Särge und viele Jadeobjekte. Der Kopf des Toten war umgeben von Schmuckplatten, Perlen und Anhängern. Auf die Brust legte man viereckige Jadeblöcke mit einem zylindrischen Loch *(cong)*, etwas weiter unten wurden die *bi*-Scheiben aufgelegt und an den Seiten platzierte man die Zeremonienäxte. Einige Skelett- und Jadefunde weisen Brandspuren auf, was darauf hindeuten könnte, dass es Feuerbestattungen oder Sakralriten gab. In Opfergruben in Sanxingdui (Sichuan), die aus dem

97 links Der Körper des Verstorbenen wurde mit wertvollen Amuletten bedeckt, in der Überzeugung, dass diese den Leichnam vor Verwesung bewahrten, während der Geist fortlebte. Der in rote und gelbe Seidenbahnen eingewickelte Leichnam trug ein Pektorale aus Jade- und Achatperlenschnüren, das bis zu den Knien reichte. Neben dem Körper platzierte man weitere Jadeobjekte, Äxte und bi-Scheiben. (Westl. Zhou)

97 oben rechts Man vermutet, dass die viereckigen cong, die im Neolithikum nach den vier Himmelsrichtungen ausgerichtet wurden, zur Vertreibung der Dämonen aus dem Universum bestimmt waren. Einige Kultstätten der neolithischen Liangzhu-Kultur, für die die cong charakteristisch sind, haben dieselbe Grundstruktur wie diese Gegenstände. (Liangzhu)

97 unten rechts Dieses kleine Objekt aus weißer, durchscheinender Jade zeigt den Kopf eines Fantasiewesens mit menschlichen und tierischen Zügen. Es datiert aus dem 3. Jahrtausend v. Chr., wurde jedoch in einem Grab aus dem 10.–9. Jahrhundert v. Chr. entdeckt, etwa 500 km vom Herstellungsort entfernt. (Shijiahe).

12. Jahrhundert v. Chr. datieren, entdeckte man zum Beispiel Sakralbronzen und Jadegegenstände, die bewusst zerbrochen und versengt worden waren, ehe man sie eingrub.

Bei den östlichen Kulturen des späten Neolithikums und zur Zeit der Drei Dynastien war die Grube mit dem Sarg von einer Art Terrasse (ercengtai) umgeben, auf der ein Teil der Grabbeigaben aufgebaut war.

Die Königsgräber der Shang-Dynastie hatten bemerkenswerte Ausmaße: Sie waren über 20 m tief und bedeckten eine Fläche von 2 500 m². Oft waren sie mit Zugangsrampen versehen. Der Haupteingang wies in Nord-Süd-Richtung, die Nebeneingänge zeigten in Ost-West-Richtung. In der Mitte des Grabes befand sich ein Holzsarkophag (guan) mit dem Leichnam, der von einem größeren Sarkophag umgeben war. Dieser befand sich in der Grabkammer, die ebenfalls aus Holz bestand (guo). Um die Grabkammer herum wurden die Gewänder derjenigen gelegt, die ihren Herrn im Jenseits beschützen sollten, Ehegatten, Diener und Soldaten. Weitere Opfergaben waren enthauptete und gefesselte Sklaven sowie Kriegsgefangene, die den Tieropfern gleichgestellt waren. Manchmal wurden sie in Gräben, die man um das Hauptgrab aushob, beigesetzt.

Bis in das Neolithikum glaubte man, dass der Verstorbene nach dem Tod seine gesellschaftliche Stellung behielt und die zu Lebzeiten genossenen Privilegien erhalten blieben. Deshalb wurden seine wertvollsten Güter mit ihm begraben. Dabei handelte es sich oftmals um wahre Schätze, wie zum Beispiel die ca. 7 000 Kauris, die im Grab der Shang-Königin Fu Hao zusammen mit 755 Jadeobjekten entdeckt wurden, der größte Jadefund bisher. Zu dieser Zeit waren die Kauris jedoch noch kein Zahlungsmittel, sondern ausschließlich für die Riten bestimmt und ihr Besitz verlieh hohes Ansehen.

Ab der Östlichen Zhou-Dynastie wurden die Grabstätten der Adeligen wie prächtige Wohnungen ausgestattet. Die Grabkammer war größer und mit angrenzenden Kammern verbunden, damit sich der Verstorbene und die mit ihm beigesetzten Personen frei bewegen konnten. Jede Kammer hatte eine spezielle Bestimmung. Die an die Grabstätte angebauten Häuser und Paläste waren für die Grabbeigaben bestimmt. Dieser Brauch gewann in den folgenden Jahrhunderten noch mehr an Bedeutung, da es keine kaiserlichen Mausoleen mehr gab. Über den bedeutendsten Grabstätten wurden Erdhügel oder Holzbauten errichtet, die als Ahnentempel dienten und von Parkanlagen und Schutzwällen umgeben waren. Besonders eindrucksvoll ist das Mausoleum des Qin Shi Huangdi, das gebaut wurde, um die des Erhabenen Kaisers würdigen Bedingungen für ein Leben

98–99 oben Jede dieser Figuren mit Menschenkörper und Tierkopf verkörpert ein chinesisches Tierkreiszeichen (von links nach rechts): Pferd, Ziege, Affe, Hahn, Hund, Schwein, Ratte, Ochse, Tiger, Kaninchen, Drache und Schlange. (Tang)

98–99 unten Unter den zahlreichen Schätzen der 1973 in Mawangdui entdeckten Grabstätte fand man auch dieses Orchester aus bemaltem Holz. (Westl. Han)

100 Auf diesem 44,1 cm langen Kissen aus vergoldeter Bronze ruhte der Kopf des Prinzen Liu Sheng. Es ist teilweise mit Jadeintarsien dekoriert. Im Inneren befand sich eine Eschenholzstütze. (Westl. Han)

100–101 Man vermutet, dass die Herstellung eines Jadegewandes mindestens zehn Jahre dauerte. Unter den 40 bisher entdeckten Totengewändern aus Grabstätten der Han-Dynastie ist das des Prinzen Liu Sheng wohl das bekannteste. Kleine Jadeamulette verschlossen die Köperöffnungen. (Westl. Han)

101 Jadeamulette, die den Verstorbenen in den Mund gelegt wurden, hatten oftmals die Form einer Zikade, Symbol für das Weiterleben nach dem Tod. (Westl. Han)

nach dem Tod zu schaffen. Es war eine Demonstration seiner Macht und vielleicht auch seines Größenwahns. Die Pferdeställe und die Bronzewagen, die den Herrscher in das Reich der Unsterblichen bringen sollten, spiegeln ebenso wie die gigantische bewaffnete Terrakotta-Armee den ehrgeizigen Plan wider, das Kaiserreich im Jenseits weiterleben zu lassen.

Die Bedeutung der Sakralbronzen und die mit ihnen verbundenen Rituale verfielen immer mehr. Grabbeigaben bestanden nicht mehr nur aus Gegenständen, die die gesellschaftliche Stellung des Verstorbenen belegten und die seinem Rang entsprechenden Zeremonien *(jiqi)* begleiteten, sondern auch aus persönlicher Habe *(shengqi)*. Ab dem 5. Jahrhundert v. Chr. verzichtete man immer öfter auf Menschenopfer, sowohl auf diejenigen, die echte Opfer *(rensheng)* waren, als auch auf diejenigen, die sich als Ergebene des Verstorbenen *(renxun)* opferten, um ihm ins Jenseits zu folgen und ihm dort zu dienen. Man legte kleine Statuen aus Holz, Terrakotta oder Stein, *mingqi* (Gegenstände des Geistes), in die Gräber, die die Menschenopfer ersetzten. Je weiter sich dieser Brauch ausbreitete, desto seltener wurden Menschenopfer, bis man schließlich ganz darauf verzichtete. Die *mingqi* hatten außerdem eine symbolische Bedeutung und stellten auch Miniaturen von Bauwerken, ländlichen Gegenden, Sakralgegenständen und Musikinstrumenten dar, die bei Zeremonien nicht fehlen durften. Meist waren sie aus bemalter Terrakotta gefertigt, seltener aus Bronze oder Holz. Terrakotta war im nördlichen China das bevorzugte Material, vor allem bei den Qin, während die Künstler im Süden und in Zentralchina überwiegend Holz verwendeten, vor allem im Reich der Chu. Ausgesprochen fein gearbeitet sind die *mingqi*, die aus der Zeit der Han- und der Tang-Dynastie datieren.

In der Kaiserzeit waren die Grabbeigaben das Spiegelbild des sich ständig weiterentwickelnden Glaubens. Die Auffassung, dass der Mensch zwei Seelen hat, die spirituelle *(hun)* und die körperliche *(po)* manifestierte sich. *Hun* ging nach dem Tod in den Himmel ein, *po* musste auf die Erde zurückkehren. Auch der Glaube, es gäbe Unsterbliche, die dem Tod entfliehen konnten, war immer stärker in den Menschen verwurzelt. Gemäß dieser Auffassung konnte man das ewige Leben durch Drogen erlangen, die das Leben verlängerten, oder indem man den Leichnam so konservierte, dass er vor Verwesung geschützt war, sodass die körperliche Seele überleben konnte. In der Hoffnung dieses Ziel zu erreichen, bediente man sich verschiedener Mittel. Der Leichnam wurde zum Beispiel in mehrere Särge, die ineinander passten, gelegt und manchmal mit speziellen Flüssigkeiten bedeckt oder er wurde in Jadegewänder gewickelt. Die prächtigen Grabbeigaben, die aus tausenden Objekten bestanden,

102 Die zahlreichen glasierten Terrakottaminiaturen in Form von Kornspeichern, Gutshöfen und Festungen, Grabbeigaben aus der Zeit der Han-Dynastie und der Drei Reiche, liefern wertvolle Informationen über die Architektur der Bauwerke, die der Zeit nicht standhielten. (Östl. Han)

102–103 Neben dem Brauch im Grab Statuen von Sklaven und Hofdamen aufzustellen, die ihrem Herrn nach dessen Tod dienen und ihn erfreuen sollten, gab es auch die Gepflogenheit, Miniaturen von Orten und Plätzen hinzuzufügen, die dem Verstorbenen vertraut waren. (Drei Reiche)

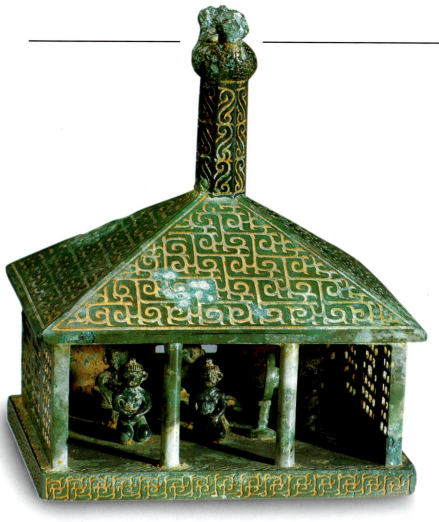

und die Einrichtungsgegenstände spiegelten den gesellschaftlichen Status und den Reichtum des Verstorbenen wider. All das sollte den Wesen im Jenseits gezeigt werden, denen es oblag die körperliche Seele des Verstorbenen aufzunehmen oder abzuweisen. Das Bild des Jenseits, das sich über das Diesseits erhebt und das einst streng getrennt war von der dunklen, unterirdischen Welt der Toten, zeigt sich in dem herrlichen Banner der Gräfin Xin Zhui von Dai (gest. 168 v. Chr.). Es wurde in Mawangdui in Changsha (Hunan) gefunden und lag auf dem innersten von vier Sargdeckeln. Die Malerei stellt das gesamte Universum dar, mit mythologischen Figuren und heiligen Tieren, und schildert die Reise der Xin Zhui in das Reich der Unsterblichen. Eine komplexe Symbolik beschreibt den Weg der spiritu-

103 Dieser kleine, mit Goldintarsien verzierte Bronzepavillon aus dem 5. Jahrhundert. v. Chr. ist die bis heute älteste gefundene Architekturminiatur. Im Inneren sind vier Musikanten dargestellt. (Östl. Zhou, Streitende Reiche)

ellen und der körperlichen Seele. Die verschiedenen Stufen – die Wasserwelt der Dunkelheit, das Begräbnis, der Himmel – sind auf parallelen, horizontalen Ebenen dargestellt, umgeben von zwei aufwärts strebenden, ineinander verschlungenen Drachen in perfekter Symmetrie. Der Himmel mit Sonne und Mond ist von Gottheiten und heiligen Tieren bewohnt und befindet sich in absolutem kompositorischem Gleichgewicht.

Schließlich finden sich an den Wänden der Grabstätte, auf dem Schmuck der Grabbeigaben und auf den lackierten Särgen immer mehr Zaubergestalten und Gottheiten, wie Nü Wa, die Schöpferin des Menschengeschlechts, die sich bis zu 70-mal an einem einzigen Tag verwandeln konnte, oder Xiwangmu, die „Königinmutter des Westens". Sie sollten Dämonen und böse Einflüsse abwehren und die spirituelle Seele auf ihrem schweren Weg begleiten und unterstützen. Bewaffnete Soldaten, strenge Wächter und wilde, drohende himmlische Beschützer wurden zur Verteidigung der Toten und der Gräber aufgestellt. Charakteristisch sind die dreifarbig glasierten Terrakotta-Wächter *(sancai)* der Tang-Zeit, die manchmal als Sieger über unförmige Dämonen dargestellt werden. Sie erscheinen oft paarweise und sind mit den *lokapala*, den Wächtern über das Buddha-Reich vergleichbar, die in den Felsentempeln zu sehen sind. Manchmal erscheinen die Terrakotta-Wächter in Begleitung von Mischwesen mit menschlichem oder tierischem Gesicht, grimmiger Mimik, Flügeln, mächtigen Oberkörpern und schweren Hufen.

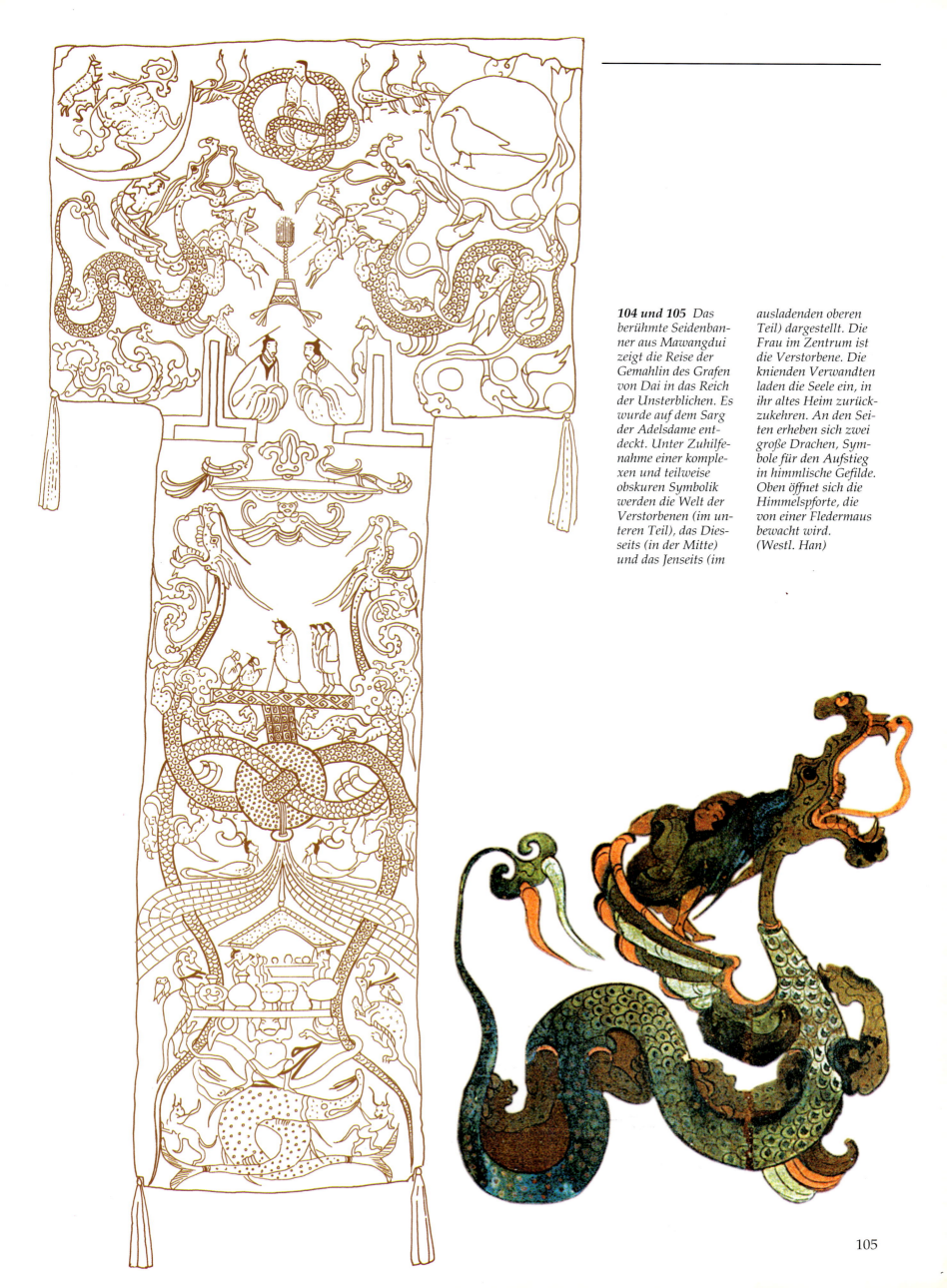

104 und 105 *Das berühmte Seidenbanner aus Mawangdui zeigt die Reise der Gemahlin des Grafen von Dai in das Reich der Unsterblichen. Es wurde auf dem Sarg der Adelsdame entdeckt. Unter Zuhilfenahme einer komplexen und teilweise obskuren Symbolik werden die Welt der Verstorbenen (im unteren Teil), das Diesseits (in der Mitte) und das Jenseits (im ausladenden oberen Teil) dargestellt. Die Frau im Zentrum ist die Verstorbene. Die knienden Verwandten laden die Seele ein, in ihr altes Heim zurückzukehren. An den Seiten erheben sich zwei große Drachen, Symbole für den Aufstieg in himmlische Gefilde. Oben öffnet sich die Himmelspforte, die von einer Fledermaus bewacht wird. (Westl. Han)*

106 oben Die Wangen dieser eleganten Frauengestalt aus bemalter Terrakotta zeigen die Schminktechnik, die die Damen bei Hofe anwendeten, um ihre weichen, vollen Gesichtszüge zu unterstreichen. (Tang)

106 unten Die darstellende Kunst spiegelt oft – manchmal in amüsanter Weise – die Neugierde der Chinesen gegenüber fremden Bräuchen und westlichen Völkern wider, mit denen sie immer häufiger in Kontakt kamen. Kaufleute und Stallknechte wurden typischerweise auf dem Rücken ihrer Kamele dargestellt. (Tang)

106–107 Das Können der Töpfer der Tang-Dynastie wird an diesem herrlichen Pferd aus Ferghana deutlich. Es ist mit blauer, creme- und bernsteinfarbener Lasur überzogen. Auf seinem Rücken liegt eine außergewöhnliche blaue Satteldecke. (Tang)

ARCHITEKTUR

108 links *Dieses Modell eines mehrstöckigen bemalten Turms (132,1 cm hoch) mit Tor und flankierenden Eckpfeilern ist repräsentativ für die Architektur der Han-Dynastie. Die Dächer mit vier Dachschrägen werden von einem komplexen Stützsystem getragen. (Östl. Han)*

Es gibt nur noch wenige Spuren der altchinesischen Architektur, denn das Baumaterial war nicht für die Ewigkeit bestimmt. Jahrhundertelang wurden alle tragenden Teile aus Holz gefertigt, während man strapazierfähige Materialien ausschließlich für Gefäße verwendete. Dies hatte zur Folge, dass alle Bauten der vorkaiserlichen Epoche und fast alle Bauwerke der Kaiserzeit bis zur Tang-Dynastie untergingen. Auch die prächtigen Paläste – in vielen Dichtungen beschrieben – haben die Zeit nicht überdauert. Neben einigen Pagoden aus Stein oder Ziegel, die im 6.–7. Jahrhundert erbaut wurden, sind nur wenige Überreste von Bauwerken aus der Zeit vor dem Untergang der Tang-Dynastie erhalten. Die wichtigsten sind der Buddhatempel von Nanchansi (782), die älteste Holzkonstruktion, die heute noch in China existiert, und der Buddhatempel Foguangsi (857), beide am heiligen Berg Wutaishan (Shanxi).

Über die Bauten der vorkaiserlichen Epoche ist nur wenig bekannt. Lediglich aufgrund schriftlicher Überlieferungen,

108 rechts *Häuser und Paläste des alten Chinas, die aus Holz oder gestampfter Erde erbaut waren, haben die Zeit nicht überdauert. Deshalb sind die bemalten Keramikmodelle, die aus der Han-Zeit datieren, wichtige Informationsquellen, um die Geschichte der chinesischen Architektur nachzuzeichnen. (Östl. Han)*

108–109 *Diese Rekonstruktion des Königspalastes von Zhongshan aus dem 4. Jahrhundert v. Chr. ist abgeleitet von einer Zeichnung aus Gold auf einem großen Bronzetablett.*

109 *Die Großgrundbesitzer errichteten auf ihrem Grund Lauben und Bauten, in denen sie ihre Freizeit verbrachten. Dieses Modell zeigt einen Pavillon in einem künstlich angelegten See. Im Inneren tanzt ein Mann zu Musik und Gesang, während vier Bogenschützen den Horizont von der Balustrade aus beobachten. (Östl. Han)*

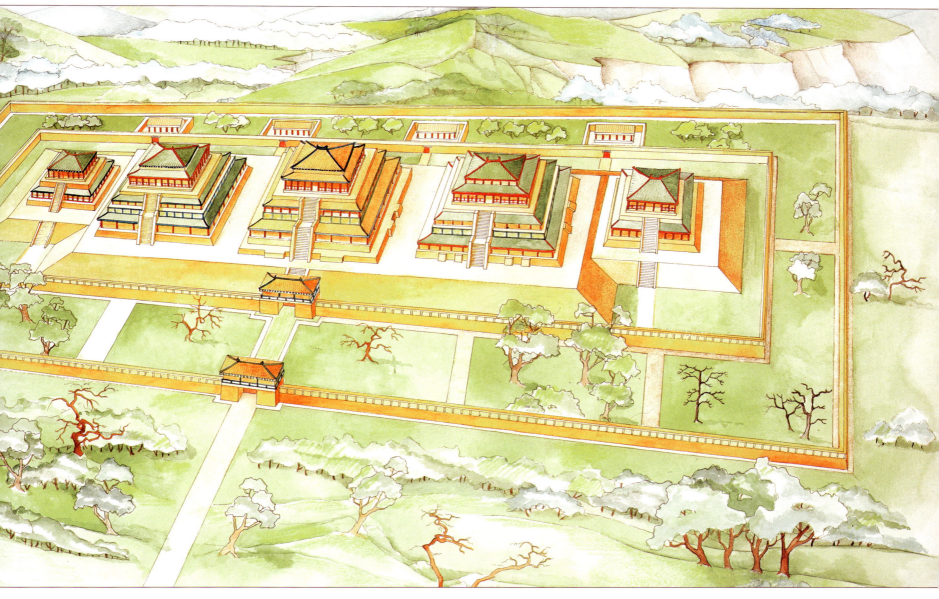

die ungefähre Beschreibungen der Paläste enthalten, sowie anhand von Gefäßen und anderen Gegenständen, die Darstellungen von Gebäuden oder anderen Bauwerken zeigen, kann man die Architektur teilweise nachvollziehen. Weiteren Aufschluss geben die reicher dekorierten Gräber, die architektonische Elemente zeigen und Grabbeigaben in Form von Modellen von Häusern oder Palästen *(mingqi)* aus Bronze oder Terrakotta bergen. Bei Grabungen wurden Grenzmauern, Terrassen und Steinfundamente für Pfeiler und Säulen entdeckt, Scharniere und Dekorationen aus Metall für Portale und Gebälk sowie tönerne Dachziegel.

Die Funde bewohnter Siedlungen und Paläste aus verschiedenen Epochen ermöglichten die Rekonstruktion von Dörfern und Städten. So war es möglich, sich ein Bild von den Holz- und Strohkonstruktionen im neolithischen Dorf Banpo (Yangshao) zu machen oder die auf einer Fläche von mehr als 10 000 m² angelegten Paläste von Erlitou (Xia), Panglongcheng, Xiaotun und Zhengzhou (Shang) zu rekonstruieren sowie eine Vorstellung von den Zeremonienpavillons über den königlichen Grabstätten der Shang und Zhou zu erhalten, die von Parkanlagen und Schutzwällen umgeben waren. Die herrliche Grabstätte König Cuos von Zhongshan, die aus dem Jahr 310 v. Chr. stammt und in Pingshan (Hebei) freigelegt wurde, ist auf einem Bronzetablett dargestellt, das man im Grabmal fand.

Zur Zeit der Drei Dynastien gab es vermutlich keine großen Veränderungen

110 links Die architektonische Gesamtheit dieser befestigten Miniatur-Residenz (114 cm x 130 cm) besticht durch die vielen Räume, die sich auf mehrere Stockwerke verteilen. Das untere Foto zeigt die Wohnräume, die sich in den oberen Etagen und unter dem Dach befanden. Im Erdgeschoss waren Küchen, Lagerräume und Stallungen untergebracht. In einem Saal mit Tellern und Geschirr, der vermutlich für festliche Anlässe bestimmt war, ist eine Gruppe von sechs Musikanten zu sehen. (Westl. Han)

110 rechts Modelle von Residenzen, Gutshöfen, Lagerhäusern und Freizeitpavillons erfreuten sich zur Zeit der Östlichen Han-Dynastie großer Beliebtheit, verschwanden aber im Lauf der folgenden Jahrhunderte. An ihre Stelle traten herrliche Wandfresken. Das familiäre Umfeld des Verstorbenen konnte mit Fresken besser dargestellt werden als durch die Miniaturen. (Östl. Han)

111 In diese Terrakottatafel aus dem 2. Jahrhundert ist ein prächtiges Gebäude mit Ringmauern und majestätischen Wachtürmen eingearbeitet. Der Phönix auf dem Dach ist das Symbol für Glück. (Östl. Han)

an den Gebäuden, die Häuser wurden noch immer halb unterirdisch gebaut oder standen auf Pfählen. Ab dem 9. Jahrhundert v. Chr. wurden die strohgedeckten Dächer, die meist schräg waren, damit das Regenwasser besser ablaufen konnte, schrittweise durch Ziegeldächer ersetzt. Die Terrakottaziegel waren flach oder halbrund. Die Holzkonstruktionen wurden mit stützenden Podesten unterbaut.

Zur Zeit des Ersten Kaiserreiches gab es in der Architektur große Veränderungen, wie man anhand der Stadtplanung der wichtigsten Städte erkennen kann. Die Häuser der einfachen Leute waren weiterhin ärmlich und strohgedeckt. Die Residenzen des Adels und der Reichen beruhten jedoch auf Konstruktionen, die die folgenden Jahrhunderte unverändert überdauerten. Wichtige Bauwerke standen in weitläufigen Höfen. In der Mitte befand sich – leicht zurückversetzt – ein Pavillon. Die feudaleren Residenzen waren von konzentrischen Höfen umgeben, die durch Mauern mit weiten Toren voneinander getrennt waren. Neben den Palastportalen und beiderseits der Eingänge zu großen Gutshöfen standen riesige Türme. Eine geräumige Empfangshalle war so angelegt, dass ihre Hauptachse und der Eingang auf einer Linie mit dem äußeren Eingangsportal lagen. Seitlich von dieser Halle standen ein- oder zweistöckige Gebäude. Manchmal hatten die Pavillons oder Wachtürme sogar vier oder fünf Stockwerke. Die Gebäude in der Stadt waren von Mauern umgeben und dienten sowohl als Residenzen als auch als Regierungsgebäude. Die Kaiserpaläste der Han-Dynastie in Chang'an und Luoyang wurden bereits vor dem Ende der Dynastie durch Brände vernichtet. Man fand jedoch Überreste von Königshöfen der Qin-Dynastie in Xianyang und konnte dadurch Rückschlüsse auf deren Bauweise ziehen.

Während der Kaiserzeit bestanden die Paläste aus mehreren Gebäuden, die auf Terrassen aus gestampfter Erde oder gemauerten Fundamenten erbaut und generell von Nord nach Süd ausgerichtet waren. Die Fassade zeigte stets nach Süden. Korridore und überdachte, erhöhte Übergänge verbanden die Bauten miteinander. Auf Erdwällen wurden in regelmäßigen Abständen Steinfundamente erbaut, auf denen große Holzpfähle errichtet wurden,

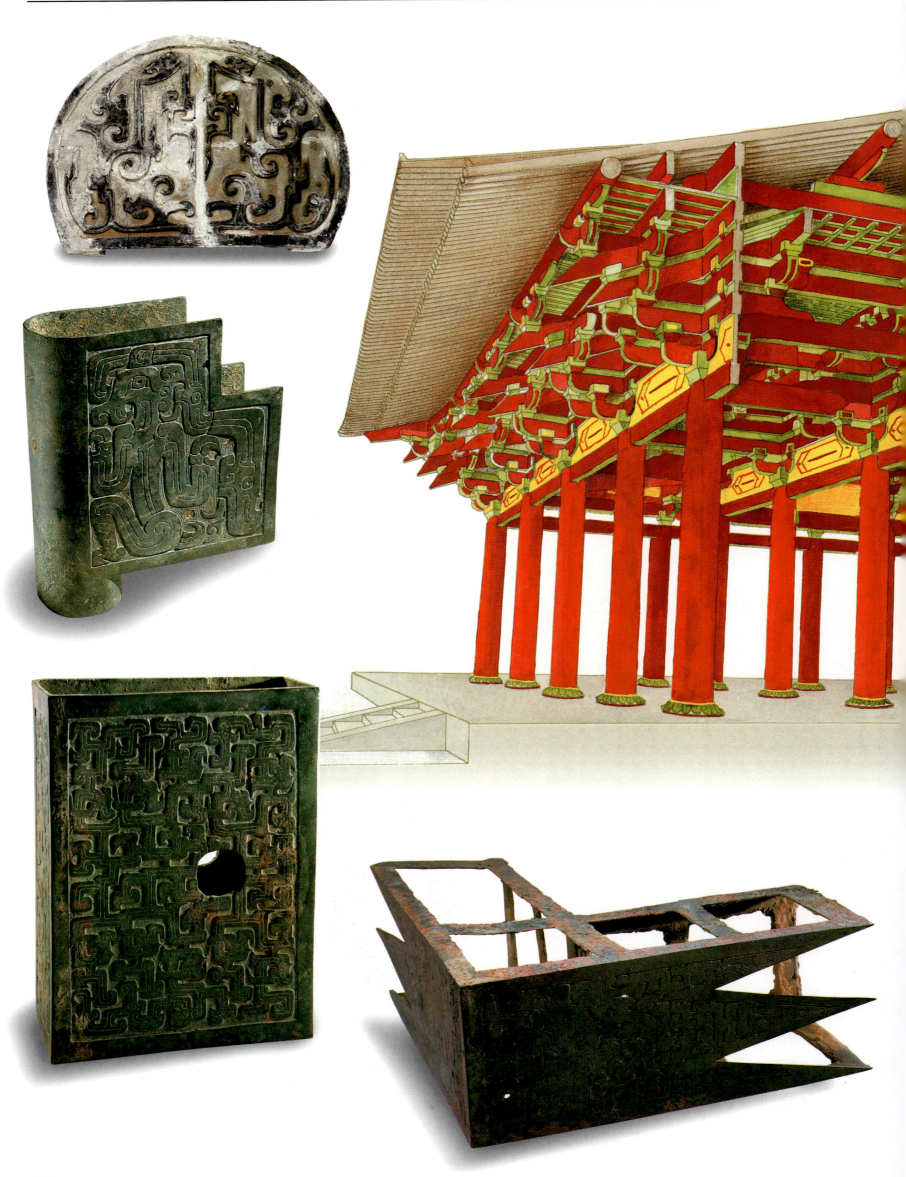

112–113 Rekonstruktion der Architektur des Buddhatempels Foguangsi am heiligen Berg Wutaishan in Shanxi. Die 857 erbaute „Halle des Großen Helden" ist das zweitälteste noch existierende Holzbauwerk in China. Nur der Buddhatempel von Nanchansi (782), der ebenfalls am heiligen Berg steht, ist noch älter.

die die gesamte Konstruktion trugen und die mit Intarsien geschmückten Balken, Podeste und Dächer stützten. Nut- und Federbretter, die den vorderen mit dem hinteren Teil des Bauwerks verbanden, sorgten gleichzeitig für Stabilität und Elastizität der Konstruktion. Die Wände hatten keine architektonische Funktion, sie waren nur Zwischenwände. Die weiß gekalkten Wände zeigten Fresken mit Alltagsszenen oder mythologische und geometrische Motive, die denen auf Stoffen und Lackarbeiten nachempfunden waren. Im Ersten Kaiserreich bestanden die Wände aus hohlen Backsteinen, die mit geometrischen Gravuren oder Tierzeichnungen dekoriert waren. Die bemalten oder lackierten Säulen waren manchmal mit Seide und feinem, mehrfarbigem Taft bespannt. Auch der Fußboden war farblich passend abgestimmt oder mit kunstvollen Steinen gepflastert. Die Dächer, die mit Keramikziegeln gedeckt waren und eine fein dekorierte Dachrinne hatten, ruhten auf Balken und Pfeilern. Komplizierte Podestsysteme *(dougong)*, ebenso fein gearbeitet wie die Träger, vergrößerten den Raum zwischen den Säulen und verbesserten die Gewichtsverteilung. Zur Zeit der Tang-Dynastie erhielten die Dächer immer mehr die Form von „Vogelschwingen", die später in China und Fernost weiterentwickelt wurde. Dies war möglich durch architektonische Elemente wie das *ang*, ein schräges Podest, das im Gegensatz zum übrigen Bauwerk diagonal verläuft. Auch heute noch kann man in einigen asiatischen Ländern Holzbauten bewundern, deren Form im wesentlichen seit Jahrhunderten unverändert ist.

112 oben Die sich gegenüberstehenden Drachen auf dieser Keramikplatte sind sehr eindrucksvoll. Sie schmückten einen Dachträger und bezeugen die Liebe zum Detail. (Qin)

112 Mitte Angeln, Scharniere, Türdekorationen, bronzene Verbindungsstücke, Steinfundamente für die Säulen sowie Ziegel und Wasserleitungen aus Keramik sind die einzigen architektonischen Elemente, die die Zeit und die Zerstörung durch die Menschen überdauerten. (Westl. Zhou)

112 unten links Dieses bronzene Verbindungsstück ist mit dem Motiv der aufgerollten Schlange (pan she) verziert. Der hölzerne Träger wurde durch die offenen Enden eingeschoben und mit einem Holzzapfen, der durch das Loch gesteckt wurde, befestigt. (Qin)

112 unten rechts Der Dekor dieses rechtwinkligen Verbindungsstücks aus Bronze ist besonders fein gearbeitet. Auch hier ist das Motiv die aufgerollte Schlange. (Qin)

ALLTAG

Das Leben der chinesischen Herrscher und Adeligen ist Thema unzähliger historischer Erzählungen, Dichtungen und Malereien. Vom Alltag der einfachen Leute ist hingegen nur wenig überliefert. Das Leben am Hofe und in den prächtigen Adelsresidenzen wurde von strengen rituellen Normen bestimmt, die minuziös den Ablauf privater und öffentlicher Zeremonien, aber auch das Verhalten der Familie festlegten und jedem Mitglied der großen Verwandtschaft vorschrieben, wie es sich in entsprechenden Situationen zu verhalten hatte.

Die Paläste waren regelrechte Schatzkammern, ausgestattet mit Gegenstände von unvergleichlichem Wert, die im Lauf der Jahrhunderte von zahllosen begabten Künstlern hergestellt worden waren. Es ist zwar viel über die Bräuche der wohlhabenden Gesellschaft in den verschiedenen Epochen bekannt, aber man weiß nur

114 Diese Keramikstatuette stellt einen Bauern dar, ausgestattet mit einem Spaten und einem Holzschwert mit Eisenspitze. Das Schwert wurde bei der täglichen Feldarbeit benutzt und nur in Kriegszeiten, wenn die Tagelöhner zwangsweise zum Kriegsdienst einberufen wurden, kam es als Waffe zum Einsatz. (Östl. Han)

114–115 oben In diesem, vom Saddharmapundarika-Sutra, dem von Buddha gelehrten Gesetz, inspirierten Fresko symbolisieren die dicken Wolken den wohltuenden Regen, den Quell für Leben und Wohlstand der Bauern, die hier bei der Arbeit und beim Müßiggang dargestellt sind. (Grotte Nr. 23 in Dunhuang [Tang])

114–115 unten *Der Ochsenkarren, der vor allem zum Transport landwirtschaftlicher Erzeugnisse benutzt wurde, war das in der Bevölkerung am weitesten verbreitete Fahrzeug. Wie in allen ländlichen Gegenden trug der Verkauf von Teilen der Ernte sowie von Zuchttieren und kleinen handwerklichen Arbeiten zum Lebensunterhalt der Bauern bei. (Nördl. Dynastien)*

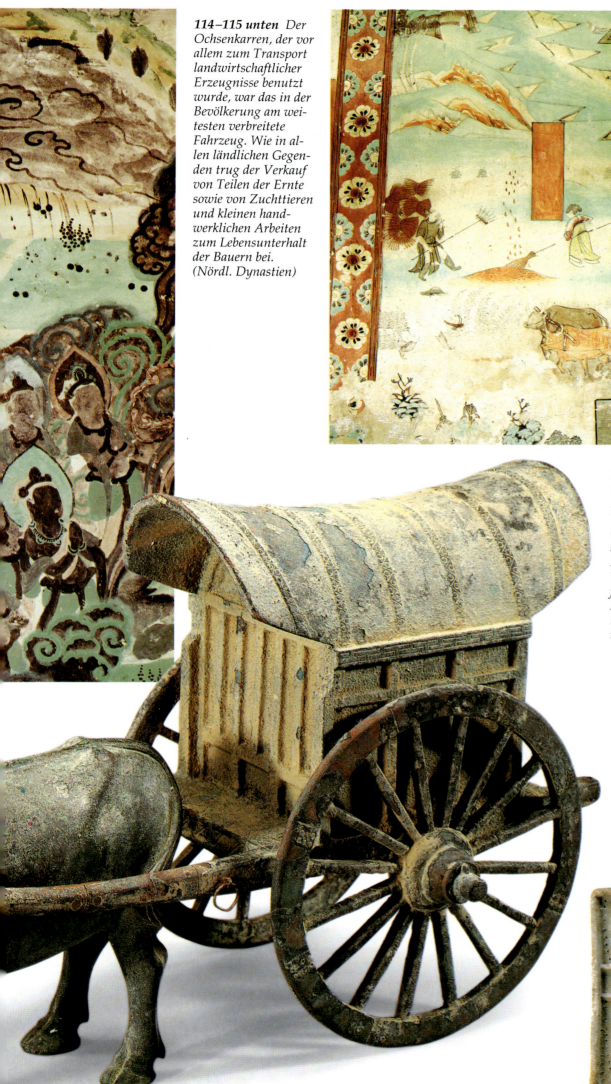

115 oben *Zum Klosterleben gehörten auch landwirtschaftliche Tätigkeiten. Dieses Gemälde, das die verschiedenen Phasen der Feldarbeit zeigt, ist Teil einer Reihe von fünf Fresken, die das Maitreya-Sutra illustrieren. (Grotte Nr. 25 in Dunhuang [Tang])*

115 unten *Ab dem Neolithikum war der Reisanbau eine der wichtigsten landwirtschaftlichen Aktivitäten der Chinesen. Nach neuesten Erkenntnissen begann man mit dem Anbau von Reis bereits im 7. Jahrtausend v. Chr. Dieses Terrakottamodell zeigt Reisfelder, die von einem Bewässerungssystem gespeist werden. (Östl. Han)*

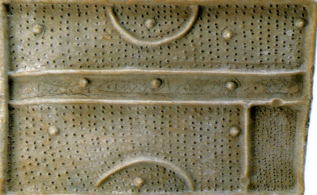

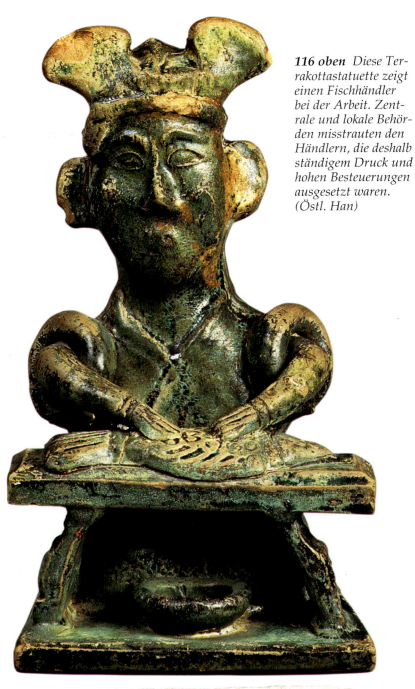

116 oben Diese Terrakottastatuette zeigt einen Fischhändler bei der Arbeit. Zentrale und lokale Behörden misstrauten den Händlern, die deshalb ständigem Druck und hohen Besteuerungen ausgesetzt waren. (Östl. Han)

wenig von den Traditionen der Bevölkerung, die im großen chinesischen Reich oder unter dessen Einfluss lebte. Ihre ärmlichen und provisorischen Behausungen befanden sich am Dorf- oder Stadtrand, außerhalb des Gebietes, das den Residenzen des Adels, der Großgrundbesitzer und der reichen Kaufleute vorbehalten war. Anhand einiger Funde, die man in den letzten Jahrzehnten entdeckte, lässt sich die landwirtschaftliche und künstlerische Entwicklung nachzeichnen. Im Lauf der Jahrhunderte gab es Innovationen und Erfindungen, aber auch eine starke Bindung an die Tradition, zum Beispiel bei der Jadebearbeitung. Hier hielt man an Techniken fest, die bereits seit unzähligen Generationen bekannt waren.

Auch wenn die heutigen Kenntnisse in einigen Bereichen dürftig und lückenhaft sind, kann man dennoch ein allgemeines Bild von den Lebensbedingungen und den Beschäftigungen der weniger betuchten Menschen zeichnen. Die Gesellschaft entwickelte sich in ihren kulturellen Grundzügen kontinuierlich. Aus den kleinen landwirtschaftlichen Gemeinschaften des Neolithikums entstanden im Lauf der Zeit Stadtstaaten, die ihren Einfluss vergrößerten, bis sie zu Fürstentümern und Königreichen wurden. Am Ende stand ein Kaiserreich, das ungeheure Ausmaße hatte, auch wenn es oftmals großen territorialen Schwankungen unterlag. Die soziale

Kluft zwischen denen, die die politische und religiöse Macht innehatten und den Untergebenen wurde über die Jahrhunderte immer größer. Die Behausungen der einfachen Leute waren kleine, in die Erde gebaute Hütten mit Strohdächern, während die Paläste und Residenzen der Aristokratie ziegelgedeckte Dächer aus herrlich gearbeiteter Keramik hatten. Die Kaiserstädte nahmen enorme Ausmaße an, die eine straffe soziale Organisation forderten, wie zum Beispiel Chang'an, eine der alten Metropolen mit den meisten Einwohnern, die mehrmals zerstört und wieder aufgebaut wurde. Zur Zeit der Tang-Dynastie war Chang'an für seine Weltoffenheit und die Pracht seiner Paläste berühmt. Über eine Million Menschen lebten innerhalb der Stadtmauern (mindestens eine weitere Million in der Umgebung außerhalb der Stadtmauern) und die bebaute Fläche umfasste mehr als 80 km². Chang'an war von einem imposanten gemauerten Verteidigungsgürtel mit Wachtürmen und zwölf Portalen umgeben und in zwölf rechteckige Stadtviertel unterteilt, die jeweils wieder von einer Mauer umgeben waren. Die Straßen

116 unten Diese Alltagsszene zeigt einen Händler, der seine alkoholischen Getränke an die zahlreichen Kunden verkauft. Unterschiedlich hohe Steuern lasteten auf Alkoholika, was der Staatskasse beträchtliche Gewinne einbrachte. (Östl. Han)

116–117 Auf dieser Grabplatte aus bemalter Keramik sind die verschiedenen Phasen der Getreidedestillation dargestellt. Vielleicht ging der Verstorbene dieser Tätigkeit nach und dieses Basrelief war dazu bestimmt, sein Leben nach dem Tod günstig zu beeinflussen. (Östl. Han)

117 Modelle, die Szenen aus dem Alltag zeigen, waren nur selten aus Bronze wie dieser Bauer, der eine Getreidemühle bedient. Seltsam mutet bei dieser Darstellung die Schildkröte an, die nicht unbedingt ein Symbol für die gute Ausführung der anstehenden Pflicht ist. (Han)

118 *Dieses Terrakottamodell eines Gutshofes veranschaulicht, wie eine solche Anlage aufgebaut war. Die Wohnräume liegen jeweils in den oberen Stockwerken, unten befinden sich Lagerräume und Viehställe. Hohe Schutzmauern umgeben den Komplex. (Östl. Han)*

118–119 Dieses herrliches Fresko wurde vom Saddharmapundarika-Sutra inspiriert. Der Sohn eines reichen Mannes hatte auf Luxus verzichtet und sich einer Zeit der Armut und Wanderschaft verschrieben. Er arbeitete unerkannt als Stallknecht in seinem eigenen Haus. Erst nach 20 Jahren schwerer Arbeit erklärte er sich bereit das Erbe seines Vaters anzutreten.
(Grotte Nr. 84 in Dunhuang [Tang])

119 oben Diese Grabbeigabe zeigt einen Schafstall. Die Zucht von Schafen, Rindern, Schweinen, Geflügel und Seidenraupen zählte zu den wichtigsten Tätigkeiten der chinesischen Bauern. (Östl. Han)

119 unten Auch die Fischzucht spielte bei den chinesischen Bauern eine große Rolle. Hier sind Becken für die Fischzucht dargestellt. Links erkennt man ein Boot, zwei Enten und Wasserpflanzen. (Östl. Han)

kreuzten sich im rechten Winkel und bildeten so ein regelmäßiges rechtwinkliges Netz. Eine breite Hauptstraße führte vom Südportal zum Kaiserpalast, der sich am nördlichen Ende der Stadt befand. Aus Sicherheitsgründen wurden bei Einbruch der Nacht die Stadtportale und auch die Tore zwischen den Stadtvierteln verschlossen. Es war strengstens verboten sich nachts auf den Straßen aufzuhalten. Bewaffnete Soldaten patrouillierten rund um die Uhr. Auf zwei großen Märkten wurde alles angeboten was die Bevölkerung brauchte. Der östliche Markt war den lokalen Händlern vorbehalten, auf dem westlichen Markt boten die Fremden ihre Ware feil. Gemäß der Überlieferung lebten hier über 4 000 Familien aus ganz Asien.

Wertvolles Wissen über den Alltag der einfachen Leute liefern die *mingqi*, Modelle, die man unter den Grabbeigaben wichtiger Persönlichkeiten entdeckte: Sie stellen Tiere oder Menschen (wie Bauern, Diener, Soldaten, Seiltänzer, Musikanten) dar, Reisfelder oder Ackerland, Gebäude zur Aufzucht von Haustieren oder für andere Zwecke (wie Schweineställe, Öfen, Mühlsteine), Becken für die Fischzucht, Jagdpavillons, Gutshöfe mit Silos zur Aufbewahrung der Lebensmittel sowie Häuser und verschiedene Utensilien. Die Wandmalereien in den Grabkammern von Prinzen und anderen Würdenträgern zwischen dem 5. und 10. Jahrhundert zeigen bevorzugt das Leben am Hofe und die Vergnügungen des Adels. Dagegen war die Kunst vom 2. Jahrhundert v. Chr. bis zum 4. Jahrhundert n. Chr. mehr am Leben der einfachen Leute interessiert und bevorzugte die Darstellungen von Arbeit und Momenten des Müßiggangs, zum Beispiel die herrlichen Abbildungen von Akrobaten und Jongleuren, die die Feste in den Dörfern belebten. Alltagsszenen, vor allem von der Feldarbeit, findet man häufig auf den Wandmalereien der Felsentempel. Sie sind der unverfälschte Ausdruck einer einfacheren, aber spontaneren Kunst.

MUSIK UND VERGNÜGUNGEN

In den altchinesischen Schriften wird das Wort „Musik" *(yue)* mit demselben Schriftzeichen dargestellt, das „Freude, Vergnügen, Gefallen" ausdrückt. „Musik ist Freude" erklärte Xun Kuang, einer der brillantesten Denker des 3. Jahrhunderts v. Chr. Und der unbekannte Verfasser des „Liji" (Buch der Sitte), einer kanonischen Schrift über das antike konfuzianische Gedankengut, das auch das „Yueji" (Buch der Musik) enthielt, bezeichnete die Musik als die „Bewegung des Herzens".

Die Musik hatte in der chinesischen Tradition einen hohen Stellenwert. Die Musikstücke der Taoisten über die geliebte Natur basierten nicht auf von Menschen künstlich hergestellten Tönen, sondern auf natürlichen Tönen, die aus dem Atem der Erde und dem kosmischen Hauch, der alles einhüllt, entstanden. Diese Musikstücke waren ebenso beliebt wie die Musik der Seele, von der die Konfuzianer sprachen, eine Melodie, die den Charakter des Menschen ändern konnte, indem sie ihm half, Gefühle zu beherrschen, das Ich zu erziehen, die Integrität und die Moral zu stärken und ein Leben im Einklang mit den Mitmenschen, der Natur und dem Universum zu führen. Die Musik hatte eine noch größere Bedeutung als die Riten und Zeremonien, weil sie aus der Macht des Lebens bestand, die mit der symbolischen Ordnung und dem Kosmos im Einklang war.

120 Tänzer, Bänkelsänger und Seiltänzer erfreuten sich in China großer Anerkennung, sowohl an den Kaiserhöfen als auch beim Volk. Diese Gruppe von Schauspielern, deren Mimik das Interesse der Zuschauer wecken soll, umstehen den in der Mitte sitzenden Zwerg, der die Neugier der Anwesenden erregt. (Tang)

121 Das Interesse und die Liebe der Chinesen zu allem, was aus Zentralasien kam, erstreckte sich auch auf die Musik, die vor allem in der Tang-Dynastie hoch geschätzt war. Die Musiker und der Sänger auf dem Kamelrücken, der die ideale Bühne für ihre Vorstellung bildet, sind mittelöstlichen Ursprungs. (Tang)

Um das Jahr 250 sagte Ruan Ji, einer der sieben Weisen aus dem Bambuswald *(Zhulin qixian)*, einer Gruppe taoistischer Intellektueller, die sich in einem Wäldchen bei Luoyang trafen, um zu musizieren und zu dichten: „Die Musik ist der Stoff des Universums, die Natur allen Seins. Im Einklang mit diesem Stoff und dieser Natur entsteht Harmonie."

Am Anfang der kosmischen Ordnung gab es einen Ton. Wenn es der Menschheit gelänge, sich mit ihm in Einklang zu bringen, kehre auf Erden Harmonie ein. Die weisen Herrscher des Altertums hatten diese Wahrheit verstanden. Sie schufen eine Musik und Melodien, die die Harmonie unter den Menschen, den Respekt vor Familienbanden und gesellschaftlichen Pflichten sowie das Einhalten der Zeremonien und der Regeln des gemeinsamen Lebens förderten und eine unauflösliche Einheit zwischen Mensch und Universum herstellten. Die musikalischen Forschungen der Chinesen galten dem Versuch, den Urton zu finden. Ein geheimnisvolles Flechtwerk verband die moralische, soziale und administrative Ordnung unter Zuhilfenahme der Musik mit der naturgegebenen Ordnung der Sterne, der Jahreszeiten, der Farben, des Lebens und des Todes.

Das chinesische Notensystem legte fünf Grundtöne *(wusheng)* und zwölf Halbtöne *(lülü)* für die Bambusflöte *(lü)* fest. Sie wurde von dem legendären Gelben Kaiser am Hof eingeführt, um den Gesang des Phönix nachzuahmen. Die Notenschrift *lülü* bestimmte die Tonhöhe in Bezug auf den Basiston der ersten Flöte oder Stimmgabel, der *huangzhong* (gelbe Glocke). Dieser Grundton, aus dem sich alle anderen entwickelten, änderte sich gemäß der Epochen und wurde jeweils per Dekret festgelegt.

Die Anfänge der chinesischen Musiktradition liegen sehr weit zurück. Die ers-

122 *Die symmetrischen Chignons, die langen Ärmel, die die Bewegungen fließend erscheinen lassen, und das weich fallende, bodenlange Gewand verleihen dieser Tänzerin Eleganz und Originalität. (Tang)*

122–123 *Diese Statuetten anmutiger Musikerinnen aus weißer Terrakotta tragen Spuren einer strohfarbenen Glasur und unglasierte rote schwarze und grüne Pigmente. Jede Frau spielt ein anderes Instrument: eine kleine lackierte Trommel, verschiedene Flöten und eine viersaitige Laute mit Griff. (Sui)*

123 *In Gräbern der Kaiserzeit fand man zahlreiche Statuetten aus bemalter oder glasierter Keramik, die Musiker, Tänzerinnen und Jongleure darstellen. Sie ermöglichen Rückschlüsse auf die Mode, die Bräuche und die Musikinstrumente des alten Chinas. (Tang)*

ten Instrumente – Flöten aus Knochen, Pfeifen und Terrakotta-Okarinas – datieren aus dem Ende des Paläolithikums und dem Anfang des Neolithikums.

In den vorkaiserlichen Dynastien spielte die Musik bei Hofzeremonien eine entscheidende Rolle, wie Funde von Glocken aus Bronze und Stein beweisen. Die vielen mächtigen Glocken der südlichen Reiche gehen auf die kleinen Shang-Glocken zurück, die bei Anyang gefunden wurden. Eine davon, die *nao*, wiegt 154 kg. Sie hat keinen Klöppel und war auf einem nach oben offenen Gestell platziert, um sie von außen anschlagen zu können. Ähnliche Glocken fand man auch in Ningxiang (Hunan).

124 Mitte *Die ersten in China gefundenen Bronzeglocken datieren aus der Shang-Zeit. Sie hatten eine rein rituelle Funktion und erklangen nur bei religiösen Zeremonien. Die hier abgebildete* yongzhong-*Glocke gehörte zu den 64 Glocken, die im Grab des Grafen Yi in Zeng entdeckt wurden. (Östl. Zhou, Streitende Reiche)*

Mit Beginn der Zhou-Dynastie wurden andere Glockenarten immer beliebter und es entwickelte sich eine große Vielfalt an Schlag-, Blas- und Saiteninstrumenten aus verschiedenen Materialien, zum Beispiel aus Bronze, Stein, Holz, Bambus, Terrakotta, Leder und Seide. Allein im Grab des Grafen Yi (gest. 433 v. Chr.), Herrscher über das kleine südliche Reich Zeng, wurden 124 Musikinstrumente gefunden. Das spektakulärste ist ein riesiges Glockenspiel *carillon*, das auf drei Ebenen auf einer Holzkonstruktion angeordnet ist. Diese besteht aus zwei Teilen, die rechtwinklig miteinander verbunden sind und von menschlichen Bronzefiguren getragen werden. Die einzelnen Glocken lassen sich auf der jeweiligen Ebene versetzen. Ganz oben sind die *niu*-Glocken angebracht, in der Mitte und unten befinden sich die *yong*-Glocken. Das *carillon* besteht aus 64 verzierten Bronzeglocken, die goldene Schriftzeichen tragen, die die verschiedenen Töne angeben. Im selben Grabmal fand man auch zwei *fu*-Glocken (130 cm hoch, mit einem Durchmesser

124–125 oben *Dieses bronzene Glockenspiel ist das eindrucksvollste, das bisher entdeckt wurde, und datiert aus dem 5. Jahrhundert v. Chr. Es besteht aus 64 unterschiedlich großen Glocken, die an einem Holzgestell befestigt und nach Größe sortiert sind. Auf jeder Glocke ist der entsprechende Ton in goldenen Schriftzeichen angebracht. (Östl. Zhou, Streitende Reiche)*

124 unten *In Südchina verwendete man sowohl die yong-zhong- als auch die bo-Glocke. Bereits zur Zeit der Westlichen Zhou-Dynastie wurden beide Glocken gemeinsam gespielt. (Westl. Zhou)*

124–125 unten *Dieses Glockenspiel aus Steinen (qing) ist Teil des reichen Instrumentenfundes aus dem Grab des Grafen Yi in Zeng. Jeder Stein entspricht einem Ton. Man konnte Melodien spielen, die aus fünf, sechs oder sieben Tönen bestanden. (Östl. Zhou, Streitende Reiche)*

125 *Dieses kürbisförmige Instrument ist eine spezielle Mundorgel (hulusheng), typisch für Yunnan, wo sie schon in alten Zeiten bekannt war. Noch heute ist sie bei den Minderheiten der Yi, Wa, Nu, Lahu, Dai, Naxi und Penglong populär. (Östl. Zhou, Frühling- und Herbst-Periode)*

jener Zeit am Hofe großer Beliebtheit, die Unterhaltungsmusik *(yanyue)*. Doch die Unterhaltung war nicht nur den Adeligen vorbehalten. Terrakottaziegel und Grabsteine sind oft mit Tanzszenen und akrobatische Darbietungen verziert, die in der Öffentlichkeit vorgeführt werden. Viele Miniaturen zeigen die Vergnügungen der einfachen Leute: Plätze, auf denen gefeiert wird, Tänzer und Jongleure. Bei Volksfesten *(paixi)* gab es musikalische und akrobatische Darbietungen: Tänzer, Jongleure, Feuerschlucker und Bänkelsänger erfreuten die Zuschauer.

Ein beliebter Zeitvertreib war das Fußballspiel, das seit ältester Vorzeit bekannt war. Ab der Han-Dynastie frönte ihm auch der Adel und vermutlich sogar der Kaiser selbst. Man spielte in von Mauern umgebenen Höfen. Es gab einen Schiedsrichter und zwölf Tore, die von Torwarten verteidigt wurden. Der Ball war schwer

von 110 cm), Glockenspiele aus Steinen, Glockenklöppel, Trommeln, einfache und komplexere Panflöten, Mundorgeln und Zithern.

Während der Regierungszeit Kaiser Wus der Westlichen Han-Dynastie wurde das Musikministerium *(yuefu)* eingerichtet, dessen Aufgabe es war, Musik und Volksballaden zu sammeln und Musikveranstaltungen am Hofe sowie Militärparaden zu organisieren. Bevor das Ministerium 7 v. Chr. abgeschafft wurde, standen 830 Personen in seinen Diensten, darunter Komponisten, Musiker, Sänger, Akrobaten und Tänzer. Diese Zahl steht in keinem Verhältnis zu den 30 000 Mitarbeitern der kaiserlichen Behörden, die dem Amt für Musik und Tanz am Hofe während der Regierungszeit von Xuanzong (Tang-Dynastie) vorstanden. Eine besondere Art von Musik erfreute sich zu

126–127 Hier ist ein Umzug von vier Musikanten mit auffälligen Kopfbedeckungen abgebildet. Sie spielen Trommeln, Schellen und lange gebogene Hörner, an deren Enden flatternde Bänder befestigt sind. Das Basrelief zeigt eine Prozession zu Ehren des Verstorbenen, dem auf ähnliche Weise vermutlich bereits zu Lebzeiten Tribut gezollt wurde. (Nördl. Dynastien)

127 Mitte Das Basrelief auf dieser Grabplatte zeigt Akrobaten, die ihr Können auf fahrenden Karren unter Beweis stellen. Diese Form der Akrobatik war äußerst schwierig und ist dennoch auf vielen Platten jener Zeit abgebildet. (Östl. Han)

127 unten Zwei Jongleure tanzen mit ausgebreiteten Armen. Sie jonglieren Teller, ungeachtet der Schlange, die mit ihrem Ende den Fuß des einen umschlingt und gleichzeitig den anderen ins Bein beißt. Mit einer Anstecknadel auf der Rückseite konnte man diese Brosche an einem Gürtel befestigen. (Westl. Han)

126 links Karikaturen von Bänkelsängern und Schauspielern aus bemalter Keramik waren zur Han-Zeit weit verbreitet, vor allem in der Provinz Sichuan. Dort fand man auch diesen Trommelspieler und die unten abgebildete Statuette. (Östl. Han)

126 rechts Solche Terrakottastatuetten sollten den Verstorbenen im Jenseits erfreuen. Die lebhafte Gestik und der komische Gesichtsausdruck sollten Heiterkeit verbreiten. (Östl. Han)

128–129 Diese herrliche Keramikstatuette mit grüner, creme- und bernsteinfarbener Glasur zeigt einen Polospieler. Die kleinen, sehnigen und beweglichen Pferde waren eine Kreuzung aus Arabern, die in der Han-Zeit nach China eingeführt worden waren, und chinesischen Pferden. (Tang)

129 In Adelskreisen war das Polospiel sehr populär. Es kam zur Zeit der Tang-Dynastie über die Seidenstraße aus Persien oder Tibet nach China und war der bevorzugte Zeitvertreib von Yang Guifei, der schönen Konkubine Kaiser Xuanzongs. Auch er liebte die Pferde und alle Reitspiele. (Tang)

und sprang nicht, was das Spiel zu einer anstrengenden Übung werden ließ. Daher diente es auch zur Leibesertüchtigung der Soldaten. Erst nach der Tang-Dynastie gab es den aufblasbaren Lederball und Fußball wurde zu einem reinen Vergnügen. Man führte neue Regeln ein und reduzierte schrittweise die Anzahl der Tore, bis es nur noch ein einziges Tor gab. Es stand in der Feldmitte und wurde von Pfosten begrenzt, zwischen die ein Netz gespannt war. Dieses hatte oben ein Loch, durch das der Ball hindurch musste, damit man einen Punkt erhielt.

Sehr beliebt war auch Polospiel, das zur Tang-Zeit eingeführt wurde. Fresken und zahlreiche Statuetten in Grabstätten dokumentieren sowohl die Liebe zum Polospiel als auch die Liebe zu den Pferden. Zu jener Zeit war Reiten ein Vorrecht des Adels. Ein Edikt aus dem Jahr 667 verbot Händlern und Handwerkern diesen Sport. Bei Hofe war der Tanz der Pferde eine der beliebtesten Darbietungen bei besonderen Feierlichkeiten und an Gedenktagen. Reich geschmückt mit Seide und Juwelen, zeigten die Reiter effekthaschende Übungen mit den dressierten Pferden.

Es gab zahlreiche Zeitvertreibe bei den Adeligen, viele davon waren seit alters bekannt, wie das Bogenschießen, eine der sechs für einen Edelmann unverzichtbaren Disziplinen. Weitere Disziplinen waren die Musik, die Riten, die Kalligraphie, das Wagenlenken und die Mathematik. Bei Niederlagen bestand die Strafe, wie bei vielen Gesellschaftsspielen, aus einem Umtrunk zu Lasten des Verlierers.

Es wurde viel gewettet, vor allem bei Hahnenkämpfen, bei Pferde- und Hunderennen, bei Geschicklichkeitsspielen sowie bei Karten- und Würfelspielen. Es gab Würfel mit 6, 14, 18 und 22 Flächen. Intellektuelle, Minister und Militärs schätzten sehr das *weiqi* (im Japanischen *go*), ein altes Strategiespiel. Zur Zeit der Tang-Dynastie war es bei Hofe so angesehen, dass die besten Spieler mit Ehrenämtern und Titeln belohnt wurden.

Bei den Edelfrauen und buddhistischen Mönchen erfreute sich das Federballspiel, das – anders als heute – mit Beinen und Füßen gespielt wurde, großer Beliebtheit. Bei Hofe genossen vor allem

129

130 oben Das Würfelspiel war auch bei den weniger betuchten Leuten sehr populär. Die hier abgebildeten Spieler aus Bronze scheinen ganz versunken in ihr spannendes Spiel. Die Würfel konnten bis zu 22 Flächen haben.
(Westl. Han)

130 unten und 131 oben Das Spiel liubo (Sechs Stöckchen) wurde auf einem Steintisch, wie auf Seite 131 abgebildet, gespielt und geht auf die Zeit der Streitenden Reiche zurück. Die Spieltische bestanden aus Platten, die mit Schlangen, Masken von Fantasiewesen, Drachen oder Tigern dekoriert waren. Die Richtung der Spielfiguren wurde von L-förmigen oder geraden Begrenzungen vorgegeben. Die genauen Spielregeln sind nicht bekannt, aber sie hatten vermutlich kosmischen Charakter. Als das Spiel nicht mehr populär war, wurden die Motive als Dekoration für Bronzespiegel wieder aufgenommen. Der hier abgebildete Spiegel datiert aus der Zeit der Westlichen Han-Dynastie.

130

die Damen auch das Elefantenschach *(xiangqi)*, das seit alten Zeiten bekannt war und in der Tang-Dynastie perfektioniert wurde. Weitere beliebte Spiele waren das Doppelsechsspiel *(shuanglu)*, vor allem zur Zeit der Zhou- und der Han-Dynastie, und *liubo*, das Spiel der Unsterblichen. Für *liubo* benötigte man einen quadratischen Tisch, auf dem Parcours eingeritzt waren, die von geraden oder L-förmigen Barrieren begrenzt waren. Gespielt wurde mit zwölf quadratischen oder rechteckigen Spielsteinen, sechs Bambusstöckchen oder zwei Würfeln mit je 18 Flächen. In ganz China hat man gut erhaltene, vollständige *liubo*-Spiele entdeckt. Der Tisch war meist aus Stein, teilweise mit Füßen aus Elfenbein, Knochen, Bronze, Jade oder Bergkristall. Die Spielregeln sind nicht genau bekannt, aber man vermutet, dass sie sich von alten Riten und der Vorstellung vom Universum in dieser Zeit ableiteten. Die Muster der Tischplatten wurden bei Ornamenten von Bronzespiegeln, den so genannten TLV-Spiegeln wieder aufgenommen, auch nachdem das Spiel selbst – etwa gegen Ende der Han-Zeit – nicht mehr gespielt wurde. Die Bezeichnung TLV-Spiegel resultiert daraus, dass einige Motive wie diese Buchstaben geformt sind.

Viele Gemälde zeigen Adelige in heiterer Atmosphäre bei ihrem Zeitvertreib.

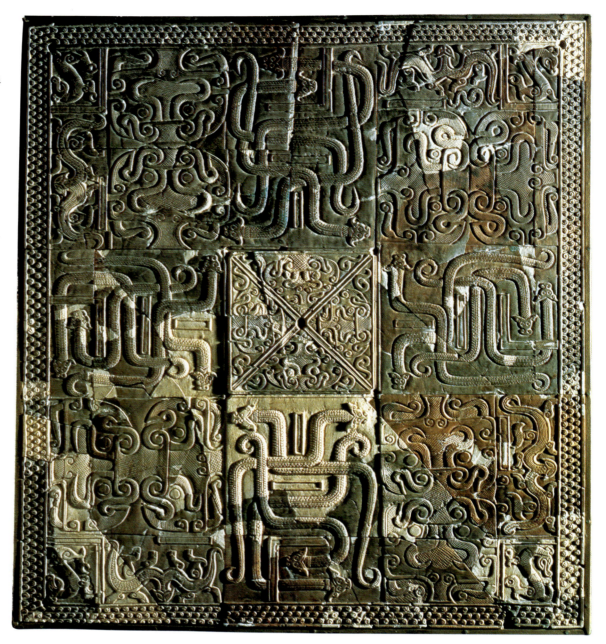

131 unten *Zwei liubo-Spieler diskutieren über ihr Spiel. Für* liubo *benötigte man zwölf Spielsteine, die man auf den vorgeschriebenen Wegen über den Spieltisch bewegte, sowie sechs Bambusstöckchen oder zwei Würfel mit je 18 Flächen, um die Züge zu bestimmen.* (Östl. Han)

LUXUS

In jeder Epoche der jahrtausendealten chinesischen Geschichte erfolgte die Verteilung der Ressourcen in der Art, dass eine kleine Elite über immense Schätze verfügte, während die breite Masse der Bevölkerung in Armut lebte und ständig von Naturkatastrophen bedroht oder von schweren Frondiensten geschunden wurde. In diesem Punkt unterschied die chinesische Kultur sich nicht von anderen Kulturen vergangener Zeiten.

Schriftliche Überlieferungen erwähnen die dem Adel und den Reichen vorbehaltenen Privilegien mit keinem Wort. Der Luxus und die zur Schau gestellte Pracht an den Königs- und Kaiserhöfen waren legendär in der damaligen Zeit und verblüffen auch heute noch die Archäologen, die diesen Schätzen gegenüberstehen. Die Funde des letzten Jahrhunderts bestätigen Erzählungen, die einst übertrieben und fantastisch erschienen. Viele Grabstätten bedeutender Kaiser und Könige sind noch unentdeckt. Wenn eines Tages ihre letzten Ruhestätten zugänglich sein werden, darf man davon ausgehen, dass unermessliche Schätze geborgen werden, die jene Funde aus den Gräbern von Fürsten, Mitgliedern der Kaiserfamilie, des Adels, mächtiger Beamter und Militärkommandanten bei weitem übertreffen.

Den Luxus der Aristokratie und bei Hofe brachten Gewänder und Juwelen

132 oben Löwen und Vögel zwischen Weinreben und Trauben waren zur Zeit der Tang-Dynastie ein beliebter Dekor, wie man an den reichen Verzierungen dieses vergoldeten Bronzespiegels erkennen kann. (Tang)

132 Mitte und unten Diese Silberscheiben tragen eine vielfältige Golddekoration, die aus sich spiegelnden Phönixen besteht. Die langen gefiederten Schweife der Phönixe bilden zwei Halbkreise, die sich über den Köpfen der Tiere vereinen. (Tang)

132–133 Dieses herrliche Podest in Form eines Bronzetigers mit Silberverzierungen gehört zu einer Gruppe von vier gleichen Elementen, auf denen Vasen oder Tabletts standen. Das Tier besteht aus zwei Körpern und einem Katzenkopf, der einen Ring zwischen den Zähnen hält. (Östl. Zhou, Streitende Reiche)

133 oben Diese Bronzeskulpturen in Form von Leoparden, die mit Gold und Silber verziert sind, wurden als Gegengewichte an den Ecken von Grabtüchern oder auf bemalter Seide angebracht. (Westl. Han)

133 unten Spiegel konnten rund oder quadratisch sein. Der Dekor entwickelt sich um ein zentrales Motiv, das die Form eines Tieres oder wie hier einer Kappe hat. Die Verzierungen auf diesem Bronzespiegel zeigen verschiedene Tiere, Weinreben und Trauben. (Tang)

ebenso wie Gebäude und Einrichtungen zum Ausdruck. Das einzige Königsgrab der Shang, das unversehrt vorgefunden wurde, ist das der Fu Hao, einer Nebenfrau des Königs Wu Ding. Der unglaubliche Grabschatz lässt ermessen, wie das Leben des Adels sich in dieser Epoche gestaltete. In den Grabstätten, die aus der Zeit der Zhou-Dynastie und aus der Zeit des Ersten Kaiserreiches datieren, entdeckte man weiche Stoffe und prächtige Gewänder. Die empfindlichen Seidenstoffe, fein mit Gold und Silber bestickt, sind so perfekt gearbeitet, dass die Stiche auf der Rückseite kaum zu sehen sind. Die leichten Brokate mit verflochtenen Motiven greifen die damals beliebten Dekors von Lackarbeiten und Keramiken auf. Tiger und Drachen zeigen frech die Zähne, legendäre Phönixe fliegen durch die Lüfte und beleben die Stickereien, die außerdem weitere Tiere, Blätter und Blüten zeigen. Allein im Grab Nr. 1 in Mawangdui (Hunan), in dem die Gemahlin von Li Cang (Dai-Adeliger und Erster Minister des Königs von Changsha) ruhte, wurden neben wertvollen Gegenständen über 200 Gewänder und Seidenstoffe ent-

134 Diese Bronzeschnalle, die mit Gold und Silber verziert ist, stellt ein Fantasiewesen mit Drachenkopf dar. Auf dem Bauch des Wesens ist ein weiteres Tier zu erkennen, vielleicht ein Fisch mit Schuppen, der gerade aus dem Ei schlüpft. (Östl. Zhou, Streitende Reiche)

134–135 Die Accessoires für Gewänder wurde mit viel Fantasie hergestellt, wie diese originelle Bronzeschnalle in Form eines Affen beweist. Sie ist mit Türkisintarsien sowie Gold und Silber verziert. (Östl. Zhou, Streitende Reiche)

135 links Nur selten behielten Eisenschnallen ihren ursprünglichen Glanz wie dieses rechteckige, leicht konvexe Exemplar. Sein Ende bildet ein Drachenkopf. Der Golddekor auf silbernem Untergrund macht dieses 29 cm lange Objekt zu einem wahren Juwel.
(Östl. Zhou, Streitende Reiche)

135 rechts Dieser Drache mit Greifschweif lugt neugierig zwischen zwei Bäumen hervor. Er hat einen bizarren Gesichtsausdruck und zeigt ein dreistes Lachen. Es handelt sich hier um ein Heft aus Bronze mit Gold- und Silberornamenten.
(Östl. Zhou, Streitende Reiche)

136 *Diese Goldkette, die mit Perlen und Edelsteinen besetzt ist, wurde am Hals von Li Jingxun, einer Tochter der Kaiserfamilie Sui, gefunden. Sie starb im Alter von nur 9 Jahren. Der ovale Anhänger ist ein Lapislazuli aus Afghanistan. (Sui)*

deckt. Schuss- und Kettfaden der Stoffe bestehen aus ca. 35 x 100 Fäden pro cm². Bei den *Chengyun*-Stoffen erreichen die Fäden eine Dichte von 46 x 100 pro cm². Die Webstühle für Damast erreichten bis zu 120 Schussfäden pro cm Länge.

Die Leichname von Liu Sheng (gest. 113 v. Chr.), Prinz von Zhongshan, und seiner Gemahlin Prinzessin Dou Wan wurden in ihren wertvollen Jadegewändern in zwei Gräbern bei Mancheng entdeckt. Ihre Grabschätze bestehen aus tausenden Juwelen sowie aus Gold-, Silber-, Jade-, Glas-, Bronze-, Lack-, Seide- und Keramikobjekten. Sie belegen den exquisiten Geschmack und die große Aufmerksamkeit, die man darauf verwendete, das Ideal eines angenehmen Lebens darzustellen, das den Luxus eines ästhetischen Feingefühls ermöglichte.

Leider hielten die Kaiserpaläste der Zeit und den Zerstörungen durch Men-

136–137 Für die Herstellung dieser Gürtelschnalle aus Gold und Türkisen bedurfte es verschiedener Techniken, zum Beispiel der Filigran- und Granuliertechnik aus Zentralasien. Das Motiv der ineinander verschlungenen Drachen ist jedoch chinesischen Ursprungs. Eine komplexe und faszinierende Arbeit. (Westl. Han)

137 links Die Verschlüsse dieses Armreifs bestehen aus zwei vierblättrigen Blumen und zwei Goldperlen. Das herrlich gearbeitete Schmuckstück ist aus massivem Gold und wurde in einem Grab bei Xianyang in Shaanxi gefunden. (Tang)

137 rechts Dieser elegante Anhänger besteht aus weißer Jade, fein gefasst in vergoldeter Bronze. Die Reliefs auf beiden Seiten zeigen verschlungene Blätter und Weinreben, zwischen denen Melonen herausragen. (Tang)

138 Diese silberne Teedose wurde im Buddhatempel von Famen entdeckt. Der fein gravierte Dekor zeigt Szenen aus dem Alltagsleben in freier Natur und eine Vielzahl an Tieren wie Vögel und Meerestiere.

138–139 Tee wurde vermutlich aus Indien oder Südostasien zur der Zeit der Sechs Dynastien in China eingeführt. Zur Zeit der Tang-Dynastie war er äußerst populär und diente eher als Medizin denn als tägliches Getränk. Diese kleine Mühle aus vergoldetem Silber, die die Teeblätter in winzige Teilchen zermahlte, gehörte der Kaiserfamilie. (Tang)

schenhand nicht stand. Die wenigen Überreste und die Schriften bezeugen eine unvergleichliche Pracht, die bei den Nachbarvölkern und in den Ländern Zentralasiens so legendär war, dass diese immer häufiger Beziehungen zum chinesischen Kaiserreich aufbauten. Die Chroniken berichten von Festen in riesigen, reich ausgestatteten Sälen, an denen hunderte Gäste teilnahmen. Tänzer, Akrobaten und Jongleure gaben hierbei ihr Können zum Besten. In der Tang-Zeit waren die tanzenden Pferde sehr berühmt. Reich geschmückt mit Seide und Gold, mit einem Horn auf der Stirn als Einhorn oder mit falschen Flügeln auf dem Rücken als Phönixe, schritten sie in die Saalmitte, wo ihnen Wein aus goldenen Schalen kredenzt wurde. Sie waren darauf dressiert, diese zwischen den Zähnen zu halten. In einem Tang-Grab, das in den 70er-Jahren freigelegt wurde, fand man eine herrliche vergoldete Silberflasche, auf der ein tanzendes Pferd – mit Weinschale zwischen den Zähnen – abgebildet ist. Bei der Geburtstagsfeier von Xuanzong (712–756), dem Erleuchteten Kaiser, waren Akrobaten, Orchester, ein Wachbataillon mit goldenen Waffen und 100 tanzende, von Elefanten begleitete Pferde anwesend.

Die Könige besaßen enorme Ländereien und Parkanlagen, wie zum Beispiel

139 oben Diese Silberdose mit Deckel trägt ein dichtes goldenes Dekorgeflecht als Relief. Es zeigt Pfingstrosen und andere Blumenmotive, Vögel mit langen Schwanzfedern und Enten. Die Form ist typisch für die Goldschmiedekunst des Zweiten Kaiserreiches. (Tang)

139 unten Phönixe mit langen gefiederten Schweifen, Vögel, Schmetterlinge, Lotosblüten und verschlungene Bänder zwischen harmonischen geometrischen Mustern sind die Ornamente, die diese wertvolle Dose aus getriebenem Silber schmücken. (Tang)

140 oben Auf dieser Silberflasche in Form einer Lederphiole wie sie die Nomaden benutzten, ist als Repoussoir das goldene Bild eines tanzenden Pferdes zu sehen, das eine Schale mit Wein zwischen den Zähnen hält. (Tang)

140 unten Fantasie und Können der chinesischen Künstler erreichten bei der Herstellung von Schmuck ihren Höhepunkt, wie diese ungewöhnlichen Duftlampen in Form von Schildkröten belegen. Die Panzer bestehen aus Muscheln, die in Bronze, Gold und Silber gefasst sind. (Westl. Han)

141 Die Proportionen und die Haltung dieses liegenden Ochsen zeigen, wie genau die chinesischen Künstler die Natur beobachteten. Den massigen Körper zieren wertvolle Silberornamente, eine willkommene Abstraktion zum Realismus des dargestellten Ochsen. (Östl. Zhou, Streitende Reiche)

140–141 Diese Schnalle aus Bronze, Gold und Silber zeigt einen Tiger. Sie überrascht nicht nur aufgrund ihrer feinen Verzierungen, sondern auch aufgrund ihrer ungewöhnlichen Größe von 24,5 cm. (Östl. Zhou, Streitende Reiche)

die über 155 km² großen Besitzungen des Kaisers Yangdi (604–617), der dort im Winter zwischen Bäumen, die mit Seidenblättern und -blumen geschmückt waren, zu reiten pflegte. Eindrucksvoll müssen auch die Bauten gewesen sein, die der Exzentrik entsprangen, wie der Drehpavillon des Architekten Yuwen Kai, der zur Zeit der Sui-Dynastie lebte. Gemäß der Überlieferung sorgte ein im Fundament eingebauter Mechanismus dafür, dass sich der Pavillon, der einigen hundert Gästen Platz bot, schnell drehen konnte.

Bei den Gemälden und Statuetten, die das Frauenideal verkörpern, legte man keinen Wert auf Juwelen. Die Grazie symbolisieren weich fallende Gewänder und lange Ärmel.

142–143 oben Vor ca. 1400 Jahren lehnten sich im indischen Königreich Salva 500 Männer gegen die Unterdrückung durch König Prasenajit auf, doch sie wurden grausam hingemetzelt. Ihre Heldentaten sind Thema dieses Gemäldes, das aus den Jahren 538–539 datiert. Es kann noch heute an der Wand der Grotte Nr. 285 in Dunhuang bewundert werden. (Westl. Wei)

KRIEGFÜHRUNG

„Die strenge Überwachung der Riten und der Krieg sind die Hauptaufgaben des Staates". Dies sagte ca. im 5.–4. Jahrhundert v. Chr. der Verfasser des „Zuozhuan" (Der Kommentar des Zuo zu den Frühlings- und Herbstannalen). Zahlreiche Funde belegen, dass die Herrscher diesen Aufgaben gerecht wurden.

Von frühester Zeit bis weit in das 20. Jahrhundert prägten Kriege und Militärexpeditionen die Geschichte der Stämme, die durch die Jahrtausende das weite China bevölkerten. Bis in das 6. Jahrhundert v. Chr. fanden Feldzüge mit nahezu ritueller Regelmäßigkeit statt, zu festgesetzten Zeiten im Jahr, damit die Armeen nicht zu ungünstigen Jahreszeiten und unter widrigen Witterungsverhältnissen kämpfen mussten und die Landwirtschaft und das Handwerk, dem die Soldaten in Friedenszeiten nachgingen, möglichst nicht in Mitleidenschaft gezogen wurden.

Ein Ehrenkodex, den jeder Führer von Rang einhielt, regelte das Verhalten gegenüber dem Feind während des Kampfes und im Falle eines Sieges. Dank eines Prinzips der Milde, das in der Regel befolgt wurde, machten zum Beispiel die Zhou die Shang-Hauptstadt Yin bei der Eroberung nicht dem Erdboden gleich, sondern unterstellten sie – streng überwacht – Wugeng, dem Erbprinzen der Shang-Dynastie, als Gouvernement.

Der Aphorismus, „Ich bin doch nicht der Herzog von Song", der Mao Zedong zugeschrieben wird und den er bei wichtigen strategischen Entscheidungen zitiert haben soll, spielt auf diese ritterliche Geste an, deren Anwendung von Herzog Xiang aus Song auf die Spitze getrieben wurde. Gegen den Widerstand seiner Generäle und Ratgeber lehnte es der Herzog 638 v. Chr. ab, den entscheidenden Angriff gegen seine Feinde, die sich in einer Notlage befanden, zu führen. Er wollte keinen Vorteil aus der Tatsache ziehen, dass das feindliche Heer sich nach dem Überschreiten eines Flusses noch nicht

142–143 unten Diese Statuetten stellen Reiter und Pferde aus dem 4.–5. Jahrhundert mit schweren Rüstungen aus Eisenlamellen dar, die von Lederschnüren zusammengehalten werden. Die Gesichter der Krieger sind teilweise von Ledermasken bedeckt. (Nördl. Wei)

143 Diese Bronzehellebarde vom Typ ge stammt aus der Frühling- und Herbst-Periode. Auf beiden Seiten sind vier goldene Zeichen im „Vogelstil", dem elegantesten Stil der Zeit, angebracht. (Östl. Zhou)

144 links *Der Rhombendekor auf diesem Bronzeschwert wurde mit Kupfersulfat hergestellt, das eine Patina auf der Klinge hinterlässt und sie vor Oxidation schützt. Gemäß der goldenen Inschrift gehörte das Schwert König Guo Jian aus Yue. (Östl. Zhou, Frühling- und Herbst-Periode)*

144 Mitte *Dieses Bronzeschwert mit Jadegriff und Verzierungen aus Gold, Silber und Türkisen belegt den erlesenen Geschmack und das Können der Künstler in einer Zeit, die von bewaffneten Konflikten geprägt war. Beide Seiten der Klinge sind im „Vogelstil" dekoriert. Dafür bediente man sich der Hammertechnik. (Östl. Zhou, Streitende Reiche)*

neu formiert hatte, und wurde dann vernichtend geschlagen. Der Herzog selbst wurde in der Schlacht schwer verwundet.

Ab dem 6. Jahrhundert v. Chr. und zur Zeit der Streitenden Reiche passten die Herrscher, die um die Vorherrschaft im Land kämpften, die soziale und wirtschaftliche Ordnung ihrer Königreiche den kriegerischen Umständen an. Der Adel stellte nicht mehr die Mehrheit in der Armee, deren Macht vor allem aus der beeindruckenden Infanterie bestand. Der „höfliche" Krieg vergangener Zeiten, der von Adelssprösslingen geführt wurde, die Experten für schnelle Kampfwagen waren, geriet in Vergessenheit. Das Militär, das im 7.–6. Jahrhundert v. Chr. aus bis zu 30 000 Einheiten bestand, wurde zu mächtigen Armeen mit skrupellosen Anführern, die von Fall zu Fall entschieden, auf wessen Seite sie sich stellten. Diese Armeen verfügten über hunderttausende Infanteristen, Kavalleristen und Wagenlenker. Der unter der Shang-Dynastie eingeführte Kampfwagen blieb ein wesentlicher Bestandteil, auch als man sich im 5.–3. Jahrhundert v. Chr. stärker auf die Kavallerie stützte. Zur Kaiserzeit wurden die Armeen immer mächtiger und der Kaiser war in der Lage, an seinen Grenzen gleichzeitig hunderttausende Soldaten mit bester Bewaffnung aufmarschieren zu lassen.

Die Waffen wurden immer vielfältiger und ausgefeilter. Neben den traditionellen Lanzen, Streitäxten und Hellebarden gab es Bogen, Armbrüste und Schwerter, die bis dahin unbekannt waren. Das „Mozi" (Buch des Meisters Mo Ti) aus dem 5.–4. Jahrhundert v. Chr., beschreibt

144 rechts In den vergangenen Jahren wurden eindrucksvolle Kriegerstatuen verschiedener Größen entdeckt. Sie sind von großem Wert, um mehr über die Bräuche zu erfahren und um die Entwicklung der Uniformen, Rüstungen und Waffen nachvollziehen zu können. (Nördl. Wei)

145 links Es gab mindestens sieben Modelle von Rüstungen für die Krieger der Qin-Armee. Die schwersten und einfachsten trugen die Truppen, während die leichteren, oft mit Seide verzierten, den Offizieren vorbehalten waren. Wegen der Knotenfrisuren war es nicht möglich Helme zu tragen. (Qin)

145 rechts Die tausenden Soldaten der Terrakotta-Armee von Xi'an bestechen durch die detailgetreue Ausführung der Schuhe, Gamaschen, Gewänder, Rüstungen und Haartrachten sowie aufgrund der individuell gestalteten Gesichter. (Qin)

umfassend die Angriffs- und Verteidigungsmaschinerien, die auf beweglichen oder feststehenden Wagen montiert waren, und erklärt die wirksamsten Anwendungstechniken.

Die Rüstungen bestanden größtenteils aus rechteckigen Lederstücken, die zugunsten der Bewegungsfreiheit flexibel miteinander verbunden waren. Die Brustpanzer waren oft bemalt oder lackiert. Gegen Ende der Zhou-Zeit gab es neben Lederrüstungen auch Rüstungen aus Eisenblech. Diese wurden von Nieten oder Lederschnüren zusammengehalten. Die Terrakotta-Armee des Ersten Erhabenen Kaisers der Qin gewährt durch die detailgetreue Nachbildung Einblick in die vielen verschiedenen Arten der Rüstungen und auch der Haartrachten. Im Lauf der Zeit wurden die Rüstungen immer funktioneller und bezogen schließlich auch die Rückenpartien mit ein. Zur Tang-Zeit gab es unterschiedliche Rüstungen. Eine zeitgenössische Schrift spricht von sechs Eisen- und sieben Ledermodellen. Sie waren bemalt und verziert und hatten auf

146 links Es gab zwei Helmarten. Entweder bedeckte eine Bronzekappe aus einem Stück, wie hier abgebildet, den Kopf, oder der Helm bestand aus zusammengenähten Eisenblechen und reichte bis zum Hals wie bei einigen Exemplaren aus der Zeit der Streitenden Reiche. (Shang)

146 Mitte Ursprünglich hatte diese Streitaxt aus Bronze einen Holzgriff. Auf beiden Seiten ist ein ungewöhnliches Wesen eingearbeitet, das mit dem einen Fuß auf der Sonne und mit dem anderen auf einer Mondsichel steht. Vielleicht handelt es sich um Taiyi, die höchste Gottheit, die Böses abwehren und militärische Niederlagen verhindern sollte. (Östl. Zhou, Streitende Reiche)

146 rechts und 147 links Eine der gebräuchlichsten Waffen war die Hellebarde, die seit Urzeiten von den Chinesen benutzt wurde. An den langen Stangen waren Bronzespitzen angebracht. (Östl. Han)

147 rechts Die Vielfalt an Streitäxten zur Zeit der Shang-Dynastie ist bemerkenswert. Bei dem hier abgebildeten Exemplar, das mit drei Löchern versehen ist, handelt es sich um eine Streitaxt vom Typ yue. Andere Streitäxte weisen bis zu sieben Löcher auf. (Shang)

der Brust manchmal reflektierende Metallplättchen, die den Feind blenden und erschrecken sollten. Bei Hofempfängen trugen die aristokratischen Krieger leichtere Rüstungen aus Baumwolle oder Seide, die zwar sehr elegant waren, aber für die Schlacht völlig ungeeignet.

In der Zeit der Streitenden Reiche wurde die Kriegführung zur Kunst erhoben. Abhandlungen und interessante Schriften wurden ihr gewidmet, einige sind noch heute äußerst aktuell. Die bekannteste unter diesen Schriften ist das „Sunzi bingfa" (Die Kriegskunst nach Meister Sun), ein Handbuch der Politik und Strategie aus dem 5. Jahrhundert v. Chr., das noch heute an den Militärakademien der Volksrepublik China, Taiwans und anderer fernöstlicher Länder gelesen wird.

1972 hat man in Yinjueshan (Shandong) einige Schriften auf Bambusrollen aus dem 2. Jahrhundert v. Chr. entdeckt, darunter eine abgeänderte Version des „Sunzi bingfa" und eine des „Sun Bin bingfa" (Die Kriegskunst nach Sun Bin), eine spätere, bis dahin unbekannte Abhandlung. Diese Funde beweisen, dass es im alten China verschiedene Schulen gab, die Militärstrategien und die Theorie der Kriegführung lehrten.

148 oben Der Bogen ist in China seit alters bekannt. Bereits zur Zeit der Shang-Dynastie waren die Pfeile mit Bronzespitzen versehen. Später, mit der Einführung der Armbrust, wurden die Pfeile ganz aus Bronze oder anderen Metallen gefertigt. (Qin)

148 unten Dieser reitende Bogenschütze, der gerade im Begriff ist, einen Pfeil abzuschießen, stellt die einzige bisher bekannte Terrakottastatuette dar, die aus gemischtem Ton besteht. Dadurch entsteht eine Art Holzmaserung. (Tang)

149 Diese Teile einer Bronzearmbrust in Form von Drachenköpfen mit Silberdekor wurden am Ende des Bogens angebracht und dienten als Auflagen. (Östl. Zhou, Streitende Reiche)

148–149 Dieser reitende Bogenschütze aus roter Keramik, der mit gespanntem Bogen vermutlich auf ein Tier zielt, datiert aus der Han-Dynastie. Der Körper des Pferdes ist bernsteinfarben glasiert, während sein Kopf und der Reiter olivgrün glasiert sind. (Han)

DIE CHINESISCHE KUNST IM LAUF DER JAHRHUNDERTE

KERAMIK UND PORZELLAN — *Seite 152*

JADE — *Seite 176*

BRONZEN — *Seite 184*

GOLD UND SILBER — *Seite 202*

LACKARBEITEN — *Seite 212*

MALEREI — *Seite 220*

STEINSKULPTUREN — *Seite 228*

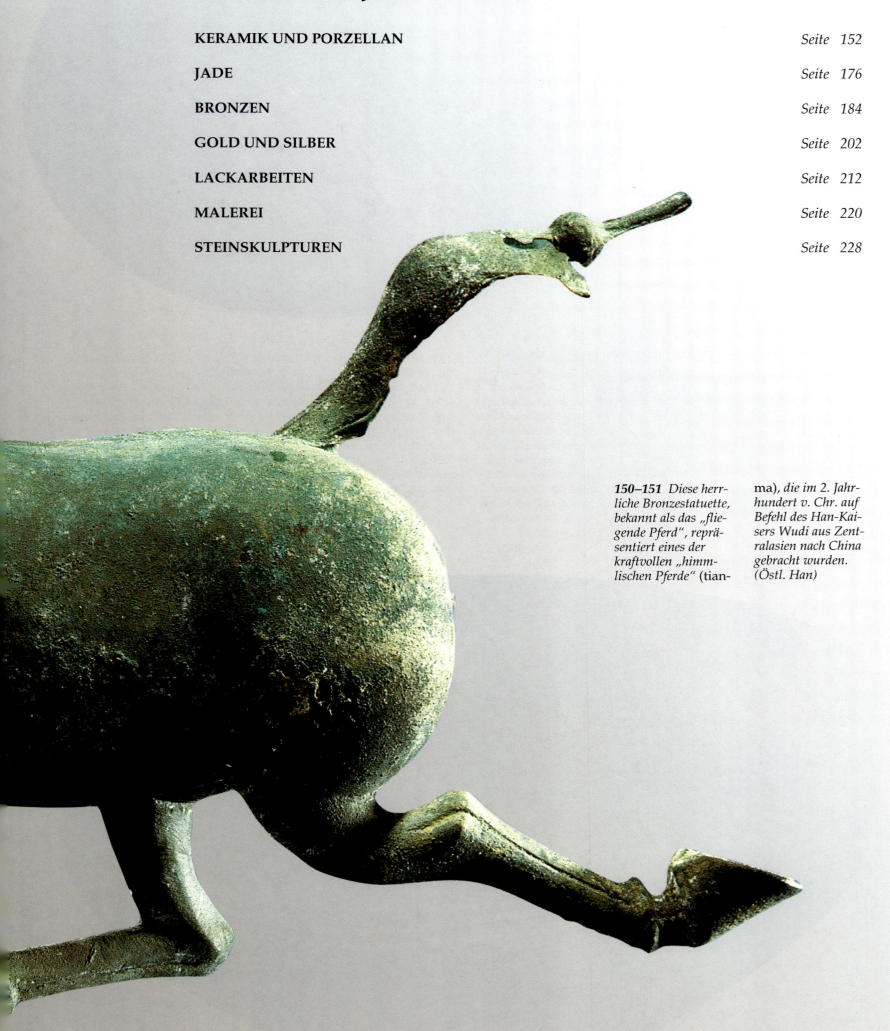

150–151 *Diese herrliche Bronzestatuette, bekannt als das „fliegende Pferd", repräsentiert eines der kraftvollen „himmlischen Pferde" (tianma), die im 2. Jahrhundert v. Chr. auf Befehl des Han-Kaisers Wudi aus Zentralasien nach China gebracht wurden. (Östl. Han)*

KERAMIK UND PORZELLAN

Die ältesten chinesischen Keramiken datieren aus dem 7.–6. Jahrtausend v. Chr. An zahlreichen Grabungsstätten in Henan, Hebei, Shanxi und Shaanxi, wo im Neolithikum die Peiligang- und die Cishan-Kultur beheimatet waren, fand man rote und braune Töpferwaren aus grobem, bröckeligem Ton, die ohne Töpferscheibe hergestellt und bei niedriger Temperatur gebrannt worden waren. Einige Gefäße haben Muster aus eingedrückten Kordeln, Stöckchen und Geflechten. Zur gleichen Zeit fertigte man an der Ostküste schwarze dickwandige Keramiken (Hemudu-Kultur) mit eingedrückten oder in den Ton geritzten Kordelverzierungen. Handgemalte Ornamente waren relativ selten. Die Ritztechnik war charakteristisch für die neolithischen Kulturen, die sich entlang der Ostküste entwickelt hatten, wie die Hemudu-, die Liangzhu- und

152 oben Die Schlange ist in der chinesischen Kunst ein seit alters bekanntes Motiv. Kriechtiere mit mehr oder weniger fantastischen Charakteristika bevölkerten die Mythologie und sind der Ursprung für eine der rätselhaftesten Kreaturen: den Drachen. (Taosi, Longshan)

152 unten Auf dem inneren Rand dieser in Shangsunjiazhai (Qinghai) gefundenen Schale stehen sich Tanzgruppen gegenüber, die sich an den Händen halten. Das gleiche Motiv findet man auch auf Gefäßen die um 3900–3500 v. Chr. gefertigt und in der Nähe, in Zongri, entdeckt wurden. Dies könnte auf die Majiayao-Kultur in Gansu hindeuten oder auf eine autonome Kultur in Zongri. (Majiayao, Zongri)

153 links Die dreifüßigen gui-Gefäße waren im Neolithikum gebräuchlich und wurden hauptsächlich zum Wasserkochen verwendet. Dieses wunderbare Exemplar stammt aus der Longshan-Kultur in Shandong. (Longshan)

die Longshan-Kultur. Auch als diese Technik ab dem 5. Jahrtausend v. Chr. in anderen Kulturen Einzug hielt, blieben doch die neolithischen Kulturen auf diesem Sektor dominant. Die Verzierungen auf den Bronzen der Shang- und der Zhou-Dynastie zeigen eine Weiterentwicklung dieser Technik auf neuen Materialien.

Die im 5. und 4. Jahrtausends v. Chr. in den Flusstälern des nordwestlichen Chinas und in anderen Zentren der Yangshao-Kultur hergestellten Keramiken wurden mit der langsamen Drehtechnik produziert und waren überwiegend rot oder ockerfarben. Die Wände der Gefäße waren gleichmäßiger, der Ton feiner und

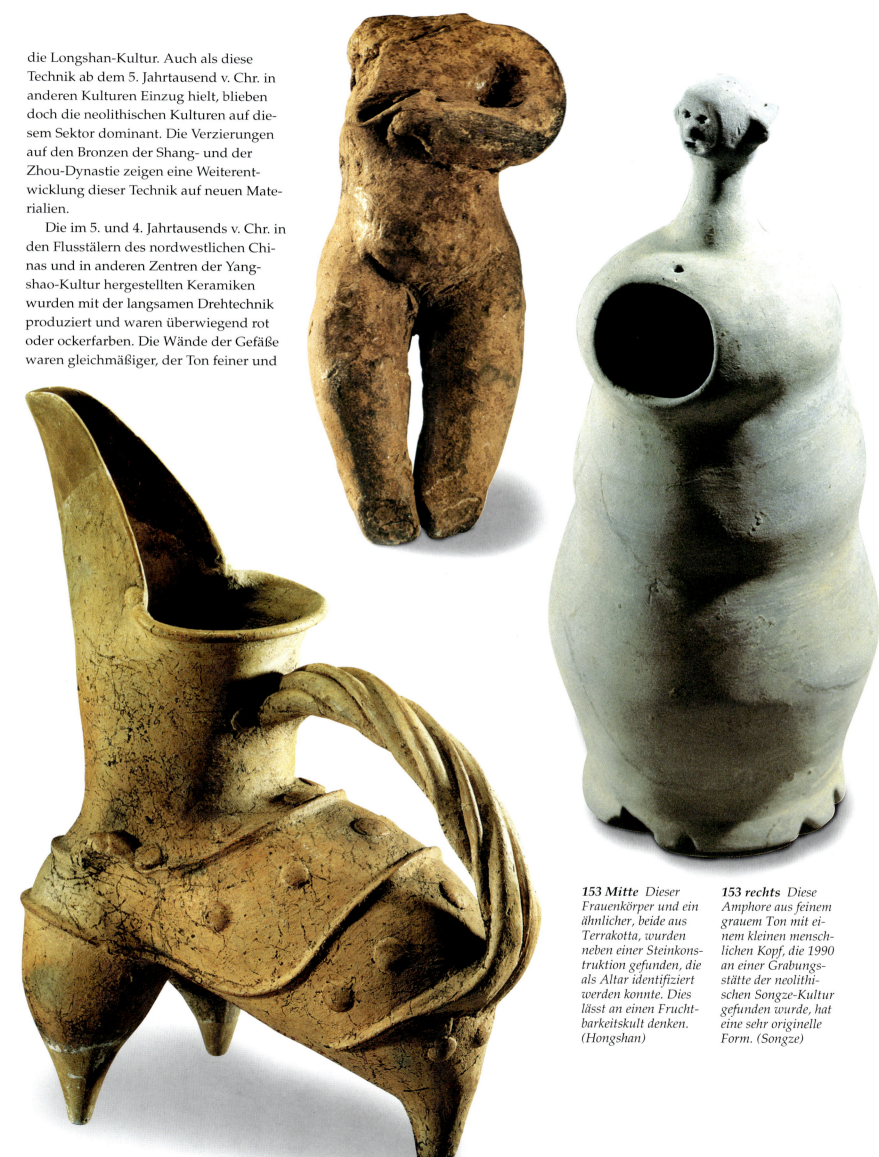

153 Mitte Dieser Frauenkörper und ein ähnlicher, beide aus Terrakotta, wurden neben einer Steinkonstruktion gefunden, die als Altar identifiziert werden konnte. Dies lässt an einen Fruchtbarkeitskult denken. (Hongshan)

153 rechts Diese Amphore aus feinem grauem Ton mit einem kleinen menschlichen Kopf, die 1990 an einer Grabungsstätte der neolithischen Songze-Kultur gefunden wurde, hat eine sehr originelle Form. (Songze)

153

Bemalungen waren üblich. Kraftvolle Pinselstriche zieren die meisten Gegenstände dieser Zeit. Bei vielen Keramiken wechseln sich regelmäßige, symmetrische, geometrische oder florale Motive mit feineren Darstellungen von Tieren oder menschlichen Gesichtern ab. Eingeritzte Markierungen oder Zeichen sind erste Schriftentwürfe.

Bei den nachfolgenden Kulturen (Majiayao, Banshan und Machang) wurden die Verzierungen immer vielfältiger. Beliebt waren geometrische Zeichnungen in Form feiner Wellenlinien, die sich in Wirbeln vereinen oder sich aus offenen Spiralen, Kreisen oder abstrakten Formen von naturalistischen Objekten entwickeln, die von einigen Experten als Blumen oder Vögel interpretiert wurden. Auch menschenähnliche Motive tauchen immer wieder auf. Besonders eindrucksvoll sind die in Gansu und Qinghai entdeckten Amphoren; eine dieser Amphoren ist mit einem Basrelief verziert, das ein nacktes Wesen mit menschlichen, typisch männlichen Zügen zeigt, während eine andere ein Basrelief trägt, das eine Figur mit

154 Diese schwarzen Keramikgefäße unterscheiden sich von den Gegenständen des Neolithikums durch ihre überraschend feine Ausführung, sowohl aufgrund der eleganten Form als auch anhand der Tonqualität. Dünn und widerstandsfähig, wurden diese Tonwaren „Eierschalen" genannt. Der bei-Kelch mit hohem durchbrochenem Fuß, vielleicht ein Vorläufer des gu-Kelches aus der Bronzezeit (Shang-Dynastie), gehört zu den schönsten dieser Art. (Longshan)

155 links *Über die Figur, die erhaben auf dieser Vase dargestellt ist, haben Experten unterschiedliche Hypothesen aufgestellt. Einige halten sie für eine Frau, Symbol für eine matriarchalische Gesellschaft, andere für einen Mann als Zeichen für eine patriarchalische Ordnung. Andere wieder sehen in der Figur ein Zwitterwesen, die Synthese aus männlichem und weiblichem Wesen. (Majiayao, Machang)*

155 rechts *Die Form und der symmetrische Spiraldekor dieses Gefäßes sind typisch für die neolithische Majiayao-Kultur, aber die Öffnung in Form eines menschlichen Antlitzes, mit naiven Zügen, ist äußerst ungewöhnlich. (Majiayao, Machang)*

menschlichem Gesicht darstellt, deren Körper jedoch nur skizziert ist. Diese Figuren sind so ausdrucksstark, dass sie aus dem Gefäß zu treten scheinen.

Gegen Mitte des 3. Jahrtausends v. Chr. breitete sich der Gebrauch der Töpferscheibe aus und fein gearbeitete weiße oder schwarze Keramiken entstanden. An Grabungsstätten der Dawenkou- und der Longshan-Kultur fand man herrliche schwarze Keramiken in unterschiedlichsten Formen, entweder ohne Dekoration oder mit Einritzungen und mit durchbrochenen Verzierungen. Ihre Wände sind so dünn (manchmal nur 0,1–0,2 mm), dass man sie als „Eierschalen" bezeichnete. Da sie für den täglichen Gebrauch ungeeignet waren, benutzte man sie vermutlich nur für rituelle Zeremonien.

Die schwarzen Keramiken der Longshan-Kultur belegen das hohe technische Niveau, das die neolithischen Künstler erreicht hatten. Die schönsten weißen Keramiken entdeckte man im Gebiet der Dawenkou-Kultur, aber auch an Grabungsstätten der Yangshao- und der Majiayao-Kultur wurden hochwertige Keramiken gefunden. Zu dieser Zeit wurde erstmals Kaolin verwendet. Die Analysen einiger weißer Keramiken aus Shandong (Dawenkou-Kultur), die gegen Ende des

2. Jahrtausends v. Chr. gefertigt wurden, zeigen, dass beim Brennen Temperaturen um 1200 °C entstanden, deutlich höher als die 800–1000 °C, die bis dato erreicht wurden. Die hohen Temperaturen ermöglichten es einige Jahrhunderte später, eine völlig neue Technik zu entwickeln, die im 6. Jahrhundert zu den ersten Gegenständen aus Porzellan führte. Aufgrund der Erfahrungen mit der Temperaturregelung bei weißer Keramik begannen die Künstler den Ton zur Farbgebung mit einem Hauch undurchsichtiger Glasur zu überziehen. Ab dem 16. Jahrhundert v. Chr., bereits zur Zeit der Erligang-Phase der Shang-Dynastie, wurde ein mit gelbgrüner oder graubrauner Glasur überzogenes Geschirr gefertigt, eine Art Porzellankeramik, das „Protoporzellan". Das Material bestand aus kaolinreichem Ton, dessen Eisengehalt unter 3 Prozent lag. Es wurde nach der Aufbautechnik – einzelne Tonringe übereinander – gefertigt, mit Kordel- oder Geflechtdekor versehen und bei ca. 1200 °C in zwei Arbeitsgängen gebrannt. Im ersten Arbeitsgang wurde das Gefäß gebrannt, im zweiten stellte man das Geschirr in die im Ofen befindliche Asche. Diese setzte sich ab, da sie bei hoher Temperatur flüssig wurde und verband sich mit Bestandteilen des Tons im oberen Bereich des Gefäßes so, dass dieses nicht gleichmäßig überzogen wurde. Die Porzellankeramik war äußerst wertvoll und bereits in der Bronzezeit und im

156 oben *Der Design dieser Vase aus Protoporzellan, mit der charakteristischen olivgrünen Färbung, ist sehr originell. Die obere Hälfte des Bauches ist mit geometrischen Motiven verziert, die aus drei horizontalen Streifen bestehen, die von Dreiecken durchbrochen sind. (Östl. Zhou, Streitende Reiche)*

156 unten *Dieses* gui-*Gefäß aus glasierter Keramik, ein herrliches Beispiel für einen* céladon-*Vorgänger, stammt aus der Zeit der Östlichen Zhou-Dynastie. Das erhabene „S"-Motiv spricht für seinen südchinesischen Ursprung. (Östl. Zhou, Frühling- und Herbst-Periode)*

Ersten Kaiserreich sehr gefragt. Der Erfolg des Porzellans und die Beliebtheit der Bronzen sowie zum Teil auch der Lackarbeiten führten schrittweise zum Untergang der einfachen Keramik, die nur noch für die Fertigung von Gegenständen des täglichen Gebrauchs, wie Geschirr, zur Ausstattung von Grabstätten und für Statuen verwendet wurde. Gegen Ende der Zhou-Dynastie und während der Kaiserzeit dienten viele Statuetten, *mingqi*, als Grabbeigaben. Sie waren meist aus Terrakotta oder Holz und stellten Diener, Krieger, Musiker, Tänzer, Akrobaten und Tiere dar. Sie ersetzten die Menschenopfer, sollten dem Verstorbenen dienen und ihn mit den Dingen versorgen, die für ein Leben nach dem Tod unentbehrlich waren. Modelle von ländlichen Umgebungen und Bauten, von Händlern, landwirtschaftlichen Aktivitäten oder von Jagdveranstaltungen sollten eine vertraute Atmosphäre schaffen ebenso wie Gegenstände des täglichen Lebens, teils in Miniatur, teils in Originalgröße.

Gegen Ende der Östlichen Han-Dynastie hatte die Porzellanherstellung, die bis

157 oben Diese glasierte, harmonisch geformte Amphore ist ein Beispiel für Nüchternheit und große Eleganz. Die ausgefeilten Techniken und die Qualität des Materials ermöglichten künstlerisch perfekte Ergebnisse. (Westl. Jin)

157 unten Diese glasierte Keramikschüssel ist von Bronzegefäßen der Östlichen Zhou-Dynastie inspiriert, deren Dekors, nachdem sie ihre rituelle Bedeutung verloren hatten, nur noch ästhetischen Ansprüchen genügen mussten. (Östl. Zhou, Streitende Reiche)

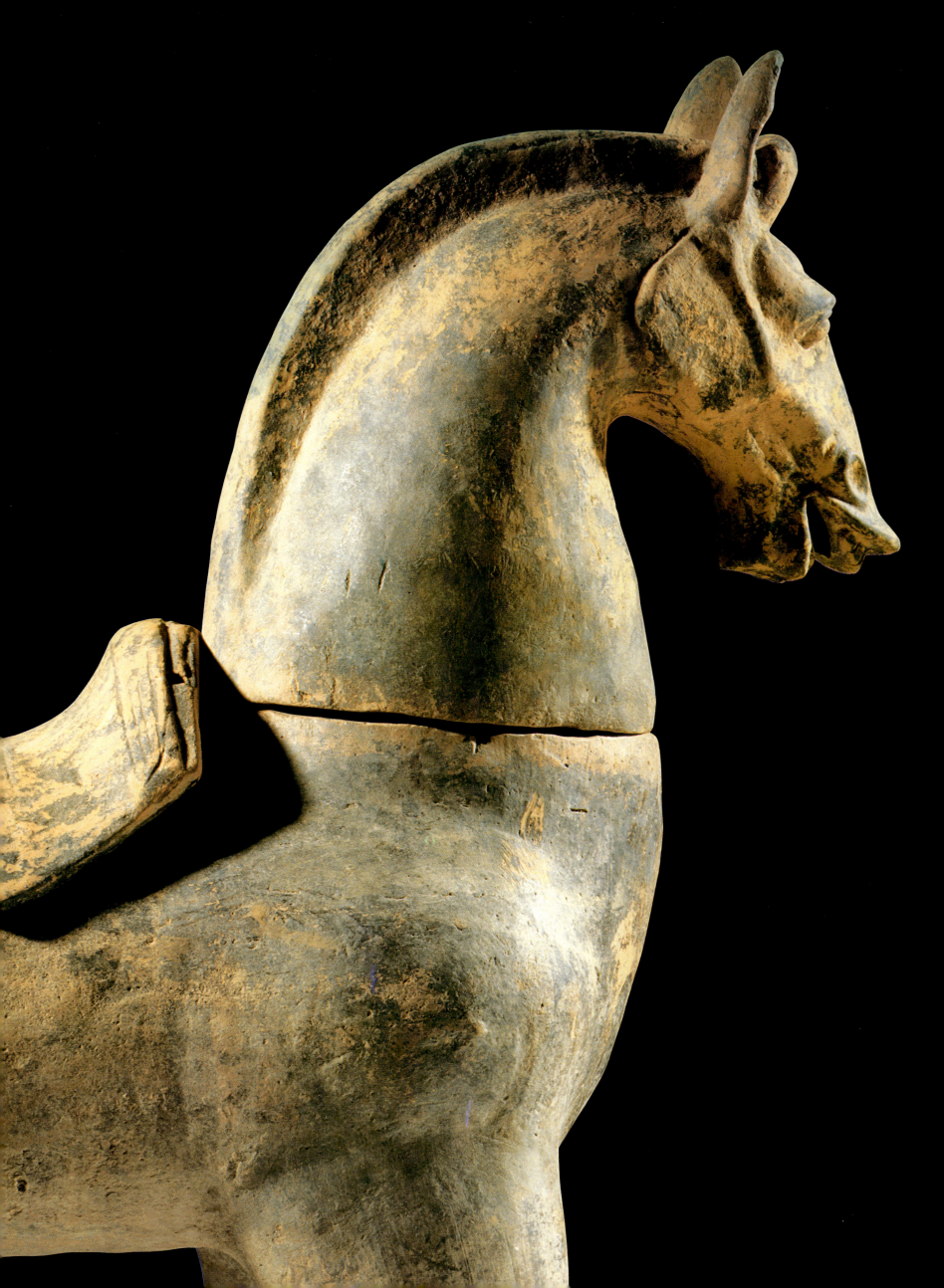

158 und 159 Diese beiden über 1 m hohen Terrakotta-Pferde stammen aus Sichuan. Eines ist am Hals angesetzt, das andere besteht aus einem Stück. Das eine steht, das andere setzt zum Schritt an. Der hoch erhobene Kopf, die gespitzten Ohren und das geöffnete Maul, als wollten die Tiere wiehern, sind charakteristische Details der bemalten Schlachtrosse aus der Han-Zeit. (Han)

160 oben *Der kniende Mann, vermutlich ein Tänzer oder Sänger, trägt das typische, aus mehreren Stoffbahnen bestehende Gewand. Die langen Ärmel, die die Hände verhüllen, verleihen ihm einen eleganten und harmonischen Ausdruck. (Han)*

zum Ende des 6. Jahrhunderts vorwiegend im Süden angesiedelt war, ein sehr hohes Niveau erreicht. Ihre Blütezeit erlebte sie unter der Westlichen Jin-Dynastie, als eine neue Glasurtechnik eingeführt wurde. Man trug eine flüssige Glasur (die beim Brennen glasartig wurde) direkt auf die Oberfläche auf, sodass am Ende der ganze Gegenstand mit einer gleichmäßigen Schicht überzogen war. Mit diesem Verfahren benötigte man nur noch einen Brennvorgang und konnte außerdem die Intensität und den Glanz der Farbe genau bestimmen. Die Keramiken mit Glasuren auf Bleibasis waren weiß, bernsteinfarben, braun oder moosgrün; die Keramiken mit Glasuren auf Eisenbasis waren grün, wie die herrlichen *céladon* zeigen, die bis zum Ende der Han-Dynastie in Shanxi, Henan, Hebei und Shandong hergestellt wurden. Die *céladon*, die bei Temperaturen von 1260–1310 °C gebrannt wurden, erhielten

160 unten *Diese hübschen Dosen für Toilettenartikel und Kosmetika sind Teil eines Grabschatzes einer Edelfrau. Die Form der Dosen erinnert an die zun-Gefäße aus vergoldeter Bronze für alkoholische Getränke zur Zeit der Han-Dynastie. (Han)*

eine durchsichtige, glänzende Glasur, die perfekt auf dem Ton haftete und einen gleichmäßigen Überzug bildete.

Zur Zeit der Sui-Dynastie tauchte eine Art Emailsteingut auf, sehr weiß, das einen sonoren Klang hatte, wenn man es anschlug. Es kam dem echten Porzellan sehr nahe, das zur Zeit der Tang-Dynastie perfektioniert wurde und in den folgenden Jahrhunderten seinen Höhepunkt erreichte. Berühmt wurden die weißen Keramiken aus den Öfen von Xing in Neiqiu und von Ding in Quyang (Hebei), das Porzellan aus den Töpfereien von Tongguan (Hunan), dessen Dekor vor der Glasur aufgetragen wurde, und die *céladon* aus den Werkstätten von Yue nahe Yuyao (Zhejiang). Die glasierte Malerei zeigte Menschen, Tiere und in Nebel gehüllte Landschaften. Bevorzugte Motive waren auch Wasserpflanzen, Blumen, Grashalme und geometrische Muster sowie Reime und Sprichwörter, die in unterschiedlichen kalligraphischen Stilen geschrieben wurden. Während der Tang-Zeit waren auch die vielfarbig glasierten Keramiken sehr gefragt. Zu den berühmtesten zählen die *sancai,* dreifarbige Gegenstände mit Glasuren auf Bleibasis. Man fand unter-

161 links *Die Technik, die Glasur am Werkstück herablaufen zu lassen, sodass die unteren Partien unglasiert bleiben, erfreute sich in China großer Beliebtheit. Auch in Japan und anderen Ländern Ostasiens bediente man sich dieser Technik. (Han)*

161 rechts *Zu allen Zeiten wurden Bronzegefäße in Keramik nachgebildet. Dies hatte vor allem wirtschaftliche Gründe. Mit Beginn der Östlichen Zhou-Dynastie wurde der Brauch, darin weniger wertvolle Grabbeigaben aufzubewahren, immer populärer. Auch dieses Gefäß vom Typ* hu *diente diesem Zweck. (Westl. Han)*

162 Eine Legende erzählt, dass sich die weiblichen Schildkröten, mit Schlangen paarten, da es zu wenige männliche Artgenossen gab. Die Paarung von Schlange und Schildkröte, die beide dem Schoß des mythischen Kaisers des Nordens entspringen, symbolisiert Glückseligkeit und Harmonie. (Nördl. Wei)

162–163 Der Ochse und der Wasserbüffel spielten im Leben der Chinesen eine sehr wichtige Rolle. Neben der Feldarbeit und dem Warentransport waren sie auch dafür bestimmt, die Kutschen der Adeligen und hohen Beamten zu ziehen. (Nördl. Qi)

163 oben Dieses Gefäß ist mit einer zarten weißlichen Glasur überzogen. Die Form und die Verzierungen aus Medaillons, Granatapfelblüten und Lotosblütenblättern gehen auf Einflüsse aus Persien und Sri Lanka zurück und belegen die Weltoffenheit zur Zeit der Tang-Dynastie. (Tang)

163 unten Im 4. Jahrhundert begann man, große glasierte Grabgefäße herzustellen, deren Deckel mit menschlichen, meist knienden Figuren geschmückt sind. Die Umgebung, die auf mehreren Ebenen dargestellt wird, stellt vermutlich das Reich der Unsterblichen dar. (Westl. Jin)

schiedlichste Formen von Vasen, Tellern, Tassen und Schalen.

Eine ausgereifte Kunstform stellen auch die Grabstatuetten dar. Sie zeigen Fantasiewesen oder wirklichkeitsgetreue Figuren, wie elegante Damen oder Respekt einflößende Würdenträger, sowie Krieger, Grabwächter, Ausländer und fliegende Weinhändler. In aller Welt bekannt sind die mit Decken und Waren beladenen Kamele und die prächtigen Pferde mit wundervollen Sätteln. Intensive Farben wie Blau, Schwarz, Grün und Bernstein wurden kombiniert, um eindrucksvolle Effekte zu erzielen. Obwohl die Farbverläufe zufällig entstanden zu sein scheinen, sind sie doch Ergebnis einer außergewöhnlichen Kunstfertigkeit. Der Wirkung dieser Technik war man sich durchaus bewusst.

164 oben Die Töpfer der Tang-Dynastie waren Meister der „Dreifarben"-Glasur (sancai). Sie mischten die hellen Glasuren mit Eisenoxid (von bernsteinfarben bis ockerbraun), mit Kupferoxid (grasgrün) und Kobalt (blau). (Tang)

164 unten Die Töpfer der Tang-Dynastie schufen unter Verwendung von Bleisilikaten eine breite Palette intensiver einfarbiger Glasuren. Die Glasur floss unregelmäßig am Gegenstand herab und überzog ihn nur teilweise. Diese kleine Flasche wurde mit diesem Verfahren glasiert. (Tang)

164–165 Die Herstellung dieses Tabletts erforderte eine besondere Technik. Der Dekor in der Mitte wurde in den weichen Ton eingraviert, sodass die Glasur nicht herauslaufen konnte. So erzielte man diese glanzvollen Effekte. (Tang)

165 links Es gab viele Möglichkeiten, mehrfarbige Glasuren wie zufällig zu kombinieren, um eine natürliche und improvisatorische Wirkung zu erzielen. Die Zufälligkeit ist aber nur scheinbar, denn die sancai-Technik verlangte eine beachtliche Kunstfertigkeit. (Tang)

165 rechts Die Fantasie der Töpfer der Tang-Dynastie kannte keine Grenzen, wie diese Karaffe in Form eines Greifvogels beweist. Die dreifarbige Glasur unterstreicht die Formen des Tieres. (Tang)

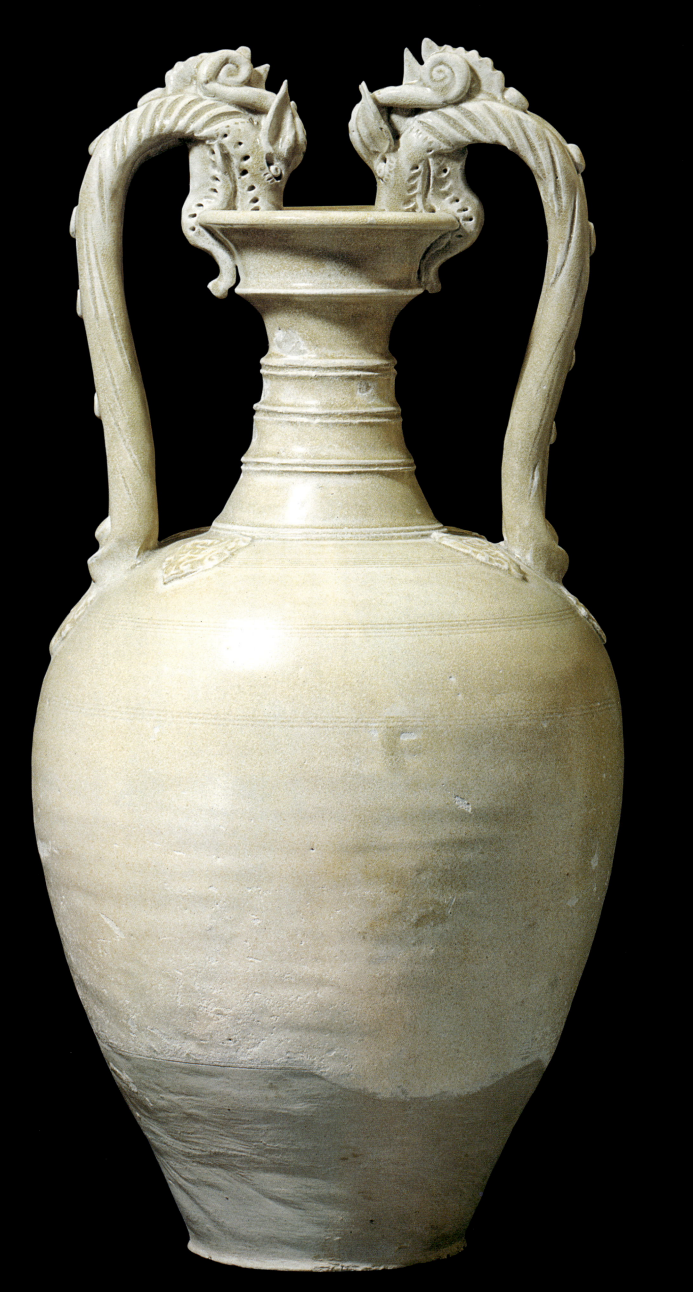

166 *Diese glasierte Keramikamphore mit Henkeln in Form von Drachenköpfen ist inspiriert von typischen Formen des Mittleren Ostens und geht vermutlich auf ein Metallgefäß aus Persien zurück. (Sui/Tang)*

167 links Diese herrliche olivgrüne Vase wurde 1987 in der Krypta des buddhistischen Klosters von Famen gefunden. Mit ihrer Hilfe konnte man die Typologie des mi-Porzellans feststellen, die man zwar aus Schriften kannte, aber archäologisch noch nicht hatte identifizieren können. (Tang)

167 rechts Dieser glasierte Krug zeigt den großen Einfluss der sassanidischen Kultur auf das Handwerk und die Kunst der Tang-Dynastie, denn er scheint in keiner Weise ein chinesisches Produkt zu sein. (Tang)

168 oben *Verschiedene Grabungsstätten bargen zehntausende bemalte Terrakottastatuetten, die Diener, Musiker, Tänzer, Krieger und Edelfrauen sowie Adelige beim Polospiel zeigen. Man entdeckte außerdem eine große Vielfalt an Statuetten in Form von Tieren, vor allem Pferde von Ferghana und Kamele. (Tang)*

168 unten *Zur Zeit der Tang-Dynastie war der Brauch, den Grabstätten der Adeligen Keramikstatuetten beizufügen, durch ein kaiserliches Dekret reglementiert. Anzahl und Art der Gegenstände richteten sich nach dem Rang des Verstorbenen. (Tang)*

169 *„Pferde, die Blut schwitzen" – mit diesen Worten beschreibt die chinesische Literatur die stolzen Pferde von Ferghana. Sie waren das Machtpotenzial der kaiserlichen Armeen und spielten eine entscheidende Rolle bei der schnellen und unaufhaltsamen Expansion des Kaiserreiches. (Tang)*

170 links *In den Gräbern der Sui- und der Tang-Dynastie hat man sehr oft solche bemalten oder mit dreifarbiger Glasur (sancai) überzogenen Statuetten entdeckt. Man vermutet deshalb, dass diese Statuetten zu jener Zeit ein charakteristisches Merkmal der Grabkunst darstellten. (Tang)*

171 rechts Gemäß der Überlieferung wurden Kurtisanen mit üppigen Figuren zu der Zeit hoch geschätzt, als Yang Guifei, berühmt für ihre Schönheit, die Geliebte des Kaisers war. (Tang)

170 Mitte Die Legende erzählt, dass eine Pflaumenblüte auf die Stirn einer Prinzessin fiel, die im Schatten eines Baumes schlief, und dort ein farbiges Mal hinterließ. Die Edelfrauen vermuteten, dass die Prinzessin damit nur ihre edlen Züge unterstreichen wollte, imitierten dieses Mal und legten damit den Grundstein für den Brauch, sich fortan zu schminken. (Tang)

170 rechts Die Mode bei Hofe war zu Zeiten der Sui- und der Tang-Dynastie sehr gediegen, wie Frisur und Gewand dieser eleganten, zarten Edelfrau beweisen. (Tang)

171 links Das anmutige einfache Design, die komplizierten Frisuren und die Eleganz der Gewänder mit außergewöhnlich weiten Ärmeln sind charakteristisch für weibliche Figurinen aus glasierter Keramik und Ausdruck für das Können der Tang-Künstler. (Tang)

172 oben Die Himmelskönige werden in ihrer Funktion als Wächter oft von schrecklichen Fantasiegeistern (*qitou* oder *tugui*) begleitet, deren riesiger Kopf mit menschlichen und tierischen Zügen auf einem mächtigen, geflügelten Körper sitzt. Hufe bilden die Füße der kräftigen Beine. (Tang)

172 unten Das Kamel war ein bevorzugtes Motiv zur Zeit der Tang-Dynastie. Das hier abgebildete, 83,3 cm hohe Tier, das mit Vorräten beladen und für die Reise bereit ist, scheint seiner Ungeduld Ausdruck verleihen zu wollen. (Tang)

173 links Diese dreifarbig glasierte Keramikfigur stellt einen dämonisch wirkenden Himmelskönig in seiner Rolle als Wächter (*lokapala*) dar. Er nimmt eine gebieterische Haltung ein, die durch seine Rüstung noch unterstrichen wird, und steht auf einem liegenden Ochsen. Solche Kompositionen sind typisch für die Tang-Zeit. (Tang)

173 rechts Dieser beeindruckende Wächter mit aufgerissenem Maul hat äußerst fein gearbeitete Hörner und Flügel. An einigen Stellen sind noch Spuren einer Vergoldung zu erkennen. (Tang)

174 und 175 Der Kniefall mit gefalteten Händen war gemäß dem Hofzeremoniell Ausdruck von Ehrerbietung und Respekt. In Gegenwart des Kaisers mussten alle Personen, auch ausländische Diplomaten, diese Haltung einnehmen. Diese rote Terrakottastatuette, die bemalt und mit Gold verziert ist, zeigt einen Edelmann bei Hofe und ist relativ ungewöhnlich. (Tang)

JADE

176 oben *Diese Zeichnung ist die Reproduktion einer Maske auf einem cong. Ein Mann, vermutlich ein Schamane im Zeremoniengewand, umfängt mit seinen Händen die großen Augen eines riesigen Fantasiewesens, das, gemäß einiger Experten, der Archätyp des* taotie *ist, charakteristisch für die Bronzen der Shang- und der Zhou-Dynastie. (Liangzhu)*

Jade stand jahrtausendelang in der chinesischen Kultur an erster Stelle. Bereits im späten Neolithikum, als sie ein Symbol religiöser und politischer Macht wurde, genoss diese wertvolle, edle „Gabe der Berge" großes Ansehen. Aufgrund ihres unschätzbaren Wertes sprach man ihr magische und religiöse Kräfte zu. Sie war zum Beispiel das bevorzugte Medium zwischen Erde und göttlichen Sphären.

Der chinesische Begriff *yu* (Jade) bezieht sich auf zwei Steine von gleichem Aussehen, aber unterschiedlicher chemischer Zusammensetzung: Nephrit und Jadeit (echte Jade). Manchmal werden damit auch andere Arten glänzender Steine

176 unten Dieser Jadeblock mit rechteckiger Grundfläche und einem großen Loch in der Mitte ist ein cong, ein geheimnisvoller Gegenstand. Man fand viele solche Gegenstände in den wichtigsten neolithischen Grabstätten. Den Dekor an Seiten und Ecken bilden oftmals Tiere und Masken (Liangzhu)

177 links Die ersten Jadeschwerter Chinas gehen auf eine alte Tradition zurück, die im Neolithikum mit Messern aus Stein oder Jade ihren Anfang nahm. Sie waren für Zeremonien oder Begräbnisse bestimmt. Es gibt zwei Schwertarten: zhang und ge. Ihre Form konnte von Ort zu Ort variieren. Das hier abgebildete Schwert gehört zum Typ zhang. (12. Jahrhundert v. Chr.)

177 rechts Dieses kleine Schmuckstück aus weißgrüner Jade stellt eine seltsame Kreatur dar, vermutlich den Vorläufer des Drachen. Das Wesen ist zu einem Ring zusammengerollt und hat das Maul eines Schweins. Im Neolithikum wurden Schweine oft bei religiösen Zeremonien verehrt. (Hongshan)

177 Mitte Dieser dunkelgrüne Jadeanhänger ist die älteste bisher in China entdeckte Darstellung eines Drachen. Der schlanke, glatte, kreisförmige Körper und der lange Kamm auf dem Rücken, der in zwei kleinen Flügeln zu enden scheint, verleihen dem Tier Vitalität. (Hongshan)

(falsche Jade oder Pseudojade) bezeichnet. Die im Westen gebräuchlichen Termini Nephrit und Jadeit resultierten aus dem Glauben, dass diese harten Steine ein Heilmittel gegen Nierenkrankheiten seien. Tatsächlich nannten die Spanier, die Jade als Erste aus Zentralamerika importierten, diese Steine *piedra de los riñones* (lateinisch: *lapis nephriticus*), Stein der Nieren oder *piedra de ijada*, Stein der Hüften oder Lenden.

Nephrit ist ein Silikat aus Kalzium, Magnesium und Eisen und gehört zur Familie der Amphibolen (die chemische Zusammensetzung ist dieselbe wie beim kryptokristallinen Strahlstein, aber die Kristallbildung ist unterschiedlich), während Jadeit ein Inosilikat aus Natrium, Aluminium und anderen Elementen zu wechselnden Anteilen ist und zur Familie der monoklinen Pyroxene zählt.

Die Farbskala des Nephrits reicht von weiß bis braungrün. Der wertvollste Nephrit ist weiß und durchscheinend und wird von den Chinesen „Hammelfett" genannt. Jadeit ist von opalisierend weiß

177

178 links Diese Haarnadel besteht aus einer langen Nadel aus grüner Jade in Bambusform und einer fein gearbeiteten Platte aus weißer Jade mit Türkisen. Ähnliche Stücke aus Jade oder Knochen fand man in Grabstätten des Neolithikums und der Bronzezeit. Allein der Grabschatz von Königin Fu Hao aus der Shang-Dynastie bestand aus 755 Jadeobjekten. (Longshan)

178 oben rechts Dieser gelbbraune Jadeanhänger in Form einer Heuschrecke gehört zum reichen Grabschatz der Königin Fu Hao, deren letzte Ruhestätte 1976 in Anyang entdeckt wurde. Viele der Jadeobjekte, die man in dem Grab fand, stellen Menschen oder Tiere dar. (Shang)

bis grün und kann, je nach Anteil von Eisen, Chrom oder Mangan, auch andere Nuancen annehmen. Es kommt sogar vor, dass es ein Block mehrere Farben aufweist. Die häufigste Farbe ist Grün in allen Schattierungen.

Im Neolithikum und zu Beginn der Drei Dynastien kannte man nur Nephrit, der vor allem im eigenen Land abgebaut wurde. Jade gehört zu den am schwierigsten zu bearbeitenden Steinen. Auf der Mohs'schen Skala, auf der gängige Minerale entsprechend ihrer Härte in Stufen von 1–10 angeordnet sind, erreicht Nephrit einen Härtegrad von 6,5 und Jadeit einen Härtegrad von 6,75. Jade kann nicht einmal mit Stahl bearbeitet werden. Die chinesischen Künstler des Neolithikums entwickelten jedoch eine bemerkenswerte Geschicklichkeit darin, Jade mit Schleifsand zu bearbeiten. Sicher verwendeten sie Quarzit (7–7,5) und möglicherweise auch Granat (7,5). Einige Experten stellten die Hypothese von einer Ahle mit einer Spitze aus Diamant (10) auf. Die Funde von Haifischzähnen in einigen neolithischen Gräbern der Longshan-Kultur lassen vermuten, dass auch diese zur Jadebearbeitung verwendet wurden. Als Schleifwerkzeuge dienten Bohrer, Ahlen und Sägen aus Holz, Bambus, Stein, Leder oder Darm. Später verwendete man Metallwerkzeuge, aber stets in Verbindung mit Schleifpaste.

Die ältesten Jadefunde stammen von einer Grabungsstätte der südlichen Qingliangang-Kultur, direkte Nachkommen der Hemudu-Tradition. Höchstes künstlerisches Niveau erreichte die Jadebearbeitung zwischen 3600 und 2000 v. Chr. an der Ostküste, von Liaoning bis Fujian, im Herzen der Hongshan-, Liangzhu- und Longshan-Kultur in Shandong. Neuere Grabungen in Dongshanzui und Niuheliang (Liaoning), beides Stätten der Hongshan-Kultur, förderten zwei große Kultbauten zutage mit Steinstrukturen und Altären. In einigen Gräbern dieser Kultur fand man Jadeobjekte von großem künstlerischem Wert, zum Beispiel Kreise,

178 unten rechts
Bei Grabungen wurden zahlreiche kleine, fein geschnitzte Jadeschmuckstücke entdeckt, die auf das Neolithikum und die Shang-Dynastie zurückgehen, wie dieser nur wenige Zentimeter große Greifvogel. Sie waren am Gewand als Symbole der Ehrerbietung und der Wertschätzung angebracht. (Shang)

179 *Sechzehn einzelne Jadeplatten bilden diese seltene Maske in Form eines ovalen menschlichen Antlitzes. Die breite Nase mit großen Nasenlöchern und die Mandelaugen sind typisch asiatische Züge. Auf der Rückseite jeder Platte befinden sich zwei Löcher, die dazu dienten die Platten zusammenzubinden. (Westl. Zhou)*

Ringe, wolkenförmige Stücke und die ersten Darstellungen eines Drachen, einer mythologischen Kreatur, die den Künstlern der folgenden Jahrhunderte als Hauptmotiv diente. Das in Janping (Liaoning) entdeckte Exemplar ist stark stilisiert: Der Kopf erinnert an ein Schwein, das einst bedeutendste heilige Tier, und der Körper schließt sich zu einem Ring.

In der Liangzhu-Kultur erreichte die Jadebearbeitung einen hohen Grad an Perfektion und die Symbolik der Objekte gewann stetig an Bedeutung. In den Grabstätten fand man perfekt polierte Streitäxte, die wohl nie benutzt worden waren, eine große Anzahl an *bi*-Scheiben und blank polierte runde Platten verschiedener Größen, die in der Mitte ein Loch haben.

Die Funktion der *cong*, Blöcke mit rechteckiger Grundfläche und einem zylindrischen Loch in der Mitte, ist bis heute

nicht geklärt. Diese Objekte tragen anthropomorphe und zoomorphe Dekors an den Seiten und an den abgerundeten Ecken, die vielleicht eine Sonnengottheit darstellen.

In einem Komplex mit zwölf Grabstätten in der Nähe von Fanshan (Zhejiang) fand man ca. 3200 Jadeobjekte, davon allein 511 in einem einzigen Grab. Dieser bisher größte Fund (90 Prozent der Grabbeigaben sind Jadestücke) weist auf eine straff organisierte und gegliederte Gesellschaft hin, an deren Spitze eine Elite stand, die die politische und religiöse Macht innehatte und daher über ungeheure Ressourcen an Arbeitskraft und Material zur Herstellung von Sakralgegenständen verfügte. Diese Objekte waren Symbole für Rang, Autorität und Reichtum und blieben selbst nach dem Tod unveräußerlich.

Im Lauf der Jahrhunderte wurde Jade auch für andere Zwecke verwendet. Die 755 Jadeobjekte, die man im Grab der Königin Fu Hao aus der Shang-Dynastie entdeckte, sind der bis heute größte Jade-

180 oben Der Deckel dieser feinen, halb transparenten, grünen Jadetasse (di Hotian) trägt einen eleganten Knauf in Form eines geöffneten Persimonenblütenkelchs. Die Tasse ist mit Wolken- und Kornmotiven verziert. (Westl. Han)

180 unten Dieser Rhyton aus durchscheinender Jade in Schattierungen von hellgrün bis braun gehörte dem zweiten Herrscher des südlichen Reiches von Nanyue, Zhao Mo (137–122 v. Chr.). Aus einem einzigen Block geschlagen, wurde die Jade mit unterschiedlichsten Techniken verziert: Schnitzereien, Bas- und Hochreliefs und Gravuren. (Westl. Han)

180–181 Hier ist eine schlanke Katzenart zu sehen, vielleicht ein Tiger, Symbol für Mut und Kraft. Der Tiger wurde oft für Anhänger, Schmuckstücke oder Grabsteine verwendet, da ihm Abwehrkräfte gegen Dämonen zugeordnet wurden. (Östl. Zhou, Streitende Reiche)

181 oben Die feine Struktur dieser runden Tresse steht im Kontrast zur einfachen und kompakten Ausführung der meisten bi-Scheiben. Die drei Drachen, die um den zentralen Ring angeordnet sind, bilden ein Wechselspiel zwischen Leerräumen und ausgefüllter Fläche, eine elegante und dynamische Darstellung. (Östl. Zhou, Streitende Reiche)

181 unten Auch diese ungewöhnliche Komposition war Teil des Grabschatzes von König Zhao Mo aus Nanyue, der besonders viele Jadeobjekte enthielt. Am Rand des Bronzetellers erheben sich Drachen mit silbernen Schlangenkörpern und goldenen Köpfen. Sie tragen in ihren Fängen eine geöffnete Jadeblume, in deren Mitte sich eine Jadetasse befindet, die mit Blumen- und Kornmotiven verziert ist. (Westl. Han)

fund. Über die Hälfte dieser Objekte waren reine Schmuckstücke.

Zur Zeit der Westlichen Zhou-Dynastie entwickelte sich der Brauch den Verstorbenen mit Gesichtsmasken und Tüchern zu verhüllen, die aus vielen kleinen Jadeplättchen zusammengesetzt wurden. Für die Gesichtsmaske wurden die Jadeplättchen auf ein Seidentuch genäht, während die Teile der Tücher direkt miteinander verbunden wurden, wie eine Art Schmuckstück, das vom Hals oder der Brust bis über die Knie reichte. Diese Tücher, die auch zu Lebzeiten als Zeichen für Vornehmheit und Rang getragen wurden, legte man auf den Leichnam, der vorher in reich verzierte Seidengewänder

182 Zur Zeit der Han-Dynastie entstand der Brauch, die Jadescheiben zusätzlich mit durchbrochenen Ornamenten, ähnlich einer Stickerei, zu versehen. Meist handelt es sich dabei um zwei Drachen. (Westl. Han)

182–183 Dieses ungewöhnliche Objekt, bestehend aus zwei miteinander verbundenen bi-Scheiben, schmückte die Schuhe des Totengewandes aus Jade von König Zhao Mo aus Nanyue. Auch wenn man vermuten kann, dass es einen besonderen Bezug zu den bi-Scheiben auf seinem Haupt gab, bleibt die Funktion dieses Objekts ein Geheimnis. In keinem anderen Grab, das Jadegewänder enthielt, fand man einen ähnlichen Gegenstand. (Westl. Han)

gekleidet worden war. Diese Art der Beisetzung, die auf die Liangzhu-Kultur zurückgeht, war im 1. Jahrtausend v. Chr. weit verbreitet. Fast in allen Teilen des Zhou-Reiches fand man diese Masken und Gewänder ebenso wie in Gräbern der Han-Dynastie. Die Masken dienten nicht als Schmuck, sondern waren aus religiöser Sicht unverzichtbar wie auch die kleinen Jadeamulette, die vor allem in der Han-Dynastie in die Körperöffnungen gelegt wurden, um den Leichnam zu beschützen und um dem Geist das Weiterleben zu ermöglichen. Der Glaube, dass Jade magische Kräfte besitze, führte dazu, dass ganze Gewänder aus Jade gefertigt wurden. In aller Welt bekannt sind die in Mancheng (Hebei) gefundenen Totengewänder von Liu Sheng, dem Prinzen von

Zhongshan, und der Prinzessin Dou Wan, die aus 2 498 beziehungsweise aus 2 160 Jadeplättchen verschiedener Größe und Stärke bestehen und mit Golddraht zusammengeheftet sind. Ähnliche Objekte aus verschiedenen Materialien wie Glas und Schmucksteinen, wurden in vielen Teilen des Kaiserreiches entdeckt.

Ab der Han-Dynastie wurde Jade immer häufiger zur Herstellung luxuriöser Schmuckstücke verwendet. Im Lauf der Jahrhunderte kam es zu einer Weiterentwicklung der Techniken und der Motive. Die Künstler drückten ihre Kunst klarer und natürlicher aus. Durch all die Zeit haben sich die Chinesen ihre ehrfürchtige Liebe zu diesem Schmuckstein erhalten und ihm einen festen Platz in der langen Geschichte ihrer Zivilisation eingeräumt.

183 Die wunderschönen Objekte aus Jade und Perlen, die einst das gesamte Gewand bedeckten, zwangen die Adeligen zu langsamen Bewegungen, was ihnen ein strenges und gebieterisches Aussehen verlieh. Die hier abgebildeten Stücke zierten das Totengewand des Königs Zhao Mo aus Nanyue. (Westl. Han)

BRONZEN

Die wichtigste, ausdrucksstärkste Kunst des alten Chinas sind seine Sakralbronzen. Nichts spiegelt den Glanz und den Entwicklungsstand dieser Zivilisation deutlicher wider als ein Bronzegefäß aus der Shang- oder der Zhou-Dynastie. Archäologen nehmen an, dass die Bronzebearbeitung in China später entstand als im Mittleren Osten, und einige Wissenschaftler gehen deshalb davon aus, dass sie von anderen Kulturen übernommen wurde. Da der Gebrauch von Kupfer und seinen Legierungen nicht gleichzeitig weltweit begann, könnte man vermuten, dass es zwischen den Zivilisationen, auch zwischen weit voneinander entfernten, Beziehungen gab. Andererseits liegt auch der Schluss nahe, dass fundamentale Erfindungen in verschiedenen Teilen der Erde und zu verschiedenen Zeiten unabhängig voneinander gemacht wurden. Obwohl die Bronzezeit in China vermutlich später begann als in anderen euro-

184 oben Für die Bronzegefäße der Shang-Dynastie sind vollplastische Ornamente in Form von Tieren, wie Vögeln und runden Drachenköpfen, charakteristisch. Markante Rippen betonen den quadratischen Querschnitt. Der Korpus ist mit dichten geometrischen Dekors und Fantasiemasken verziert. Das hier abgebildete hu-Gefäß enthielt die alkoholischen Getränke, die während der Zeremonien kredenzt wurden. (Shang)

184 unten links Zur Zeit der Shang-Dynastie verwendete man die jue-Gefäße vor allem bei Zeremonien, bei denen alkoholische Getränke in großen Mengen konsumiert wurden. Unter den Grabbeigaben der Adeligen befanden sich Dutzende solcher Gefäße. Sie zeigten Rang und Ansehen des Verstorbenen. Im Grab von Königin Fu Hao wurden 40 dieser Sakralbronzen entdeckt. (Shang)

184 unten rechts Dieses Gefäß mit langem Gießschnabel und dem typischen Dreifuß ist eines der ältesten Bronzeexemplare, die bisher gefunden wurden, und geht auf ein Terrakottamodell aus dem Neolithikum zurück. Die Bronzen dieser Epoche sind einfach geformt und tragen keinen Dekor. Auch die Fertigungstechnik ist noch nicht perfekt. (Erlitou)

asiatischen Regionen, so belegen dennoch die jüngsten archäologischen Funde die These, dass Bronzen ursprünglich in China hergestellt wurden.

Die Metallbearbeitung in China begann im Neolithikum. Die älteste erhaltene Metallarbeit ist ein geheimnisvolles halbkreisförmiges Objekt aus gelbem Kupfer, das man 1973 in Jiangzhai, im Distrikt Lintong (Shaanxi) fand. Es datiert aus dem Jahr 4700 v. Chr. (Yangshao-Kultur). Auch die Funktion eines kleinen Messingzylinders, der ein Jahr später an der gleichen Stelle entdeckt wurde, ist unbekannt. Die bisher älteste Bronzearbeit wurde 1975 in Lin, im Distrikt Dongxiang (Gansu) freigelegt. Es handelt sich um einen kleinen Dolch, der vermutlich aus dem Jahr 3000 v. Chr. (Majiayao-Kultur) datiert. Über 60 Arbeiten der Qijia-Kultur (überwiegend aus Kupfer) und über 200 der Huoshaogou-Kultur (größtenteils aus Bronze) wurden in Gansu entdeckt: Spiegel, Schmuck, Schneidwerkzeuge und andere Gegenstände. Einige Schmelztiegel und kleine Schmuckstücke aus Kupfer die der Longshan-Kultur zugeordnet werden, datieren aus dem 2. Jahrtausend v. Chr. Jedoch erst ab der Xia-Dynastie und zur Zeit der Shang-Dynastie entwickelten sich in China die Techniken, die zur Bronzeherstellung benötigt werden.

Einfache Metallarbeiten aus dem Neolithikum fand man an Stellen, die teilweise mehrere hundert Kilometer voneinander entfernt liegen. Diese seltenen Funde können nur ein unvollständiges Bild von der technischen Entwicklung geben, aber einige Faktoren veranschaulichen die Besonderheiten der chinesischen Metallbearbeitung. Jahrhundertelang dienten Bronzen, insbesondere Vasen, aber auch Waffen, Musikinstrumente und kleine Ornamente, fast ausschließlich zeremoniellen Zwecken. Gegenstände, die keine

185 *Dieser Behälter (fangzun) ist ein Beweis für das außergewöhnlich hohe Niveau der Künstler, die an den Grenzen des Shang-Reiches wirkten. Der aus dem Süden stammende Künstler, der dieses Gefäß kreierte, ließ sich vom typischen Shang-Stil inspirieren und bewies dennoch große Originalität bei der Auswahl der Ornamente. (Shang)*

rituelle Funktion hatten, wurden aus anderen Materialien gefertigt. Auch ist es einmalig, dass die Chinesen bis zur Herstellung der ersten Sakralbronzen sich der Gießtechnik bedienten und nicht, wie im Mittleren Osten üblich, der Schmiedekunst. Vermutlich lag dies daran, dass China über reiche Bodenschätze verfügt (für die Gießtechnik benötigt man wesentlich mehr Material) und an der Fähigkeit, große Brennöfen herzustellen, die hohe Temperaturen erzeugen konnten.

Die Fertigkeit und die Erfahrung beim Brennen von Keramik im Neolithikum waren sehr nützlich bei der Herstellung von Terrakottaformen, die den hohen Temperaturen des Metallschmelzens standhielten, während tönernes Geschirr an Bedeutung verlor und nur noch für den Hausgebrauch benutzt wurde. Die unterschiedlichen Gieß- und Verzierungstechniken mit Stückformen wurden in China mehr als 1000 Jahre angewandt, mindestens bis ins 5. Jahrhundert v. Chr.,

als das Wachsausschmelzverfahren eingeführt wurde, das die alten Techniken jedoch niemals ganz verdrängen konnte. Vermutlich war dieses Verfahren in China vor dem 5. Jahrhundert v. Chr. vollkommen unbekannt. Dies würde die Hypothese eines lokalen Ursprungs der Metallbearbeitung erhärten.

Bereits zur Zeit der Xia-Dynastie in Erlitou erhielt die Bronze ihre rituelle Bedeutung. Neben einfachen Gegenständen wie Ahlen, Bohrern, Angelhaken, *yue*-Äxten, *ge*-Dolchen, Pfeilspitzen und Musikinstrumenten wurden zu jener Zeit die ersten Sakralbronzen für Opfergaben und für Alkoholika hergestellt, die während der Zeremonien getrunken wurden. Zu den wenigen Funden gehören Gefäße für Flüssigkeiten vom Typ *jue*, *jia* und *he* und Behälter für Speisen vom Typ *ding* und *li*. Terrakottagefäße dienten als Vorlage für diese Objekte, die noch relativ grob gearbeitet und nicht verziert sind.

Die Gießtechnik mit zusammengesetzten Stückformen lässt auf eine lange Entwicklung schließen. Die chemische Analyse einer Sakralbronze ergab, dass die

186 oben *Zur Zeit der Shang- und der Zhou-Dynastie waren Abbildungen von Menschen noch selten. Die Darstellungen auf den vier Seiten dieses* fangding-*Speisebehälters sind außergewöhnlich und ein Beispiel für die bemerkenswerte Originalität der Künstler aus den südchinesischen Regionen.* (Shang)

186 unten *Spiralmotive* (leiwen), taotie-*Masken und ein dichtes Netz aus Vögeln und Drachen bilden den Dekor dieses Gefäßes.* (Shang)

Legierungen aus exakten Anteilen von Kupfer (92%) und Zinn (7%) bestanden. Dies dokumentiert die Erfahrung, die man bei der Gewinnung, Aufbereitung und Verarbeitung von Erzen und Metallen hatte. Bedeutende Fortschritte machte man zu Beginn der Shang-Dynastie, auch wenn weiterhin offensichtlich bleibt, dass die Objekte den Terrakottagefäßen nachempfunden sind. Im Vergleich zu den ersten Funden in Erlitou sind die tausenden Sakralbronzen aus der ersten Zeit der Shang-Dynastie, die man in Erligang entdeckte, ausgefeilter und mit zoomorphen Figuren und stilisierten Masken von Fantasietieren reich verziert. Dieser Überfluss verdeutlicht den Reichtum der politischen und religiösen Machthaber und ihre Vorliebe für sakrale Objekte aus Bronze. Es wurden etwa 20 verschiedene Formen entwickelt, die Anfänge eines vielfältigen traditionellen Formenrepertoirs. Man fertigte verschiedene Gefäße für Flüssigkeiten, darunter *hu*-Vasen, *gu*-Kelche und *pan*-Schalen für Wasser. Bei den Behältnissen für Speisen entwickelten sich die *gui*-Gefäße für Getreideopfer und die *yan*-Behälter, die man zum Dampfgaren verwendete. Aus dem dreifüßigen, runden *ding* entwickelte sich das vierfüßige *fangding* mit rechteckiger Grundfläche, eine der charakteristischsten Formen der chinesischen Bronzekunst.

1974 entdeckte man in der Nähe von Zhengzhou zwei sehr große, exzellent gearbeitete Gefäße vom Typ *fangding*, die vermutlich dem Kaiserhof gehörten. Die

187 oben *Drachen, taotie-Masken mit vorspringenden Augen und* leiwen-*Spiralmotive zieren diese* lei-*Vase für alkoholische Getränke. Neben den beiden seitlich angebrachten Henkeln gibt es einen dritten halbkreisförmigen Henkel in Form eines Stierkopfes mit Hörnern. (Shang)*

187 unten *Die Gefäße vom Typ* gui *mit dem charakteristischen Rhombendekor wurden bei Ritualen der Shang-Dynastie nur selten benutzt. Zusammen mit den* ding-*Tripoden waren sie die verbreitetsten Gefäße der Zhou-Dynastie in der Zeit vor dem Kaiserreich. (Westl. Zhou)*

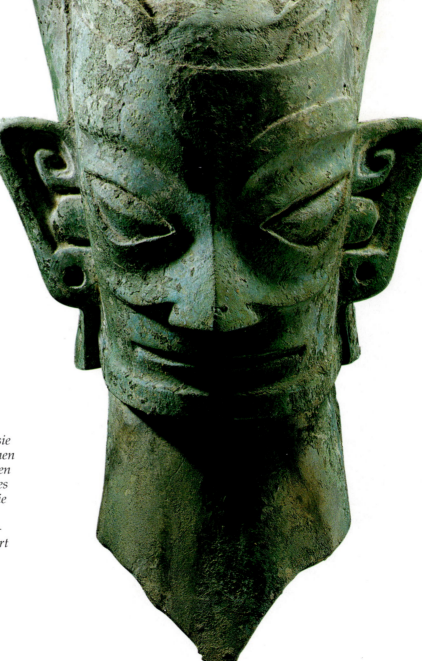

Spuren der Gussnähte auf deren Oberfläche ermöglichen eine Rekonstruktion der verschiedenen Arbeitsgänge: Zuerst wurden die Henkel in doppelten Formen gegossen, dann der Korpus mit flacher Bodenfläche und schließlich die Füße, wofür man eine zweiteilige Außenform und eine Innenform benutzte. Die Kanäle zum Eingießen der flüssigen Bronze und die Abzugskanäle für die entweichende Luft waren zentral am unteren Teil des Korpus angebracht. Die Perfektionierung dieser ausgeklügelten Technik führte zu einer großen Vielfalt an Gegenständen, außergewöhnlich gearbeitet und von überraschender Größe. Zuerst stellte man ein Tonmodell des Gefäßes her, auf das man außen eine dünne Tonschicht aufbrachte. Diese wurde senkrecht in Teile geschnitten, deren Anzahl von der Art des Gefä-

188–189 *Diese eindrucksvolle Bronzemaske stellt vermutlich Can Cong, den ersten König der Shu, dar. Er wird in einer Legende mit großen Ohren und vorspringenden Augen beschrieben. Das Shu-Reich (Sichuan) erlebte seine Blüte gegen Ende des 2. Jahrtausends v. Chr. (12. Jahrhundert v. Chr.)*

188 links und rechts *In zwei Gräbern, die 1986 in Sanxingdui entdeckt wurden, fand man 54 Bronzeköpfe unterschiedlicher Größe (von 13 bis 50 cm Höhe). Die Archäologen unterteilten diese in vier Typen, ausgehend von den Frisuren und Kopfbedeckungen. Obwohl es keine Spur von Körpern gibt, vermutet man, dass die Köpfe zu vollständigen Statuen gehören. Zwei der Bronzeköpfe sind teilweise mit Blattgold überzogen. Vermutlich stellen sie Ahnen des königlichen Klans oder Gottheiten dar – vielleicht beides in einer Person – wie häufig zur Zeit der Shang-Dynastie üblich. (12. Jahrhundert v. Chr.)*

ßes und den jeweiligen Verzierungen abhängig war. An den Kanten der Teile wurden Nut und Feder angebracht, um die Segmente wieder passgenau zusammensetzen zu können. Die Stärke des inneren Modells wurde anschließend reduziert, um einen Hohlraum zwischen den inneren und äußeren Teilen zu schaffen. Der Abstand zwischen Innen- und Außenform bestimmte die Wandstärke des Gefäßes. Zwischen den beiden Formen wurden Abstandhalter aus Metall angebracht, die im Guss verblieben und für eine gleichmäßige Wandstärke sorgten.

Der Dekor wurde nicht auf das fertig gestellte Gefäß aufgebracht, sondern durch entsprechende Vertiefungen in der konkaven Seite der Außenform während des Gießens angeformt. In Erlitou fand man Tonformfragmente mit teils einfachen, teils schon sehr komplexen Dekors. Später wurde der Reliefdekor zunächst auf dem inneren Modell angebracht und dann in die äußere Form gedrückt. So konnte der Künstler auch erhabene Dekors fertigen. Diese Techniken wurden ausschließlich von den Chinesen angewandt. Erst nach dem 6. Jahrhundert v. Chr., als die Intarsientechnik ausgereift war, war es möglich den Dekor nachträglich auf dem Kunstwerk anzubringen.

Nicht alle Sakralbronzen konnten in einem Guss gefertigt werden. Komplexere Formen und Dekors machten einen separaten Guss nötig, das heißt, einzelne Teile wurden vorgefertigt. Die besonders raffiniert gearbeiteten Teile wie Griffe oder Reliefornamente wurden bei einem zweiten Gießvorgang direkt am Korpus des Gegenstandes angebracht. Die Kontaktflächen waren mit Löchern und Zapfen versehen, sodass eine perfekte Verbindung entstand. Auch die umgekehrte Reihenfolge war möglich: Erst goss man die Griffe oder Henkel und dann den Korpus. In der Regel stellte man die Verbindung durch Angießen her, nur selten wurden die Griffe angeschweißt oder -genietet.

189 Diese Bronzestatue, die in Sanxingdui entdeckt wurde, ist die einzige große Skulptur der Bronzezeit, die einen Menschen darstellt. Die Identität der Person bleibt ein Geheimnis – Gottheit, Herrscher, Schamane oder Klanoberhaupt? Die Krone aus Lotosblumen ist ein Symbol der Sonne, ein Insigne der Heiligkeit und des Königtums. (12. Jahrhundert v. Chr.)

den Blitz. Auch wurden erstmals Tiere und mythologische Wesen dargestellt, darunter vor allem der *kui*-Drache und ein Fantasiegeschöpf mit großen vorspringenden Augen, das charakteristischste Motiv der Shang-Zeit und gleichzeitig das geheimnisvollste. Zur Zeit der Song-Dynastie (960–1279) nannte man dieses Motiv *taotie*. Es wird traditionell frontal dargestellt, mit vorspringenden Augen und einem Körper, der sich teilt. Krallen und Füße verlaufen parallel zum Körper und der Schweif zeigt nach oben. Aus einer anderen Perspektive betrachtet, scheinen die *taotie*-Masken aus zwei Fantasietieren zu bestehen, vermutlich *kui*-Drachen, die sich im Profil gegenüberstehen. Von jedem Tier ist nur eines der übergroßen Augen zu sehen, sodass das Motiv eine geradezu hypnotische Ausstrahlung erhält. Einige Wissenschaftler gehen davon aus, dass sich diese Darstellung aus den Masken mit den großen Augen entwickelt hat, die auf den Jadeobjekten der neolithischen Liangzhu-Kultur abgebildet sind.

Form und Dekor waren eng miteinander verbunden und von den angewandten Techniken abhängig. Die symmetrischen Verzierungen, die für die Shang-Dynastie typisch sind, entstanden, weil man Unregelmäßigkeiten an den senkrechten Schnittflächen der Formen, die beim Gießen entstanden, verdecken wollte. Die Aufteilung in Einzelmotive folgte der Segmentierung der Form. Die Künstler der Shang-Dynastie bevorzugten zwar symmetrische Dekors, doch stellten sie auch Gefäße mit asymmetrischen Verzierungen her, die nicht in Segmente aufgeteilt waren. Dazu gehören zum Beispiel die zoomorphen *gong*- oder *guang*-Gefäße ebenso wie die *zun*-Gefäße, die ab der Anyang-Periode gefertigt wurden. Die Behältnisse für Getränke und Speisen in der Erligang-Periode hatten relativ dünne Wände und meist noch einen flachen Boden. Hingegen hatten die Tripoden konische Füße. Die noch einfachen Verzierungen bestanden aus Wolken- und Spiralmotiven, Letztere waren Symbole für

190 oben Tiere zieren diesen liding-Tripoden mit zitzenförmigen Füßen. Auf dem Korpus sind drei taotie-Masken mit großen Augen angebracht. Am oberen Rand kehrt das gleiche Motiv in der charakteristischen verflochtenen Form wieder. (Shang)

190 unten und 191 unten Diese beiden you-Behälter für alkoholische Getränke stammen von einem Künstler namens Bo Ge, der zu Beginn der Zhou-Dynastie lebte, wie man der aus sechs Schriftzeichen bestehenden Inschrift auf dem Deckel entnehmen kann. Die komplexe Verzierung bilden Basreliefs und aufgesetzte Tierköpfe. (Westl. Zhou)

Um 1300 v. Chr. wurde die Hauptstadt nach Yin, dem heutigen Anyang, verlegt. Die Grabungen von Anyang und angrenzenden Gebieten beweisen, dass eine hoch entwickelte soziale und religiöse Organisation bestand. Dies belegen auch alle Arten von Gegenständen, die großen Fundamente der Bauten und der Reichtum der königlichen Grabstätten. Zu jener Zeit erreichte die Kunstfertigkeit der Sakralbronzen ein außergewöhnlich hohes künstlerisches und technisches Niveau, dank der wachsenden Nachfrage nach rituellen Gegenständen und Grabbeigaben seitens des Adels. In der Nähe der Hauptstadt legte man zahlreiche Gießereien frei, die größte erstreckt sich auf einer Fläche von 5000 m². Die Herstellung der Bronzen wurde in großem Stil betrieben. In dem

191 oben *Ein spiralig aufgerollter Drache mit vorspringenden Augen und großen flaschenförmigen Hörnern erhebt sich drohend auf dem Deckel dieses herrlichen Behälters für alkoholische Getränke vom Typ* lei. *Er stammt aus dem 11.–10. Jahrhundert v. Chr. (Westl. Zhou)*

1976 entdeckten Grab der Fu Hao, einer Gemahlin des Königs Wu Ding, fand man unter den Grabbeigaben auch 466 Bronzen: 195 Sakralbronzen und 271 weitere Objekte wie Waffen, Glocken, reich verzierte Spiegel und Werkzeuge. Unter den Ritualgefäßen, die zum größten Teil für alkoholische Getränke bestimmt waren, befanden sich 93 *gu*-Kelche und *jue*-Tripoden. Besonders interessant sind zwei eindrucksvolle *fangding* (80 cm hoch, 120 kg schwer) und einige Behälter von ungewöhnlicher Form.

Viele Vasen der Shang-Dynastie in Anyang zeigen Gemeinsamkeiten: das wuchtige, manchmal beeindruckende Aussehen und die reichen Dekorationen. Der größte bisher entdeckte *fangding* (133 cm hoch, 875 kg schwer) ist der von Xi Mu Wu. Man schätzt, dass 3000 Künstler an dem Gefäß arbeiteten. Man benötigte mindestens 700 Schmelztiegel gleichzeitig, um die flüssige Legierung zügig in die Tonformen zu füllen, bevor das Metall sich verfestigte.

Die Bronzen der Shang-Dynastie sind sehr sorgfältig gearbeitet. Die Wände der

192 oben Diese einzigartige Öllampe zeigt einen Diener, der zwei gehörnte Schlangen packt. Der Kopf des Mannes ist aus Silber, die Augen bilden zwei schwarze Schmucksteine. Das Bronzekleid, dessen Vertiefungen Spuren von schwarzem und rotem Lack aufweisen, ist mit Spiralen und Wolken verziert. (Östl. Zhou, Streitende Reiche)

192 unten Die Form und der Dekor dieses eleganten Speisegefäßes (fanghu) spiegeln die neuen ästhetischen Tendenzen wider, die gegen Mitte der Zhou-Zeit entstanden, als die Sakralbronzen ihre symbolische und rituelle Bedeutung verloren hatten. (Östl. Zhou, Streitende Reiche)

Gefäße sind dicker und die Formen wurden wesentlich verändert, was zu neuen Gestaltungsmustern führte. Die Verzierungen, detaillierter und kunstvoller ausgeführt, bedecken fast die gesamte Oberfläche der Stücke. Motive wie *leiwen* oder *huiwen* wurden geschaffen. Es handelt sich dabei um Spiralen, versetzte Spiralen, Wolken, Rhomben, Dreiecke, Wirbel, flächige Blätter, Maserungen von Blattwerk und vierblättrige Blumen. Immer häufiger wurden Tierdarstellungen, zum Beispiel Ochsen, Schlangen, Tiger, Fische, Vögel, Schildkröten, Zikaden, Seidenraupen und Fantasietiere wie Drachen und Phönixe. Eine bedeutende Rolle spielten auch das *taotie*-Motiv und der *long*-Drache, ein zoomorphes Wesen, das sich um ein riesiges Auge herum entwickelt, als sei es im Profil dargestellt. Oft hatten diese Wesen weit aufgerissene Augen und Fänge, als würden sie Furcht erregend brüllen. Manchmal scheinen sie durch ihre vollplastische

192–193 Zur Zeit der Östlichen Zhou-Dynastie waren die zun-Gefäße in Form von Tieren, wie dieses herrliche Bronzerhinozeros mit Wolkenmotiven, weit verbreitet. Rhinozeros und Elefant waren im alten China, vor allem im Süden, ein äußerst beliebtes Motiv. (Östl. Zhou, Streitende Reiche)

193 Die Behälter und Duftlampen in Form kraftvoller Tiere, die oft mit Gold- oder Silberintarsien versehen sind, zeigen die große Fertigkeit der Bronzegießer zur Zeit der Streitenden Reiche und des Ersten Kaiserreiches. (Östl. Zhou, Streitende Reiche)

Darstellung aus dem Korpus herauszutreten. Menschliche Gesichter wurden hingegen nur selten abgebildet. Einige Sakralbronzen, die aus der späten Shang-Zeit datieren, sind mit kurzen Inschriften versehen, die den Klan des Eigentümers oder des Ahns nennen, zu dessen Ehren der Gegenstand gegossen wurde. Gegen Ende der Dynastie begann man, auf dem Gefäß den Anlass der Herstellung festzuhalten.

Nach Meinung einiger Wissenschaftler wurden die zoomorphen Darstellungen auf den Bronzen der Shang-Dynastie als dekorative Elemente mit großer visueller Wirkung entworfen und waren dazu bestimmt, beim Betrachter durch ihr drohendes und erschreckendes Aussehen Furcht und Respekt hervorzurufen. Andere glauben, dass diese Dekors angesichts der engen Beziehung zwischen Kunst, Religion und Politik die Gottheiten gnädig stimmen sollten. Tiere und mythologische Wesen waren mächtige Verbündete, derer sich die Schamanenpriester bedienten, um mit den Gottheiten und den Geistern der

Ahnen im Jenseits Verbindung aufzunehmen. Der Kontakt mit dem Jenseits wurde durch bestimmte Riten hergestellt, bei denen die Schamanen zu Trommel- und Bronzeglockenklängen sangen und tanzten, Tiere segneten und Speisen und Getränke zu sich nahmen, bis sie in Trance fielen. In diesem Zustand gelangten sie in eine andere Sphäre, in der sie mit Gottheiten und Geistern kommunizieren konnten. Die auf den Gefäßen und Musikinstrumenten dargestellten Tiere dienten also den Schamanen als Medium, das sie die Grenze zwischen Diesseits und Jenseits überschreiten ließ. Mit dem Jenseits Verbindung aufzunehmen, war allein den Schamanen von königlichem Geblüt vorbehalten, also kein unwesentlicher Faktor bei Erhalt und Rechtfertigung der politischen Macht der herrschenden Klasse.

Fundstücke, die vor kurzem im Süden Chinas entdeckt wurden und aus dem 13.–11. Jahrhundert v. Chr. datieren, belegen die Existenz hoch entwickelter Bronzekulturen, die von großer Originalität zeugen. Sie entfalteten sich jedoch in Gebieten, die nicht dem direkten Einfluss der Shang-Dynastie unterlagen. Ein märchenhafter Grabschatz, der aus über 450 Bronzen besteht (50 Gefäße, vier Glocken, verschiedene Waffen und Werkzeuge) sowie aus einer beachtlichen Anzahl an Keramiken (356), Jadeobjekten (150) und anderen Werkstücken, wurde 1989 in einem Grab aus dem 13. Jahrhundert v. Chr. bei Dayangzhou, Distrikt Xin'gan, in Jiangxi freigelegt. In zwei aus dem 12. Jahrhundert v. Chr. stammenden Opfergruben, die 1986 in Sanxingdui, nahe Guanghan

194–195 Drachen und Phönixe, mythische Tiere, die seit frühester Zeit in chinesischen Darstellungen erscheinen, verflechten sich zu diesem ungewöhnlichen bronzenen Tischgestell mit Gold- und Silberintarsien. Drache und Phönix waren Symbole für Wohlstand und ein günstiges Geschick. (Östl. Zhou, Streitende Reiche)

(Sichuan), entdeckt wurden, fand man über 900 Gegenstände aus Gold, Bronze, Jade, Stein und Keramik, die bewusst zerbrochen und verbrannt worden waren, bevor man sie vergrub. Sie deuten auf eine hoch entwickelte Zivilisation hin, für deren Existenz es bisher keine Hinweise gab und über die man auch heute noch zu wenig weiß, um sich ein genaues Bild machen zu können. Neben Sakralbronzen, deren Dekors an den typischen Stil von Hunan erinnern, fand man einige sehr große Bronzeskulpturen: drei Bäume – einer davon 4 m hoch – und 20 Fantasiemasken mit riesigen Ohren, großen Augen mit vorspringenden Pupillen und einem Höcker, der sich auf der Nase erhebt. Auch entdeckte man Dutzende großer Köpfe mit menschlichen Gesichtszügen, die teilweise mit Blattgold bedeckt sind, sowie die Statue einer mysteriösen Gestalt, vielleicht eines Schamanen. Diese Statue steht auf-

195 *Dieses seltsame Tier, aus Bronze im Wachsausschmelzverfahren gegossen, bildete mit einem weiteren, das man neben ihm fand, den Sockel für ein Instrument, vielleicht eine Trommel. Die ausdrucksstarken Züge und die lange, heraushängende Zunge sind typische Elemente der darstellenden Kunst der Chu-Kultur. (Östl. Zhou, Frühling- und Herbst-Periode)*

recht auf einem Podest, das die Form eines Elefantenkopfes hat und misst insgesamt 262 cm. Diese Fundstücke gehören zu den wenigen Bronzestatuen in Menschengestalt, die aus der vorkaiserlichen Zeit datieren. Die Schriften erzählen von riesigen Statuen, die ca. 1000 Jahre später gegossen wurden, entweder unter Qin Shi Huangdi im Zuge der Vereinigung des Kaiserreiches oder unter Herrschern der Han-Dynastie, aber bis heute hat man keine dieser Statuen gefunden.

196 Ein Reiter aus massivem Gold auf dem Rücken seines Pferdes – vielleicht der Verstorbene – schmückt den Deckel dieses Behälters und ist typisch für die Dian-Kultur. (Westl. Han)

Zur Zeit der Westlichen Zhou-Dynastie entstanden immer mehr Gießereien, auch dank der neuen Matrizentechnik, mit deren Hilfe Gefäße aus einem Guss und in Serie hergestellt werden konnten. Folglich gab es in dieser Zeit wesentlich mehr Bronzen als in den vergangenen Epochen. Zu Beginn der Dynastie wurde der Stil beibehalten, der vor allem auf Shang-Traditionen basierte, und mit eigenen Elementen der Zhou-Dynastie kombiniert. Im Lauf der Zeit änderten sich jedoch die Bräuche. Die rituellen Gefäße erhielten schrittweise andere Funktionen und wurden immer häufiger zu Erinnerungsstücken. Wichtige politische Ereignisse, Ehrungen durch den Herrscher und Zuteilungen von Land oder Vermögen waren Gelegenheiten, die Herstellung einer Bronze in Auftrag zu geben, um diese Ereignisse für die Nachwelt zu dokumentieren. Neue Zeremonien, die durch eine bei der Shang-Dynastie unbekannte Moral entstanden, waren für den schwindenden Gebrauch alkoholischer Getränke bei rituellen Handlungen verantwortlich. Die Folge war, dass *jue-* und *jia*-Gefäße sowie *gu*-Kelche immer seltener als Grabbeigaben gewählt wurden und schließlich ganz verschwanden. Gegen Ende der Dynastie gerieten auch die *zhi-*, *you-* und *zun*-Gefäße in Vergessenheit. Jedoch produzierte man immer mehr Kochgeschirr, vor allem

196–197 Die Darstellung von Tieren, vor allem von Rindern und Katzen, ist typisch für die südliche Dian-Kultur, die ihre Blütezeit zwischen dem 4. und 1. Jahrhundert v. Chr. in der Gegend des Sees Dianchi (Yunnan) erlebte. Die hier abgebildete Gruppe eines Tischtabletts für rituelle Opfergaben hat sehr große Ausdruckskraft. (Östl. Zhou, Streitende Reiche)

vom Typ *ding*. Für die Aufbewahrung von Lebensmitteln dienten meist *gui*-Behälter, die viele Veränderungen erfuhren, wie *gui* auf Podesten (das eigentliche Gefäß mit runder Grundfläche wurde auf einem quadratischen Podest befestigt), *gui* mit vier Henkeln oder reich verzierte *gui* mit zwei oder vier Henkeln, die größer sein konnten als das Gefäß selbst. Schließlich entwickelte man eine Variante des *jue*, auf vier Füßen in Form von Messerklingen. Auch die Typen *ding*, *zun*, *you* und *zhi* wurden abgewandelt. Manche erhielten zoomorphe, dreidimensionale Formen. *Yu*-Pokale, *pan*-Schalen und *xian*-Vasen erhielten charakteristische Formen und für Lebensmittel führte man die *fu*-, *xu*- und *yi*-Behälter ein. *Bo*- und *ling*-Glocken blieben erhalten, aber die *nao*-Glocken wurden durch die Form *yong* ersetzt, die mit der Öffnung nach unten aufgehängt wurde. Zuvor befestigte man solche Glocken mit der Öffnung nach oben auf einem speziellen Gestell und schlug sie von außen an.

Die *taotie*-Maske, die zu Beginn der Dynastie weit verbreitet war, verlor allmählich an Bedeutung und neue Ornamente entwickelten sich. Es entstanden Motive von Vögeln, oft mit Kamm und hängenden oder zusammengerollten Federn, mit langen, um den Körper geschlungenen Schwänzen und nach hinten gedrehten Köpfen. Immer häufiger bildete man Elefanten ab, meist in naturalistischer Pose, was sie lebhaft, ja fast graziös wirken ließ. Die Ornamente wurden harmonischer und das Repertoire wurde bereichert durch ineinander verschlungene Ringe, aber auch durch Fischgräten- und Kachelmuster sowie durch Wellenlinien, die oft wie flatternde Bänder aussehen.

Es entstanden immer mehr und immer längere Inschriften, die Dokumente von unschätzbarem historischem Wert darstellen, vergleichbar mit den Inschriften auf Knochen und Schildkrötenpanzern aus der Shang-Zeit. Man schätzt, dass über 3000 Bronzen mit Inschriften aus jener Zeit datieren. Die längste besteht aus 497

198 links *Ein Aufsatz in Form des heiligen Berges bildet den Abschluss dieses wundervollen Weihrauchfasses aus vergoldeter und versilberter Bronze. Sein Fuß hat die Form eines Bambusstabes, der aus dem Rachen eines Drachens herausragt. Am oberen Ende wird der Aufsatz von drei Drachen gehalten. (Westl. Han)*

Schriftzeichen und ziert ein *ding* des Herzogs von Mao. Eine *bo*-Glocke des Grafen von Chi trägt 492 Schriftzeichen. Einige Inschriften sind von hohem literarischem Wert, wie die auf einer *pan*-Schale, die 110 Schriftzeichen umfasst und in Gedichtform von den Heldentaten des Königs Xuan der Zhou-Dynastie im Kampf gegen die barbarischen Xianyuan erzählt.

Zu Beginn der Östlichen Zhou-Dynastie begannen die Sakralbronzen an Bedeutung zu verlieren, doch als Symbol für politisches Ansehen behielten sie ihren Stellenwert. Man stellte immer mehr Bronzeobjekte her, die die Aristokratie für den täglichen Gebrauch benutzte. Neue Glocken des Typs *jia, niu, ge* und *xing* wurden geschaffen. Man entwickelte Legierungen, die bei hohen Temperaturen flüssiger wurden. Es kamen vermehrt neue Techniken zum Einsatz, wie das Wachsausschmelzverfahren, das allein oder in Verbindung mit der traditionellen Technik angewendet werden konnte. Das Gießen in Stückformen blieb allerdings das bevorzugte Verfahren.

Aus dieser Zeit datiert die Entdeckung des Tempergusses. Nahe Changsha fand man Stahlschwerter mit einem Kohlenstoffanteil von 0,5–0,6 Prozent. Darüber hinaus verbesserte man die Präge-, Niet- und Schweißtechniken und es entwickelte sich die Einlegetechnik, sodass die Künstler nun Gefäße, Kelche, Spiegel, Amphoren für rituelle Waschungen, Schalen und Schmuckstücke mit eleganten Intarsien dekorieren konnten. Dank dieser Fortschritte wurden die Verzierungen immer ausgefeilter und es entstanden immer

198 oben rechts und 199 oben links *Dieses bronzene Leopardenpaar mit Gold- und Silberintarsien ist Teil des Grabschatzes der Prinzessin Dou Wan, Gemahlin des Prinzen Liu Sheng von Zhongshan. Der Han-Adel sammelte mit Vorliebe wertvolle und ausgewählte Dinge, darunter auch antike und fremdländische Objekte. Diese aus tausenden Stücken bestehende Sammlung begleitete die Adeligen ins jenseitige Leben. (Westl. Han)*

199 oben rechts Dieses mit Gold verzierte hu-Bronzegefäß für Getränke stammt, zusammen mit einem ähnlichen zweiten, aus dem Grab des Prinzen Liu Sheng. Die Oberfläche ist mit goldenen Schriftzeichen im „Vogelstil" bedeckt, der sich ursprünglich im südlichen Reich von Yue entwickelt hatte. (Westl. Han)

198 unten rechts Gesicht und Gewand dieses knienden Dieners, der eine Öllampe trägt, zeigen, dass er kein Chinese ist, sondern vielleicht ein Xiongnu. Auf der gesamten Oberfläche finden sich Spuren von Malachit, Cuprit und Azurit. (Westl. Han)

199 unten Dieses herrliche zhong-Gefäß aus Mancheng, wo sich die Gräber des Prinzenpaares Liu Sheng und Dou Wan befinden, ist vollkommen mit Gold- und Silberintarsien verziert. Den Dekor bilden vier wogende Drachen vor einem Wolkenhintergrund. (Westl. Han)

mehr Motive. Die Grundmotive bilden gewundene, geometrische Muster, vierfache Wirbel sowie Friese mit großen Blättern, Serpentinen, Vögeln, Schlangen und Drachen. Flechtdekors gehören zu den häufigsten Motiven. Sie wurden mit der Zeit zu einem festen dekorativen Bestandteil und bestehen aus zoomorphen, mehr oder weniger realistischen Wesen, deren Körper sich nach einem sich stets wiederholenden Schema verflechten und ein dichtes, endloses Netz bilden, in dem die einzelnen Figuren nur noch schwer zu erkennen sind. Zu dieser Zeit entstanden auch die mit Perforierungen verzierten Werke.

Typisch für die Periode der Streitende Reiche ist die Serienproduktion von Gusseisenwerkzeugen für den Ackerbau wie Harken, Spitzhacken und Sicheln. Auch Äxte, Meißel und Metallteile für Karren wurden serienmäßig aus Gusseisen produziert. Die gesellschaftlichen Veränderungen hatten tief greifende Auswirkungen auf die Religion. Die Sakralbronzen wurden zu Profankunst, ein reines Symbol für Wohlstand und Macht.

Gieß- und Bearbeitungstechniken entwickelten sich weiter. Die Dekors wurden durch neue Verfahren immer vielfältiger.

Man kannte die Gravur, die Ziselierung, die Vergoldung und Intarsien, nicht nur aus Kupfer, sondern auch aus Silber und Gold. Es mehrten sich die – oft stilisierten – Darstellungen von realistischen Tieren und Fantasiewesen, die jedoch nicht mehr den mystischen und erschreckenden Anblick boten wie in vergangenen Zeiten. Nachdem die religiösen Themen an Bedeutung verloren hatten, stellte man erstmals Alltagsszenen dar. Der Ornamentenreichtum und die technische Virtuosität in dieser Zeit waren einmalig. Die Intarsien aus Kupfer, Silber, Gold, Malachit und Türkis ermöglichen farbige Dekors, die an die Eleganz und den Reichtum von Brokatstoffen erinnern. Die Regierungszeit von Jin gilt als Ursprung der Kunst in der Zhou-Zeit. Die Perfektion bei der Bronzeherstellung erreichte ein bislang unvorstellbares Niveau. Die Tradition der *taotie*-Masken, die in Vergessenheit geraten waren, lebte wieder auf. Sie wurden oft zusammen mit verflochtenen Drachen dargestellt. Lokale künstlerische Traditionen erhielten immer mehr Gewicht, vor allem in den südlichen Gebieten zwischen den Flüssen Han und Huai. Auch das südliche Reich der Chu spielte eine herausragende Rolle und beeinflusste die angrenzenden Fürstentümer aufgrund seiner hohen künstlerischen Qualität.

221 v. Chr. war die Zhou-Dynastie zu Ende und es begann die Kaiserzeit mit

200 oben *Die Tiere auf dem Rand dieses Spiegels symbolisieren die Himmelsrichtungen und die Jahreszeiten: der Drache des Ostens (Frühling), der Phönix des Südens (Sommer), der Tiger des Westens (Herbst) und die Schildkröte des Nordens umschlungen von der Schlange (Winter). In der Mitte sind unten die heiligen Berge der Unsterblichen zu sehen, links die Göttin Xiwangmu, die „Königinmutter des Westens", und rechts der Hase, das Symbol für den Mond. Er zerstampft den Mond in einem Mörser unter dem Kassienbaum, der aus dem Maul einer Kröte wächst. In diese Kröte hatte sich Chang E verwandelt und Zuflucht auf dem Mond gefunden, nachdem sie das Elixier der Unsterblichkeit geraubt hatte. (Tang)*

200 unten *Natürlichkeit charakterisiert dieses bronzene Weihrauchfass in Form einer Schildkröte. Gold- und Silberintarsien bilden den Dekor. Der behäbige Gang und der neugierige, doch ruhige Ausdruck sind meisterlich getroffen. (Han)*

Qin Shi Huangdi, dem Ersten Erhabenen Kaiser der Qin-Dynastie. Zur Zeit der Han-Dynastie erfuhr die Herstellung von Luxusgegenständen des täglichen Lebens, zum Beispiel mit Gefäßen, Lampen, Spiegeln, Duft- und Weihrauchlampen einen letzten glanzvollen Höhepunkt. Die Bronzeherstellung wurde zwar nicht eingestellt, aber ihr Niedergang war unaufhaltsam, denn das Niveau sank und die Produktion wurde reduziert. Außerdem wurden Bronzen immer teurer, weil man das Kupfer für die Münzprägung benötigte. Kaiser Wen (179–157 v. Chr.) verbot sogar die Verwendung von Bronze bei der Herstellung von Gefäßen und Dingen des täglichen Bedarfs. Bei Waffen und Werk-

201 links Zur Zeit der Tang-Dynastie genoss der Drache, das Symbol des Kaisers, großes Ansehen bei den Taoisten. Er wurde stets mit der fantastischen Welt der Unsterblichen in Verbindung gebracht. Dieses mythische Tier verehrten die Chinesen derart, dass Kaiser Xuanzong im Jahr 714 den Kult der Fünf Drachen einführte. (Tang)

201 rechts Bronze war das Material, das sich für das Gießen von Kultstatuen am besten eignete. Oft wurden die Statuen auch vergoldet, wie der hier abgebildete sitzende Buddha. (Tang)

zeugen hatte sich ohnehin bereits das Eisen durchgesetzt. Die Härtungstechnik machte Schwerter und Dolche haltbarer, man konnte sie besser schleifen und somit waren sie nützlicher als Bronzeklingen.

Die Zeit der Bronzen war vorüber und es dauerte einige Jahrhunderte, bis dieses Metall wieder an Bedeutung gewann, auch diesesmal aus religiösen Gründen. Man schuf jetzt wunderbare, oft vergoldete Bilder, Altarzubehör und Gefäße für den Buddhakult. Eine erneute Blüte erlebte die Bronze mit den herrlichen *sheng-shou*-Spiegeln (mit Darstellungen von Gottheiten und Tieren). Sie waren mit mythologischen Gestalten, wie Xiwangmu, der „Königinmutter des Westens", oder Dongwanggong, dem „Königsvater des Ostens", verziert. Sie entstanden in der Zeit der Drei Reiche und der Östlichen Jin-Dynastie. Zur Zeit der Tang-Dynastie gab es dann silberig weiße Spiegel, reich verziert mit mythologischen Motiven oder Weintrauben, Blumen und Vögeln sowie mit Drachen und anderen Fantasiewesen oder realistischen Tieren. Die ursprünglich als Höhepunkt für magisch-rituelle Zeremonien entworfenen Bronzen blieben ein Symbol für die altchinesische Tradition, sowohl aufgrund ihrer imposanten Ausmaße und eindrucksvollen Formen als auch aufgrund der reichen Verzierungen, in denen sich jahrhundertelang die Mythologie widerspiegelte.

GOLD UND SILBER

Die ersten Gold- und Silberarbeiten, die bisher in China entdeckt wurden, stammen aus dem 2. Jahrtausend v. Chr. In Grabstätten der Qijia- und der Huoshaogou-Kultur hat man bis heute die ältesten Gegenstände und Schmuckstücke aus Edelmetallen gefunden. In China gibt es Goldadern und Goldminen *(placer)*. In der Antike bediente man sich überdies der in den Tälern durch Regenwasser oder von Flüssen angeschwemmten Goldvorkommen. Silber hingegen musste man aus den Bergen herausschlagen. Folglich war es in der Bronzezeit weitaus seltener als Gold und wurde seltener verarbeitet. Erst gegen Ende der Zhou-Dynastie und vor allem ab Beginn der Han-Dynastie gewann Silber an Bedeutung. In China genossen Gold und Silber jedoch nie den hohen Stellenwert, den sie in der westlichen Welt einnahmen. Jade- und Bronzearbei-

202 Diese kleine Truhe aus vergoldetem Silber stammt aus der Reliquienkammer des buddhistischen Klosters von Famen aus der Zeit der Tang-Dynastie. Sie wurde nach dem Zerfall der Steinpagode, die 1609 erbaut worden war, entdeckt. Die Truhe gehört zu einer Arbeit, die insgesamt aus acht Teilen besteht. Alle Teile waren in Seide gewickelt und zusammen in einem großen Sandelholzkoffer verwahrt. Dieser ist mit Schnitzereien, die Buddha und seine Anhänger darstellen, verziert. (Tang)

ten waren von größerem Wert. Gold wurde vor allem zu Schmuck verarbeitet. Funde dieser Art aus der Shang-Zeit stammen aus Gaocheng (Hebei) und Shilou (Shanxi). Es handelt sich dabei um Ohrgehänge und Haarkämme aus getriebenem Gold. Eine aus Gold gegossene Haarnadel mit einem Feingehalt von 85 Prozent und einem Gewicht von 108,7 g entdeckte man in Pinggu (Henan). Das in verschiedenen Shang-Gräbern gefundene Blattgold, das weniger als 1 mm dick ist, zeigt, mit welcher Fertigkeit die Künstler jener Zeit dieses weiche Metall bearbeiteten. Zahlreiche Schnallen und Schließen aus Gold und vergoldeter Bronze mit Gold- und Silberintarsien stammen von

der Zhou-Dynastie. Neben Schmuck begann man, auch andere Luxusgegenstände herzustellen. Ein wertvoller Fund in Form einer goldenen Dose für Speisen, die dem Grafen Yi von Zeng gehörte und aus der zweiten Hälfte des 5. Jahrhunderts v. Chr datiert, wurde in Leigudun (Hubei) entdeckt. Das Stück wurde in einzelnen Teilen gegossen und zusammengeschweißt. Es hat einen Feingehalt von 98 Prozent und wiegt 2 156 g.

Gegen Ende der Zhou-Dynastie verwendete man im Chu-Reich Gold auch für die Münzprägung. Zur Zeit des Ersten Kaiserreiches fertigte man unterschiedliche Gegenstände aus Gold und Silber. Von ausnehmender Schönheit ist ein Leopard aus massivem Gold, der 9 kg wiegt und 1982 in Nanyaozhuang (Jiangsu) entdeckt wurde.

Aufgrund des Einflusses der zentralasiatischen Kunst übernahmen die chine-

202–203 oben Im alten China gab es nur wenige Arbeiten aus massivem Gold, das vor allem für Siegel bestimmt war. Man bevorzugte Gold in Kombination mit anderen Metallen wie Bronze oder Silber sowie für die Filigran- und Durchbruchtechnik und das Granulieren. Deshalb ist dieser 9 kg schwere, massive Leopard ein außergewöhnliches Stück. (Westl. Han)

202–203 unten
Dieser große goldene Topf mit Deckel und Schöpfkelle diente vermutlich als Suppenschüssel. Er wurde zusammen mit einer goldenen Tasse unter dem Sarkophag des Grafen Yi von Zeng entdeckt. Die mit Löchern versehene Kelle sollte vermutlich die Speisen von der Brühe trennen. Dieses Geschirr war dazu bestimmt, dem Grafen im Jenseits gute Dienste zu leisten. (Östl. Zhou, Streitende Reiche)

203 Diese kleine Dose in Melonenform mit Deckel besteht aus vergoldetem Silber. Sie ist aus acht aneinander geschweißten Teilen zusammengesetzt und mit goldenen Vögeln und Weinranken in Form einer Treibarbeit geschmückt. (Tang)

203

204 oben Diese goldene Kanne ist reich verziert mit typischen Tang-Motiven: Ranken, zwischen denen Lotosblüten und Mandarinenten zu sehen sind, und ein Lotosblätterrelief. Am Henkel hält eine kleine Schildkröte die Kette, die mit dem Deckel verbunden ist, der die Form einer Lotosknospe hat. (Tang)

204 unten Diese goldene achteckige Tasse spiegelt deutlich den persischen Einfluss auf die Tang-Kunst wider. Die als Basrelief gearbeiteten Tänzer tragen mittelöstliche Züge, während die Instrumente, die sie spielen, zweifellos chinesischen Ursprungs sind. (Tang)

204–205 Enten, die schwimmen oder ruhig auf Granatäpfeln oder Lotosblumen sitzen, bilden den Dekor dieser herrlichen Silberschale mit Goldgravuren. Sie war der Tribut eines Beamten an den Kaiserhof der Tang-Dynastie, der sie seinerseits dem Kloster in Famen schenkte. (Tang)

sischen Goldschmiede zu dieser Zeit neue Techniken, wie die Filigrantechnik und das Granulieren. Ihren Höhepunkt erreichten die Gold- und Silberarbeiten im Zweiten Kaiserreich. Elektron, eine Gold-Silber-Legierung, die auch natürlich vorkommt, war ebenfalls beliebt.

Der kaiserliche Adel der Tang-Dynastie und die reiche Aristokratie gaben der Goldschmiedekunst bemerkenswerte Impulse, die die zentralasiatische Metall verarbeitende Tradition, die am Hofe sehr geschätzt war, wieder aufleben ließen. So entwickelte sich ein neuer Stil, der auf Krügen und Pokalen, teilweise auf Säulen stehend, zum Ausdruck kam. Die traditionellen chinesischen Motive und die typischen Stilelemente aus Zentralasien, Persien und Indien wurden in perfekter Harmonie miteinander verwoben. Es entwickelten sich viele Techniken, die es ermöglichten, Stücke von großem Wert und bester Verarbeitung zu fertigen. Neben der Gießerei wandte man auch die Ziselierung, die Treib- und Prägetechnik, das Prägen von Scheinreliefs (eine Kombination aus Präge- und Treibtechnik) und die Gravur an.

1983 wurden bei Grabungen in Dingmaoqiao (Jiangsu) 956 Silberarbeiten entdeckt. Im selben Jahr legte man in Fufeng (Shaanxi) zwischen den Fundamenten der Pagode des Buddhatempels von Famen einen Palast frei, der durch die Jahrhunderte unversehrt geblieben war. Er barg Reliquien und Votivgaben, darunter vier Fingerglieder, die verehrt wurden, weil man glaubte, sie gehörten zu Buddhas Hand. Außerdem barg man 121 Kultgegenstände aus Gold und Silber, die größtenteils Geschenke der Kaiser Yizong (859–873) und Xizong (873–888) waren.

206 Dieser goldene Schwertgriff aus dem 4. Jahrhundert v. Chr. wurde im Wachsausschmelzverfahren gegossen, das im 5. Jahrhundert v. Chr. in China eingeführt wurde. Er ist das beste Beispiel für den „pittoresken" Stil der Goldschmiedekunst in Henan. Bemerkenswert ist das perfekte Gleichgewicht zwischen Leer- und Massivräumen, die durch die Verschlingung der Drachen entstehen. (Östl. Zhou, Streitende Reiche)

207–210 Die Kunst der Steppenvölker, insbesondere die der Völker im südlichen Sibirien und in der Mongolei, hatte großen Einfluss auf die Kunst der Han-Dynastie. Typisch für die Xiongnu-Kultur sind die rechteckigen Platten mit Darstellungen von Wildtieren, oft Mischwesen aus Bären und Wölfen, die Pferde oder andere Tiere anfallen. (Westl. Han)

211 *Zur Zeit der Nördlichen Dynastien waren importierte Objekte, vor allem aus Metall oder Glas, sehr beliebt. Diese Kanne aus vergoldetem Silber, die in einem Grab aus dem Jahr 569 gefunden wurde, könnte sassanidischen Ursprungs sein oder aus Baktrien stammen, wenn man die Akanthusblätter und den klassischen Stil der Figuren, die griechisch inspiriert sind, betrachtet. (Nördl. Qi)*

Ton oder Holzkohlenstaub vermischt wurde. Dank dieses Verfahrens konnte man ab dem 6. Jahrhundert herrliche Statuen buddhistischer Gottheiten fertigen. Sobald der Überzug trocken war, wurde das Modell entfernt und durch eine leichtere Stützform ersetzt. Anschließend brachte man erneut lackierte Stoffbahnen auf, die der Künstler nach dem Trocknen bemalte oder vergoldete. Um die Grundfarben zu verändern wurden Mineral- oder Pflanzenpigmente untergemischt. Die dominierenden Farben waren Rot und Schwarz, aber auch Braun und Gelb fanden Verwendung. Nach und nach konnten die Künstler dann Dunkelbraun, Grün, Blau, Weiß, Gold, Silber und neue Rot- und Gelbtöne herstellen. Die Arbeiten wurden mit Lackfarben bemalt oder mit einer dünnen Nadel graviert. Bei der *pingtuo*-Methode brachte man auf die Lackfläche Blattgold und -silber auf, das mehrmals mit transparentem Lack überzogen wurde. Eine in Japan populäre Methode bestand darin, Goldstaub auf den Lackuntergrund zu streuen. Einige Objekte wurden mit Intarsien aus Metall, Edelsteinen, Glas oder Bergkristall dekoriert.

Zur Zeit der Tang-Dynastie entwickelte sich die Schnitzerei, die mit Beginn der

214–215 Im 4. Jahrhundert v. Chr. entwickelte sich im Süden die Holzskulptur, die vor allem Tiere – manchmal mit langen Hörnern und oft mit heraushängender Zunge – darstellt. Zu dieser Tradition gehören auch diese beiden Kraniche mit überlangen Hälsen, die zwischen zwei Schlangen stehen. Die Skulptur ist aus lackiertem und bemaltem Holz und diente vermutlich als Ständer für ein Musikinstrument. (Östl. Zhou, Streitende Reiche)

215 oben In dieser kleinen Truhe wurden die Purpurgewänder des Grafen Yi von Zeng aufbewahrt, die jedoch nicht erhalten blieben. Man fand die geöffnete Truhe im Wasser treibend im Grab des Grafen. (Östl. Zhou, Streitende Reiche)

215 unten Auf der einen Seite dieser ungewöhnlichen Dose in Form einer Ente ist ein Krieger abgebildet, der zu den Klängen einer großen Trommel tanzt. Auf der anderen Seite ist ein Schamane zu sehen, der eine Bronzeglocke anschlägt. An dem Gestell in Form einander gegenüberstehender Tiere hängt eine weitere Glocke. (Östl. Zhou, Streitende Reiche)

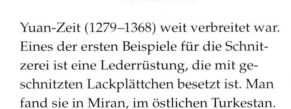

216 oben *Dieses lackierte Holztablett hat einen Durchmesser von 53,7 cm und stammt aus Mawangdui. Rote und schwarze Bänder bilden den Dekor. Die schwarzen Bänder sind mit den charakteristischen Wolkenspiralen in intensivem Rot verziert. (Westl. Han)*

216 unten *Wolkenspiralen und Girlandenwirbel zieren dieses herrliche lackierte zhong-Gefäß, das für alkoholische Getränke bestimmt war. Die Erfahrung der chinesischen Archäologen ermöglichte es, die Lackarbeiten, die im Ersten Kaiserreich immer häufiger den Gräbern beigegeben wurden, zu erhalten. (Westl. Han)*

Yuan-Zeit (1279–1368) weit verbreitet war. Eines der ersten Beispiele für die Schnitzerei ist eine Lederrüstung, die mit geschnitzten Lackplättchen besetzt ist. Man fand sie in Miran, im östlichen Turkestan.

Die vielen unterschiedlichen Techniken und Materialien erlaubten es den Künstlern, wertvolle und originelle Arbeiten zu fertigen. Dies beweisen die über 200 Lackarbeiten, die man in Leigudun (Hubei) fand, und die zahlreichen Objekte die nahe Changsha (Hunan) in Mawangdui entdeckt wurden. Darauf finden sich stilisierte Drachen und Vögel, die sich wiederholen, bis sie sich in geometrischen Motiven wie Spiralen, Wolken und Wellen auflösen, sowie filigrane Formen, die Arabesken bilden, die die Ornamente vervollkommnen und einrahmen. Diese Lackarbeiten erinnern stark an die Dekors der Sakralbronzen. Häufig sind Tiere, Fantasie- und Mischwesen dargestellt, wie zum Beispiel bei den Gemälden auf den Sarkophagen aus Leigudun oder Mawangdui, die auf Persönlichkeiten von hohem magisch-religiösem Rang hinweisen. Die glänzende Oberfläche der Lackarbeiten und das entsprechende Material unterstreichen die Brillanz und Lebhaftigkeit der Farben. Die abgebildeten Figuren heben sich klar vom einfarbigen Untergrund ab und in vielen Fällen wird die künstlerische Fertigkeit vor allem anhand der feinsten Details der Arbeiten deutlich.

217 *Die acht Tassen mit Ohrenhenkeln (erbei), die sich in der he-Dose befanden, bilden ein Service, das sowohl für Speisen als auch für alkoholische Getränke verwendet wurde. Dose und Tassen sind aus lackiertem Holz und weisen reiche Verzierungen auf. (Westl. Han)*

216–217 *Man vermutet, daß dieses rechteckige Tablett aus Mawangdui als kleiner Tisch diente. Sein Dekor entspricht der Verzierung des auf Seite 216 abgebildeten runden Tabletts. Man speiste, auf weichen Kissen sitzend, am Boden, wie es auch heute noch in einigen asiatischen Ländern Brauch ist. (Westl. Han)*

218 Diese Schachtel ist in pingtuo-Technik gefertigt, die für die Han-Dynastie eher untypisch ist. Das Stück wurde lackiert und mit mehreren dünnen Schichten aus Blattgold und -silber dekoriert. Anschließen wurde eine transparente Lackschicht aufgetragen. (Westl. Han)

218–219 Im Chinesischen steht das Wort yu in verschiedenen phonetischen Variationen sowohl für Fisch und für Überfluss als auch für das männliche Geschlechtsteil. Fisch und Wasser repräsentieren sexuelle Harmonie. Reichtum und Fruchtbarkeit werden hier also von den Fischen symbolisiert, die um die Blätter in der Mitte – Symbol für ein langes Leben – schwimmen. (Westl. Han)

219 oben Große stilisierte Wolken und einfache Spiralmotive bilden den harmonischen Dekor dieses lackierten Holzgefäßes vom Typ fanghu. Es wurde in Mawangdui entdeckt. (Westl. Han)

219 unten Diese flache bianhu-Flasche für Getreideschnaps ist die größte, die bislang gefunden wurde. Die Motive sind charakteristisch für zentralchinesische Lackarbeiten, die aus der zweiten Hälfte des 3. Jahrhunderts v. Chr. datieren. Feine Wolkenspiralen wurden harmonisch mit Leoparden kombiniert. Einige Leoparden haben Flügel und strahlen erhabene Eleganz aus. (Westl. Han)

220–221 Fantasiefiguren und mythologische Wesen mit seltsamen Gesichtszügen bilden den Hauptdekor des Sarkophags der Gräfin von Dai, der bei Mawangdui gefunden wurde. Die Figuren eilen zwischen Wolkenbergen umher, um Dämonen und böse Geister abzuwehren und die Verstorbene im Jenseits zu beschützen. (Westl. Han)

MALEREI

Tausende Sgraffitos erzählen von den Anfängen der chinesischen Gesellschaft und dem magisch-religiösen Volksglauben in China während des Paläolithikums und des Neolithikums. Die frühesten Malereien auf Keramiken zeigen fließende und dekorative Muster oder anthropomorphe und zoomorphe Darstellungen. In der Bronzezeit verschwand die Keramikmalerei. Andere Materialien wie Seide und Holz waren vergänglich, weshalb nur sehr wenige Malereien aus dem 1. Jahrtausend v. Chr. erhalten sind.

Die feinen Lackarbeiten aus den Grabstätten der Östlichen Zhou- und der Westlichen Han-Dynastie sind besonders beeindruckend. Auch die gravierten oder bemalten Sarkophage, in denen man die Gewänder von Prinzen und Königen aufbewahrte, sind wunderbar gearbeitet. Dies belegen die lackierten Holzsarkophage aus Leigudun (Hubei), wie zum Beispiel der Sarkophag des Grafen Yi von Zeng (gest. 433 v. Chr.), der mit Tieren und Mischwesen auf strahlend rotem Untergrund in verschiedenen Farben bemalt ist. Weitere Beispiele sind der herrliche Sarkophag mit schwarzem Untergrund aus dem Grab Nr. 1 von Mawangdui (Hunan), der aus dem Jahr 168 v. Chr. stammt, sowie ein Sarkophag aus schwarzem Kalkstein, der aus dem Jahr 706 datiert und in einem Tang-Grab in Qianxian (Shaanxi) entdeckt wurde. Er hat die Form eines Hauses mit eingravierten Fenstern und Türen. Der Deckel imitiert ein Ziegeldach und die Wände zeigen zarte Frauengestalten bei alltäglichen Tätigkeiten, zum Beispiel beim Betrachten einer Blume oder beim Füttern eines Vogels.

Auch einige Seidenmalereien hat man in Mawangdui entdeckt. Die berühmteste befindet sich auf einem Seidenbanner aus dem Grab der Gräfin von Dai und stellt die Reise der Verstorbenen ins Jenseits dar. Sie ist von unschätzbarem Wert.

Aus den wenigen architektonischen Funden lässt sich ableiten, dass ab der Östlichen Zhou-Dynastie wichtige Bauwerke mit Wandmalereien dekoriert wurden, und die Schriften erzählen von Kai-

221 Fenster und Türen, die seitlich von Fantasietieren bewacht werden, mit Hellebarden bewaffnete Wächter sowie komplexe geometrische und zoomorphe Geflechte bilden den wunderbaren Dekor mit tiefem Symbolgehalt auf dem inneren Sarkophag (nei guan) des Grafen Yi von Zeng. (Östl. Zhou, Streitende Reiche)

222 links Dieses Detail eines Gemäldes aus dem Grab des Prinzen Li Xian zeigt zwei Hofdamen beim Spaziergang in den Gärten des Kaiserpalastes. Die eine Dame beobachtet gerade einen Wiedehopf im Flug. Li Xian, Sohn des Kaisers Gaozong, soll von seiner eigenen Mutter Wu Zetian ermordet worden sein. (Tang)

222 rechts Dieses Bildnis einer jungen Magd stellt etwas Besonderes unter den Wandmalereien im Grab von Li Xian dar. Gemäß der offiziellen Historiographie wurden Li Xian (posthum Zhanghuai) und Li Zhongrun (posthum Yide) sowie Prinzessin Li Xianhuai (posthum Yongtai) von der mächtigen und erbarmungslosen Wu Zetian ermordet. (Tang)

serpalästen, die reich verziert waren mit Darstellungen von Gottheiten oder Statuen aus konfuzianischen Anekdoten.

Die Malereien in den Grabkammern der Han-Dynastie blieben erhalten. Sie wurden auf Ziegel, Steinplatten oder Verputz angebracht und weisen verschiedene Dekors auf. In einigen Gräbern herrschen religiöse und kosmologische Themen vor, in anderen Alltagsszenen oder Szenen aus dem öffentlichen Leben, zum Beispiel Abbildungen von Beamten, um den Zusammenhang zwischen dem Diesseits und dem Jenseits zu unterstreichen. Die Figuren sind im Profil und mit klaren Konturen dargestellt und im Allgemeinen rot oder ockerfarben bemalt.

Zahlreiche Wandmalereien zieren die Grabstätten von Holingor (Horinger) in der Inneren Mongolei (2. Jahrhundert v. Chr.), von Yi'nan in Shandong (Ende des 1. Jahrhunderts) und von Taiyuan in Shaanxi (570). Von bestechender Schönheit sind die Fresken in den Kaisermausoleen der Tang-Dynastie, die von den Hofmalern selbst angefertigt wurden oder unter deren Anleitung entstanden. In den in Qianling entdeckten Gräbern der Prinzen Li Xian (Zhanghuai 654–684) und Li Zhongrun (Yide 682–701) sowie der Prinzessin Li Xianhuai (Yongtai 684–701) fand man sehr gut erhaltene Malereien, die für diese Epoche richtungsweisend sind, wie zum Beispiel Jagdszenen, Polospiele und Einzüge der Gäste und Hofdamen.

Mit dem Buddhismus breiteten sich ikonographische Motive und Malereien indischer Herkunft in China aus. Tausende Heiligenbilder aus Tempeln, die im 4.–5. Jahrhundert erbaut worden waren, sind verloren gegangen. In den Grotten von Mogao, nahe Dunhuang, einem wichtigen religiösen Zentrum am Rande der Wüste Gobi, blieben die Schätze erhalten, darunter zahlreiche Wandmalereien, die zwischen 366 und 1337 entstanden. Die 492 Grotten mit einer bemalten Fläche von über 45 000 m² zeigen buddhistische Kunst in rein chinesischem Stil, kombiniert mit abgewandelten, nichtchinesischen Motiven, zum Beispiel dichte Schraffierungen und Bildnisse von Personen mit indischen Gesichtszügen, die man vor allem bei frühen Malereien findet. Hingegen entsprechen Faltenwurf, dekorative Motive und Landschaften gänzlich der chinesischen Tradition.

Ab dem 4. Jahrhundert interessierten sich Intellektuelle und Dichter für die Malerei, während sie vorher als rein handwerkliche Tätigkeit betrachtet wurde, die von den Wünschen reicher Auftraggeber abhing. Es entstand die Kunstkritik als literarisches Genre und die größten Maler gelangten zu Ruhm und gründeten Schulen. Trotz regionaler Unterschiede entwickelte sich die chinesische Malerei kontinuierlich was Stil und Themen betraf, auch wenn sie dem westlichen Betrachter

222–223 Die Jagd zu Pferde war bei den Tang-Adeligen sehr beliebt. In dieser Szene sind auch Kamele zu erkennen, die als Lasttiere dienen. (Tang)

223 unten Eine Gruppe der Ehrengarde in feinen Palastuniformen ist an den Wänden des Hauptganges des Grabes von Li Xian dargestellt. Vermutlich bestand diese Garde aus den Leibwächtern des Prinzen, die ihn in seinem neuen Heim verteidigen sollten. (Tang)

224 *Krishna Vasudeva wird hier als alter Mann dargestellt, mager, mit langem weißem Bart und nur in wenige alte Lumpen gekleidet. Diese Darstellung steht im Gegensatz zu den traditionellen Abbildungen, die ihn jung und kraftvoll zeigen. (Dunhuang, Grotte Nr. 285 [Westl. Wei])*

224–225 *Das Thema dieser Wandmalerei ist das berühmte Jataka des Prinzen Sudana. Während einer Jagd stand Sudana plötzlich einem hungrigen Tiger gegenüber, der im Begriff war seine neugeborenen Jungen zu fressen. Voll Mitleid bot der Prinz sein Leben, um die Kleinen zu retten. (Dunhuang, Grotte Nr. 419) [Sui]*

zuweilen eintönig erscheinen mag. Die Orientalen behaupten das Gleiche von der westlichen Malerei.

Da die chinesische Malerei auf einer besonderen Pinselführung basiert, die großes Können bezüglich der Strichbreite und der Intensität der Schriftzeichen erfordert, bevorzugte man fließende und gewundene Linien. Die Motive bilden oft eine Art Erzählung, bei der sich Darstellungen und Leerräume abwechseln. Zu dieser Zeit entwickelte sich auch die Malerei auf horizontalen Rollen. Die Bilder wurden abschnittsweise betrachtet, das heißt, sie wurden wie Bücher gelesen. Herausragend unter den Künstlern ist Gu Kaizhi (ca. 345–406), der für seine Kunst ebenso berühmt war wie für seine Extravaganz. Seine Malereien zeigen vornehmlich Menschen. Einige seiner Gemälde sind erhalten, aber vermutlich handelt es sich um später hergestellte Kopien. Das berühmteste Gemälde ist „Ratschläge der Hauslehrerin für die Hofdamen", das die feinen und eleganten Züge der Frauen meisterlich belegt. Weitere berühmte Maler der Nördlichen und Südlichen Dynastien waren Lu Tanwei zur Zeit der Herrschaft von Mingdi (465–472) und Zhang Sengyou (500–550), Beamter im Dienste der Liang-Dynastie. Die Werke dieser Künstler sind zwar verloren gegangen, man weiß jedoch, dass Zhang Sengyou sich den Wandmalereien in buddhistischen und taoistischen Tempeln verschrieben hatte. Zu den berühmtesten Malern der Tang-Dynastie zählt Yan Liben (?–673), Minister des Kaisers Gaozong, begabter Porträtist, der am Hofe sehr geschätzt wurde, und Maler zweier berühmter Gemälde („Kaiserporträts verschiedener Dynastien" und „Schriftsteller der Nördlichen Qi-Dynastie beim Sammeln der Klassiker"), die sich im Museum of Fine Arts in Boston befinden. Sein klarer Stil, für den eine kompakte Darstellung der Personen charakteristisch ist, wird als typisch für die frühe Tang-Zeit betrachtet. Li Sixun (651–716), der als Gründer der Schule des Nordens gilt, initiierte mit seinem Sohn Li Zhaodao (ca. 670–730) die farbige Landschaftsmalerei, deren Charakteristikum intensive Farben wie Himmelblau und Malachitgrün sind.

Die subtilen Landschaftsgemälde von Wang Wei (ca. 700–ca. 760), Literat und Maler, wurden stilbildend für die chinesische Kunst. Weitere große Künstler sind

225 Dieses Fresko erzählt die Geschichte eines jungen Mannes, der bei einer Jagd versehentlich vom König tödlich verwundet wird, und zeigt die Sorge, die ihn wegen seiner blinden Eltern ergreift. Bewegt von der Liebe des jungen Mannes zu seinen Eltern nimmt der König diese bei sich auf. Am Ende wird dem jungen Mann durch göttliches Mitleid das Leben zurückgegeben. (Dunhuang, Grotte Nr. 302 [Sui])

Han Gan (ca. 715–781), der bevorzugt Pferde malte, Zhang Xuan (aktiv zwischen 713 und 742) und sein berühmter Schüler Zhou Fang (ca. 730–ca. 800) sowie Wu Daozi (aktiv ca. 710–760), bekannt für seine Landschaftsbilder und Fresken mit kraftvoller Pinselführung. Seine Arbeiten entstanden während zahlreicher Reisen zu buddhistischen und taoistischen Tempeln.

Fast alle Werke der Künstler jener Zeit sind verloren gegangen. Von einigen gibt es Kopien aus späteren Jahrhunderten, von Schriftmalern erstellt, die von ihren berühmten Vorgängern fasziniert waren.

226–227 unten Diese Rolle mit dem Titel „Hofdamen mit Blumen im Haar" wird Zhou Fang zugeschrieben. Das Bild zeigt prächtig gekleidete Damen in einer sehnsüchtigen, von Melancholie erfüllten Atmosphäre. (Tang)

227 Diese beiden Bodhisattwas, die mit Tinte auf Seide gemalt wurden und die man in Dunhuang entdeckt hat, stammen aus der Tang-Zeit. Einige Experten sehen in der Haltung dieser Bodhisattwas Parallelen zu den Hofdamen, die auf Arbeiten von Zhang Xuan und Zhou Fang dargestellt sind. (Tang)

226–227 oben Ausschnitt einer Rolle mit dem Titel „Kaiserporträts verschiedener Dynastien". Sie zeigt 13 berühmte Kaiser mit Gefolge. Der lineare Malstil spiegelt die Ideale auf dem Höhepunkt der darstellenden Kunst im 7. Jahrhundert wider. Die Überlieferung schreibt das Gemälde dem berühmtesten Künstler bei Hofe zu Beginn der Tang-Dynastie zu: Yan Liben. (Tang)

STEINSKULPTUREN

Die Bildhauerkunst, die dreidimensionale Darstellung, sowohl beim Basrelief als auch bei den echten Skulpturen, entwickelte sich in China mittels unterschiedlicher Techniken und Materialien ab dem Altertum. Im Gegensatz zur Bildhauerei der westlichen Welt, die sakrale und profane Werke gleichermaßen aufweist, war die chinesische Skulptur stets eng an religiöse Themen gebunden. Die Skulpturen entsprechen einer alten rituellen Symbolsprache, ob es nun die kleinen Arbeiten aus Jade, Bergkristall, Marmor oder Stein aus dem Neolithikum und den folgenden Epochen sind oder die Arbeiten aus Metall, vor allem aus Bronze, die man bei Zeremonien verwendete und die in den Gräbern der Adeligen entdeckt wurden.

Zur Zeit des Ersten Kaiserreiches stellte man am Eingang der Grabstätten große Steinstatuen auf: beschützende Tiere mit katzenartigen Zügen, die zu beiden Seiten des „Weges des Geistes" (shendao) Wache hielten. Die bixie, mächtige geflügelte Löwen mit quadratischer Kieferform und kräftigem Körper, sollten Unheil bringende Einflüsse abwehren und gleichzeitig den Gedanken eines Fluges in herrliche Regionen im Reich der Unsterblichen vermitteln. Später gab es auch andere, mehr oder weniger fantastische Tiere, wie das qilin (Einhorn) und den tianlu (ähnlich einem Hirsch). In der Tang-Dynastie war der „Weg des Geistes" ein kaiserliches Vorrecht und wurde von reich verzierten Steinobelisken und Statuen gesäumt, die geflügelte himmlische Pferde und bewaffnete strenge Wächter darstellten. Solche Monumentalskulpturen waren vorher völlig unbekannt. Die Gräber des Adels wurden mit Stein- oder Tonplatten geschmückt, verziert mit Einritzungen oder Basreliefs. In die Friese waren geprägte Terrakottaziegel oder in Stein gehauene Elemente eingearbeitet. Die Techniken waren von regionalen Einflüssen geprägt.

Ab dem 4. Jahrhundert erlebte die buddhistische Bildhauerei eine phänomenale Entwicklung und blieb über Jahrhunderte die künstlerische Hauptaufgabe im

228 Mitte des 6. Jahrhunderts entwickelte sich bei der chinesischen Skulptur ein neuer Stil, beeinflusst von der buddhistischen Kunst, die in der Gupta-Periode in Indien entstanden war. Aus dieser Zeit stammt der hier abgebildete Stupa aus weißem Marmor, in den umlaufende Motive gemeißelt sind. (Nördl. Qi)

228–229 Zur Kaiserzeit war der Totenkult durchdrungen von der Suche nach der Unsterblichkeit. Man erbaute Steingrabstätten und stellte Statuen zu deren Verteidigung auf. Entlang dem „Weg des Geistes" standen Tiere und Fantasiewesen, wie diese bedrohlich wirkende geflügelte Katze. (Östl. Han)

Kaiserreich. Tausende Steinmetze, Töpfer und Maler wurden von Adeligen und Herrschern beauftragt, Tempel und Klöster mit Gemälden und Skulpturen auszustatten. Die heilige Stätte von Dunhuang (Gansu), ein Felsenkomplex aus 492 Grotten, geht auf das 4. Jahrhundert zurück. Im Jahr 460 begannen die Arbeiten am Felsentempel von Yungang (Shanxi), wo man noch heute den 14 m hohen sitzenden Buddha (Grotte Nr. 20) und den 15 m hohen stehenden Buddha (Grotte Nr. 18) bewundern kann. In den ersten Jahren wurde die buddhistische Sakralkunst, die aus Indien nach China kam, stark von Zentralasien beeinflusst. Ab dem 5. und 6. Jahrhundert entstanden neue Stilrichtungen, die sowohl von der indischen Kunst der klassischen Gupta-Periode (300–600) als auch von chinesischen Traditionen inspiriert wurden. Die Buddhas und Gottheiten dieser Epoche sind dünn und schmächtig, mit asketischen Gesich-

229 oben Dieser Pferdekopf beweist die Fertigkeit der chinesischen Bildhauer zur Zeit der Han-Dynastie. Ohne Zuhilfenahme von Ornamenten, die aus der vorkaiserlichen Zeit bei Jade- und Bronzeskulpturen bekannt sind, ist er nur durch die klaren Linien ungewöhnlich ausdrucksstark. (Han)

229 unten Diese Statue eines Beamten stand am „Weg des Geistes", der zu den Kaisergräbern von Qianling führte. Dort waren Gaozong im Jahr 684 und Wu Zetian im Jahr 706 beigesetzt worden. Der „Weg des Geistes" ist 2,5 km lang und gesäumt von Obelisken, Türmen, Stelen und eindrucksvollen Steinstatuen, die Tiere, Fantasiewesen und Menschen darstellen. (Tang)

tern. Prächtige weite Gewändern, die meisterhaft gefertigt sind, verbergen die mageren Körper. Aus dieser Zeit stammen die ersten Arbeiten in den Felsentempeln von Xiangtangshan, an der Grenze zwischen Henan und Hebei, und in den Felsentempeln von Longmen (Henan), in deren 350 Grotten man in 750 Nischen 97 300 Statuen fand, die teilweise von erhabener Schönheit sind. Gegen Ende des 6. Jahrhunderts werden die Figuren voller, sie tragen eng anliegende Gewänder, scheinen von ungestümer Vitalität zu sein und haben eine bislang unbekannte plastische Ausdruckskraft.

Wichtige Innovationen erfolgten zur Zeit der Sui-Dynastie, als die buddhistische Bildhauerei natürlicher und sinnlicher wurde. Es herrschte ein perfektes Gleichgewicht zwischen den vergangenen Traditionen und den neuen Richtungen, die letztendlich den Stil der Tang-Dynastie bestimmten. Unter Wendi entstanden

230 oben *Diese Darstellung des Avalokitesvara mit den zwölf Köpfen besteht aus Marmor und symbolisiert das unendliche Mitleid des Bodhisattwa und seine totale und immer währende Bereitschaft für seinen Nächsten einzustehen. (Tang)*

230 unten links *Viele Statuen sind mit erhobener, nach vorn geöffneter Hand dargestellt. Die andere Hand zeigt in gebender Geste nach unten. (Östl. Wei)*

230 unten rechts *Die sanften Gesichtszüge dieses Bodhisattwa drücken die Abkehr und die Heiterkeit eines Menschen aus, der erleuchtet wurde und beschlossen hat, auf der Erde zu bleiben, um allen Menschen Heil zu bringen. (Tang)*

231 oben *Dieser Kopf aus Sandstein stellt einen Lohan dar. Als Wächter der Schakjamuni-Doktrinen haben die Lohans die Aufgabe, die Lehren Buddhas treu zu überliefern, authentisch und unverändert über Generationen. Man glaubte, dass sie diese Aufgabe nur aufgrund ihrer magischen Kräfte erfüllen konnten, dank derer sie ewig lebten. (Tang)*

231 unten *Die Haltung der Hände,* mudra, *sowie der Beine und Füße,* asana, *hatte eine wichtige symbolische Bedeutung bei den Buddhadarstellungen. (Tang)*

mindestens 100 000 neue Statuen und über eine Million bereits vorhandene wurden restauriert.

Zu Beginn der Tang-Dynastie breitete sich der Buddhismus im ganzen Kaiserreich aus, da er bei Hofe und auch vom Volk sehr geschätzt wurde. Die Statuen aus dieser Zeit stellen den Höhepunkt der buddhistischen Kunst dar. Die Körper der Gottheiten haben harmonische runde Formen, gemäß dem ästhetischen Ideal jener Zeit, die Gesichtszüge sind sanft und heiter, die Wangen voll und die Lippen prall, Kinn und Hals zeigen Speckfalten. Der natürliche Faltenwurf der Gewänder vermittelt eine zarte Sinnlichkeit.

In China war es Brauch, Stelen mit rechteckiger Grundfläche zu errichten, die oben in einem Rundbogen enden. Die Oberfläche, die in horizontale Segmente unterteilt ist, schmücken Basreliefs. In sakrale Stelen sind Nischen eingearbeitet, die sich auf einer Höhe befinden, in der die kleinen Buddha- und Bodhisattwafiguren, die als Hochreliefs gearbeitet sind, gut zur Geltung kommen. Ab der Han-Dynastie tragen die Stelen Inschriften, die an die Verstorbenen oder an besondere Ereignisse erinnern.

ARCHÄOLOGISCHE STÄTTEN

REISE DURCH DIE GRABUNGSSTÄTTEN Seite 234

DIE BUDDHISTISCHEN FELSENTEMPEL Seite 262

232–233 Alltagsszenen der Nomadenvölker, die an den westlichen Grenzen des chinesischen Kaiserreiches lebten, schmücken viele Grotten in Dunhuang. Sie zeigen Jäger auf dem Rücken ihrer schnellen Pferde, bei der Jagd auf Gazellen oder beim Erlegen eines großen Tigers. (Dunhuang, Grotte Nr. 249 [Westl. Wei])

A Dunhuang (Mogao)
B Sanxingdui
C Maijishan
D Xi'an
E Banpo
F Lintong
G Yungang
H Yangshao
I Longmen
J Luoyang
K Erlitou
L Zhengzhou
M Anyang
N Pingshan
O Mancheng
P Niuheliang
Q Leigudun
R Mawangdui
S Xin'gan

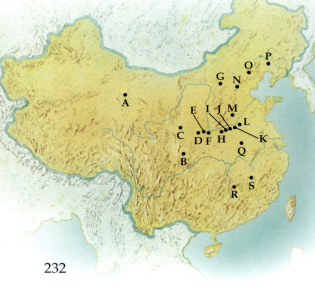

REISE DURCH DIE GRABUNGSSTÄTTEN

Es ist nicht leicht, sich anhand der archäologischen Stätten, die man heute in China besuchen kann, ein vollständiges Bild vom alten China zu machen. Ein Grund dafür ist, dass kaum Überreste monumentaler Bauwerke erhalten sind, da diese nicht aus dauerhaften Materialien erbaut wurden und so der Zeit und den Verwüstungen, die die chinesische Geschichte geprägt haben, nicht standhielten. Auch begann man erst sehr spät, Grabstätten mit mehreren Kammern und reich geschmückten Gängen zu errichten, deren Wandmalereien in Miniatur die von den Verstorbenen zu Lebzeiten bewohnten Räumlichkeiten zeigen. Diese Malereien verdeutlichen die Entwicklung der Kunst und der Architektur. Die Kaisermausoleen der Han- und der Tang-Dynastie sind entweder bis heute unberührt oder sie wurden geplündert und restlos zerstört. Die bislang entdeckten Grabstätten und die herrlichen Grabschätze, die man darin fand, sind Zeugen einer hoch entwickelten Kultur. Einige Gräber, deren Schätze heute weltweit in Sammlungen und Museen ausgestellt sind, scheinen für die Öffentlichkeit unattraktiv, sind aber für die Wissenschaft von größtem Interesse.

Nicht immer bergen die Grabungsstätten aus frühester Zeit spektakuläre Funde, wie am Beispiel des neolithischen Dorfes Banpo deutlich wird. Es handelt sich dabei um eines der größten Zentren der Yangshao-Kultur, nahe der Stadt Xi'an (Shaanxi), das etwa von 4800–3600 v. Chr. bewohnt war. Das Dorf wurde 1953 entdeckt und zwischen 1954 und 1957 vollständig freigelegt. Es bestand aus einem Wohngebiet, das von einem Wassergraben umgeben war, einem Bereich für die Töpferei und einem Friedhof. Der Graben war 300 m lang und hatte eine Breite und Tiefe von ca. 2 m. Man legte die Überreste von 45 Hütten frei, rund oder quadratisch, deren Eingänge nach Süden weisen, sowie 200 Gräben zur Aufbewahrung von Lebensmitteln, sechs Öfen, einige tausend Werkzeuge, vor allem für den täglichen Gebrauch, und 258 Grabstätten. 81 Gräber bargen die Leichname von Kindern in Tonurnen, die unter den Hütten oder in der Nähe beigesetzt worden waren. 1958 wurde ein Großteil der Grabungsstätte zu einem Museum umfunktioniert.

In Yinxu, ca. 5 km von Anyang (Henan) entfernt, entdeckte man die Überreste einer Stadt, die sich an den Ufern des Flusses Huan auf einer Fläche von

über 24 km² erstreckte und von ungeheurer politischer Bedeutung war: Yin, die letzte Hauptstadt der Shang-Dynastie. Ihre Entdeckung und Freilegung war einer der aufregendsten Abschnitte in der historisch-archäologischen Forschung in China und fiel mit den Anfängen der modernen Archäologie in diesem Land zusammen. Die chinesischen Archäologen wurden durch eine glückliche Fügung 1898 nach Anyang geführt, durch die so genannten „Drachenknochen" (longgu), die in der traditionellen Heilkunde als Medikament dienten und seit alters als Orakelknochen (jiagu) fungierten, mit deren Hilfe die Schamanen in Verbindung mit dem Jenseits treten konnten.

Mit der Entdeckung von über 40 000 Handschriften im Jahr 1899 richtete sich das Interesse der Wissenschaft auf internationaler Ebene auf China. Diese Handschriften beinhalten vorwiegend religiöse und philosophische Themen, aber auch literarische und administrative Texte. Sie datieren aus dem 5. bis 10. Jahrhundert und waren in einer Grotte des Felsentempels von Mogao in Dunhuang (Grotte Nr. 17) verborgen.

1920 entdeckte der schwedische Geologe J. G. Andersson die neolithische Stätte Yangshao, nahe dem Dorf Mianchi (Henan), und einige Jahre später fand man die Überreste des Sinanthropus pekinensis – des Pekingmenschen – in Zhoukoudian, 40 km südöstlich von Peking.

Das erste von der Sinologischen Akademie durchgeführte Projekt waren systematische Grabungen in der Umgebung von Anyang. Die 1926 gegründete Akademie ist die bedeutendste archäologische Einrichtung Chinas. Ihr ist Freilegung der letzten Shang-Hauptstadt, nahe dem Dorf Xiaotun und am Fluss Huan in Sanjiazhuang zu verdanken. Die Fundamente verschiedener Paläste und Behausungen (über 50 waren von beachtlicher Größe) aus gestampfter Erde (hangtu), die möglicherweise aus unterschiedlichen Bauphasen stammen, ermöglichten es den Wissenschaftlern einen Plan von der Stadt zu erstellen. Es existierten prächtige Adelsresidenzen, Sakralbauten, Lagerhäuser und Handwerkerwohnungen. In den Gießereien waren die Handwerker vor allem mit der Herstellung von Bronzegefäßen und Waffen beschäftigt, während sie in den Werkstätten Keramiken, Elfenbein-, Knochen-, Jade- und andere Steinarbeiten fertigten. Die bis heute größte entdeckte Gießerei erstreckte sich auf einer Fläche von ca. 10 000 m². Die Fundamente, die teilweise 3 m dick waren, konnten bis zu 20 x 50 m umfassen. Das größte Gebäude war rechteckig und erstreckte sich auf einer Fläche von 14,5 m x 85 m. Die Königsgräber lagen außerhalb der Stadt, in der Nähe von Hougang, am gegenüberliegenden Ufer des Flusses Huan in Xibeigang, nahe den Dörfern Houjiazhuang und

Wuguancun. In Xibeigang entdeckte man auf einer Fläche von 450 m in ostwestlicher und 250 m in nordsüdlicher Richtung 13 monumentale Königsgräber (elf zwischen 1934 und 1935, eines 1950 und eines 1984). Man hatte sie kreuzförmig angelegt und mit Zugangsrampen versehen. Der große Holzsarkophag (*guan*), der den Leichnam barg, wurde in einer hölzernen Grabkammer (*guo*), über einer kleinen Grube (*yaokeng*) abgelegt, in der man zum Teil die Gebeine von Opfertieren, meist Hunden, oder Menschenopfern fand. Neben den Königsgräbern entdeckte man in über 1400 kleineren Grabstätten eine beeindruckende Anzahl von Menschenopfern.

Seit frühester Zeit war die königliche Totenstadt der Shang-Dynastie Ziel illegaler Grabungen. Man vermutet, dass in dem eindrucksvollsten Grab, Nr. M1001, das sich 66 m in nordsüdliche und 44 m in ostwestliche Richtung erstreckt, König Wu Ding (gest. ca. 1189 v. Chr.) beigesetzt worden war. Grab Nr. 5 ist das einzige aus der Shang-Zeit, das unversehrt vorgefunden wurde. Es liegt weniger als 200 m von Xiaotun entfernt und ist die letzte Ruhestätte der Königin Fu Hao, einer Nebenfrau von Wu Ding. Das Grab hatte bescheidenere Ausmaße als die in Xibeigang entdeckten. Sein Grabschatz vermittelt eine Vorstellung von den ungeheuren Schätzen, die aus den Königsgräbern von Xibeigang geraubt wurden. Der Schatz umfasst 466 Bronzen (195 Sakralbronzen), 755 Jadestücke, 564 Arbeiten aus Knochen, 110 aus Marmor, Türkisen und anderen Steinen, ca. 30 Keramik-, Perlmutt- und Elfenbeinobjekte sowie ca. 7000 Kauris.

235 *Die Gruft Nr. 2 in Sanxingdui besteht aus drei Schichten. In der ersten wurden ca. 60 Elefantenstoßzähne gefunden, in der zweiten Sakralbronzen, bronzene Masken und Statuen und in der dritten Schmuckstücke und Arbeiten aus Jade und Stein. (12. Jahrhundert v. Chr.)*

Die archäologischen Stätten von Erlitou und Zhengzhou (Henan) sowie von Panlongchen (Hubei), Ningxiang (Hunan) und Sanxingdui (Sichuan) haben wesentlich zum heutigen Wissen über die Kulturen des alten Chinas im 2. Jahrtausend v. Chr. beigetragen. Erlitou, das 1959 in Yanshi, nahe Luoyang, am Fluss Luo entdeckt wurde, ist das bedeutendste, bisher bekannte Zentrum der Xia-Kultur. Die riesigen Terrassenanlagen aus gestampfter Erde erstrecken sich auf über 10 000 m². An der Stätte, die von 2010 bis 1324 v. Chr. bewohnt war, wurden vier Schichten an Bauwerken freigelegt. Die dritte aus der Zeit 1700–1500 v. Chr. stammt aus der Xia-Kultur. Einige Experten halten sie gemäß traditionellen historischen Quellen für den Sitz der letzten Hauptstadt der ersten Dynastie.

Die Siedlung, die 1952–1953 nahe Zhengzhou entdeckt wurde, könnte die zweite Hauptstadt der Shang-Dynastie gewesen sein, deren Glanzzeit um 1500 v. Chr. (Erligang-Periode) lag. Sie war auf massiven Fundamenten erbaut und von einem mächtigen, beinahe 7 km langen Schutzwall aus gestampfter Erde umgeben. Innerhalb dieses Schutzwalls liegen die Fundamente von Palästen, Residenzen und Sakralbauten. Außerhalb fand man die Überreste von Hütten, Werkstätten, Gießereien und Lagerhäusern, die zu kleinen Dörfern gehörten. Diese wurden vor allem von Handwerkern bewohnt, die sich der Herstellung von Keramiken, Bronzen, Lackarbeiten und Arbeiten aus Knochen widmeten.

Die in Panlongcheng in Huangpi, nahe Wuhan, entdeckte Ansiedlung ist kleiner (260 m x 290 m). Auch sie hatte einen Stadtkern, umgeben von einer Mauer aus gestampfter Erde, und war mit der gleichen Technik erbaut worden wie diejenige in Zhengzhou. Die Stadt und die Gräber außerhalb des Schutzwalls stammen aus der frühen Erligang-Periode. Die Bauten in der näheren Umgebung hingegen entstanden zeitgleich mit der Siedlung in Zhengzhou.

Zeugen für blühende Kulturen, die nicht von der Shang-Dynastie beeinflusst waren, sind Ningxiang und Sanxingdui. Vor allem die Funde von Sanxingdui beweisen die Existenz einer großartigen Kultur, die in keiner der Schriften erwähnt ist.

Zahlreiche Funde aus dem 1. Jahrhundert v. Chr lieferten wertvolle Informationen über diese Zeit. Es wurden tausende Gräber und verschiedene Stätten mit Sakralbronzen entdeckt ebenso wie Fundamente von Palästen, Residenzen und religiösen Bauten von beachtlichem Ausmaß. Die Archäologen konzentrierten sich zunächst vor allem auf Shaanxi, vermutlich die Wiege der Zhou-Dynastie, dehnten ihre Untersuchungen dann aber auf das gesamte Einflussgebiet der Zhou aus, das sich von Gansu bis nach Liaoning und Shandong erstreckte. Die interessantesten Zentren entdeckte man in den Gebieten um Xi'an und Chang'an, vor allem an den Ufern des Flusses Feng, wo beide Zhou-Hauptstädte, Feng und Hao, lagen (Zhouyuan). Dieses Gebiet umfasst die Distrikte Qishan und Fufeng, bis zu den Grenzen des heutigen Distrikts Baoji, wo man die Überreste des kleinen Reiches Yu fand. Auch außerhalb von Shaanxi machte man interessante Entdeckungen. In Tianma-Qucun nahe Houma (Shanxi), existierte eine Stadt des Jin-Reiches, die – gemäß der Überlieferung – vom Bruder des Königs Cheng (1035–1006 v. Chr.) gegründet worden war. In Liulihe, nahe Fangshan (Hebei), lag die Hauptstadt des Yan-Reiches, das von Nachkommen eines Bruders des Königs Wu (1049/1045–1043 v. Chr.) regiert worden war. In Xincun (Henan) entdeckte man die Totenstadt des Wei-Adels. In Lu, in der Nähe von Qufu und Qi, nahe Zibo (Shandong), fand man die Überreste des Lu- und des Qi-Reiches.

Zhouyuan, die Zhou-Ebene, ist das interessanteste Gebiet. Ihre Siedlungen waren Zentren wichtiger Zeremonien. Hier entdeckte man die Altäre der reichen und mächtigen Aristokratie. Neben Grabstätten mit herrlichen Schätzen fand man Orakelknochen aus der vorkaiserlichen Zeit und ein Dutzend Stellen, die Sakralbronzen mit Inschriften bargen, die die Geschichte ihrer Besitzer über Generationen erzählen. In Zhuangbai, nahe Fufeng, entdeckte man 103 Sakralbronzen (74 mit Inschriften), die sich mindestens fünf Generationen im Besitz der Wei-Familie befanden. In Fengchu, Shaochen und an kleineren Grabungsstätten legte man die Überreste von Residenzen und Kultstätten frei, die mit Keramikziegeln gedeckt waren. Bereits Jahrhunderte vorher müssen in der Architektur und bei den Beisetzungsritualen große Veränderungen stattgefunden haben. Auch wenn die typische vertikale Struktur der Grabstätten zur Zeit der Östlichen Zhou-Dynastie beibehalten wurde, gab es doch bei den verschiedenen lokalen Traditionen Änderungen, die die nachfolgende Entwicklung entscheidend beeinflussen sollten. Gegen Ende der Westlichen Zhou-Dynastie unterteilte man die Grabkammer, die den Leichnam enthielt, in mehrere Kammern. Ab der Zeit der Östlichen Zhou-Dynastie stellte man den Sarg nicht mehr auf den Boden, sondern in eine Art Wandnische. Diese Nischen wurden im Lauf der Zeit immer größer, um auch die Grabbeigaben aufnehmen zu können, bis sie schließlich zu richtigen Totenkammern wurden.

Zur Zeit der Östlichen Zhou-Dynastie und verstärkt zur Kaiserzeit entwickelte sich der Brauch, Grabstätten zu errichten, die aus mehreren Räumen (shi) bestanden, einem Hauptraum und einigen Nebenräumen, die miteinander verbunden waren. Jeder Raum hatte eine bestimmte Funktion und sollte die prächtigen Adelsresidenzen in kleinem Stil nachbilden. Immer häufiger verwendete man Materialien, die die Zeit überdauerten, wie Pfeiler, Träger und Platten aus Stein und hohle Backsteine aus Ton mit schmückenden Gravuren und Prägungen, die anstelle der traditionellen Holzbretter als Wandverkleidungen fungierten. Auch die Praxis, Oberflächen zu verputzen und dann zu bemalen, breitete sich immer weiter aus. Unter der Westlichen Han-Dynastie setzte sich diese Art der Grabstätten endgültig durch. Das traditionelle Grab wich den unterteilten Grabstätten, die aus bis zu neun Kammern bestehen konnten. Sie wurden in den Fels gehauen oder in die Erde gebaut und mit hohlen Backsteinen oder Steinplatten, die graviert oder bemalt waren, ausgekleidet. Die zur Zeit der Zhou-Dynastie entstandene Gewohnheit, Grabhügel aufzuschütten, wurde beibehalten. Sie waren zum Teil von Schutzmauern umgeben, hinter denen Holz- oder Steinbauten errichtet und herrliche Parks angelegt wurden.

Die zahlreichen Funde aus der Zeit der Zhou-Dynastie spiegeln relativ exakt die Bräuche der damaligen Zeit wider. Mehr als 50 befestigte Städte aus der Zeit der Streitenden Reiche wurden lokalisiert, kleine und große, die meisten umgeben von einer doppelten Stadtmauer. Einige waren politische und religiöse Hauptstädte von König- und Fürstentümern im jahrelangen Kampf um die Vorherrschaft. Luoyang war der Sitz des Zhou-Hofes, Linzi das Zentrum des Qi-Staates und Wuyang die Hauptstadt des Yan-Staates. Von den über 6 000 bisher entdeckten Grabstätten der Östlichen Zhou-Dynastie lagen etwa 600 in der Gegend von Luoyang im Wei-Reich und 500 in Shaanxi, über das einst die Qin-Dynastie herrschte. Über 4 000 Gräber entdeckte man in der Region, in der die südliche Chu-Kultur blühte. Mehr als 1 800 befanden sich in der Nähe von Changsha (Hunan) und 951 nahe der alten Hauptstadt Ying, in Jiangling und Dangyang (Hubei). Zu den interessantesten Stätten dieser Periode gehört die letzte Hauptstadt der Qin-Dynastie, Xianyang (Shaanxi). In den Ruinen eines mächtigen Palastes können noch die Fragmente herrlicher farbiger Fresken bewundert werden, die einst die verputzten Wände zierten.

In Houma (Shanxi) legte man die Überreste einer riesigen Gießerei frei. In Jincun, Sanmenxia, Xiasi und Xinyang (Henan) haben einige exquisite Grabbeigaben die Zeit überdauert und auch Pingshan (Hebei), die Hauptstadt des kleinen Reiches von Zhongshan ist einen Besuch wert. In Xiasi fand man die ersten Bronzen, die mit dem Wachsausschmelzverfahren hergestellt wurden. In Leigudun (Hubei) wurde das reich ausgestattete Grab des Grafen Yi von Zeng entdeckt, in Ximennei (Anhui) die letzte Ruhestätte des Grafen von Cai und in Shizhaishan (Yunnan) legte man die Grabstätten der Herrscher des südlichen Dian-Reiches frei, das seine Blütezeit zur Zeit der Streitenden Reiche und der Westlichen Han-Dynastie hatte.

Das Grab des Grafen Yi von Zeng aus dem Jahr 433 v. Chr. belegt die großen ideologischen Veränderungen zur Zeit der Zhou-Dynastie. Es handelt sich dabei um einen vertikal in einen kleinen Hügel gegrabenen Komplex, der 13 m tief ist und aus vier nebeneinander liegenden Kammern besteht, die miteinander verbunden sind. Die Decken sind 3 m hoch, die Wände waren einst mit Holz verkleidet und vermutlich mit Wandteppichen bespannt. Die Objekte, die man in den Kammern fand, belegen, dass jeder Raum eine bestimmte Funktion erfüllte. Die Hauptkammer, mit über 46 m² die größte, repräsentiert den Audienz- und Zeremoniensaal des Palastes des Grafen. Sie enthielt Einrichtungsgegenstände, herrliche Sakralbronzen und Musikinstrumente, darunter das bis heute größte entdeckte Bronzeglockenspiel mit 64 Glocken unterschiedlicher Größe auf einem Holzgestell. Die Privatgemächer des Grafen sind in

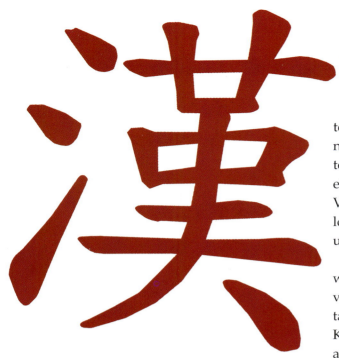

der östlichen Kammer dargestellt, die den Leichnam enthielt, der in einem der zwei ineinander gestellten Lacksärge ruhte. Im selben Raum entdeckte man die Särge von acht Frauen und die Gebeine eines Hundes sowie Musikinstrumente, die vermutlich bei privaten Veranstaltungen gespielt wurden, während die Instrumente der Hauptkammer für offizielle Zeremonien dienten. Die westliche Kammer enthielt die Särge von 13 Mädchen. In der nördlichen Kammer, einer Reproduktion einer Waffenkammer, lagerten über 4 500 Waffen, Schilde, Brustpanzer und Geschirre für Wagen und Pferde.

Die Funde aus der Ersten Kaiserzeit beweisen, dass neue architektonische Konzepte entstanden waren. Der religiöse Glaube und die philosophischen Gedanken, die das Leben zur Han-Zeit prägten, sowie die Überzeugung, dass der Leichnam durch Einbalsamierung Unsterblichkeit erlangen könne, führten dazu, dass die Grabstätten immer prächtiger und eindrucksvoller wurden, auch dank des Reichtums einiger Adelsgeschlechter. Die Mitglieder der Kaiserfamilie, Aristokraten, Großgrundbesitzer, Minister, Beamte, hohe Militärs und reiche Kaufleute stellten ihren Rang zur Schau, den sie auch nach dem Tod beibehielten. Die Grabstätten rückten in den Mittelpunkt der Verehrung und Ehrfurcht gegenüber den Verstorbenen, deren religiöse und kosmologische Überzeugung die Grabbeigaben und Wandfresken widerspiegeln.

Zur Zeit der Westlichen Han-Dynastie waren die vertikalen Gräber noch weit verbreitet. Später setzten sich die horizontalen Grabstätten in weiten Teilen des Kaiserreiches durch. Beispiele für vertikal angelegte Gräber findet man in Mawangdui, nahe Changsha (Hunan), in Fenghuangshan, nahe Jiangling (Hebei), und in Dabaotai bei Peking. In den drei Grabstätten von Mawangdui waren Li Cang, Graf von Dai, seine Gemahlin und sein Sohn beigesetzt. Hier entdeckte man wertvolle Lackarbeiten, feinste Gewänder, auf Seide geschriebene Bücher und ein Seidenbanner von unvergleichlicher Schönheit, das die Reise der Gräfin ins Jenseits darstellt.

Bei den horizontal angelegten Gräbern unterscheidet man verschiedene Arten. Die letzten Ruhestätten von Liu Sheng, Prinz von Zhongshan, und seiner Gemahlin, Prinzessin Dou Wan, die 1968 in Mancheng (Hebei) freigelegt wurden, sind in einen Fels gehauen. Ein Gang führt zu den diversen Kammern. Zunächst erreicht man zwei nebeneinander liegende Räume. Der südliche fungierte als Stall und Wagenschuppen, wie man an den Resten des mit Ziegeln gedeckten Daches und an den Holzfunden, die auf einen Pferdestall hinweisen, erkennen kann. Der nördliche Raum diente als Lagerhalle. Anschließend gelangt man in den großen mittleren Saal, der rituellen Handlungen vorbehalten war: eine kolossale Holzkonstruktion, mit Ziegeldach, unter dem einst Stoffbahnen gespannt waren. Jenseits davon befindet sich die eigentliche Grabkammer mit verzierten Wänden. Sie enthielt eine äußerst elegante Einrichtung und diente zum einen als Badezimmer, zum anderen als

236–237 Das Jadegewand der Prinzessin Dou Wan besteht aus 2160 Jadeplättchen, die mit Golddraht (insgesamt 700 g) zusammengeheftet sind. Golddraht war zur Zeit der Östlichen Han-Dynastie allein für den Kaiser bestimmt. Für die Fürsten verwendete man Silberdraht und für Adelige von niederem Rang Kupferdraht. (Westl. Han)

237 Die Rekonstruktion des Grabes von Prinz Liu Sheng zeigt eine für den Han-Adel typische, aus mehreren Räumen bestehende Grabstätte. Jeder Raum erfüllte eine bestimmte Funktion und wurde mit entsprechenden Grabbeigaben ausgestattet.

Totenkammer, in der der Sarkophag des Prinzen stand. Der Leichnam war in ein wertvolles Jadegewand gehüllt, das aus 2498 unterschiedlich großen Plättchen besteht, die mit Golddraht aneinander geheftet sind. Diese in den Fels gehauene Art der Grabstätte wird als *dixia gongdian* (unterirdischer Palast) bezeichnet. Die Kaiser der Tang-Dynastie nahmen diese Tradition später wieder auf.

Einige in Luoyang (Henan) entdeckte Grabstätten sind charakteristisch für horizontale Gräber. Ihre Wände und Decken bestehen aus hohlen Backsteinen, die zum Teil mit traditionellen Motiven wie mythologischen Persönlichkeiten, mehr oder weniger fantastischen Tieren oder Szenen aus Legenden oder historischen Ereignissen verziert sind. Später ersetzte man die Backsteine durch kleinere massive Steine, mit denen komplexere architektonische Strukturen verwirklicht werden konnten. Zu dieser Art von Grabstätten gehören das Grab des Prinzen Jing von Pengcheng in Xuzhou (Jiangsu), die letzte Ruhestätte des Prinzen Jian von Zhongshan in Dingxian (Hebei) und das Grab des Grafen von Fuyang in Wangdu (Hebei). Die 39 bisher entdeckten Prinzengräber haben eine sehr ähnliche Innenraumstruktur.

*238 und 238–239
Eine konfuzianisch inspirierte Geschichte, die Loyalität und Freundschaft preist, schmückt den dreieckigen Giebel, der das mit Ziegeln gedeckte Dach des Grabes stützt. Es handelt sich hier um eine horizontale Grabstätte, die in Shaogou nahe Luoyang entdeckt wurde. Zwei teilweise beschädigte Fresken schmücken die Wände. Das eine Fresko zeigt eine historische Episode, das andere Sonne, Mond und Sternbilder. (Westl. Han)*

34 dieser Grabstätten stammen aus der Zeit der Westlichen Han-Dynastie, fünf aus der Zeit der Östlichen Han-Dynastie.

Zu Beginn des Ersten Kaiserreiches ging man dazu über, die Wände zu verputzen und mit farbigen Fresken zu verzieren. Im Grab des Grafen von Fuyang sind Personen abgebildet, die dem Verstorbenen vertraut waren, vermutlich Diener und Beamte, die in seinen Diensten standen.

Die beiden Grabstätten, die man 1971 in Anping (Hebei) und 1972 in Holingor (Horinger [Innere Mongolei]) entdeckte, sind von ausnehmender Schönheit und datieren aus der Zeit der Östlichen Han-Dynastie. Ersteres, das aus Lehmziegeln erbaut wurde, erstreckt sich auf einer Fläche von über 260 m² und besteht aus einem Gang, zwei Nischen und zehn Kammern mit Rundbogentüren und gewölbten Decken mit einer Höhe bis zu 4,4 m. Die Wände zieren herrliche Fresken, die den Verstorbenen, vermutlich einen hohen Offizier, an der Spitze seiner Truppen zeigen, die aus Infanteristen, Kavalleristen und einem Zug von 80 Wagen bestehen. Einige kurze Inschriften sind noch lesbar, eine datiert das Grab auf 176.

In dem Grab von Holingor, das aus mehreren Gewölben besteht, hatte man einen hohen Offizier beigesetzt, der im Distrikt Wuhan stationiert war. An den Wänden sind die entscheidenden Ereignisse seines Lebens abgebildet, die Feldzüge, an denen er teilnahm, und die Orte, an denen er Dienst tat. Das Gut, auf das er sich vermutlich im Alter zurückzog, und das ländliche Leben dort werden in lebendigen Szenen dargestellt.

Unter der Östlichen Han-Dynastie setzten sich die horizontalen Grabstätten aus großen Steinblöcken durch, die oft

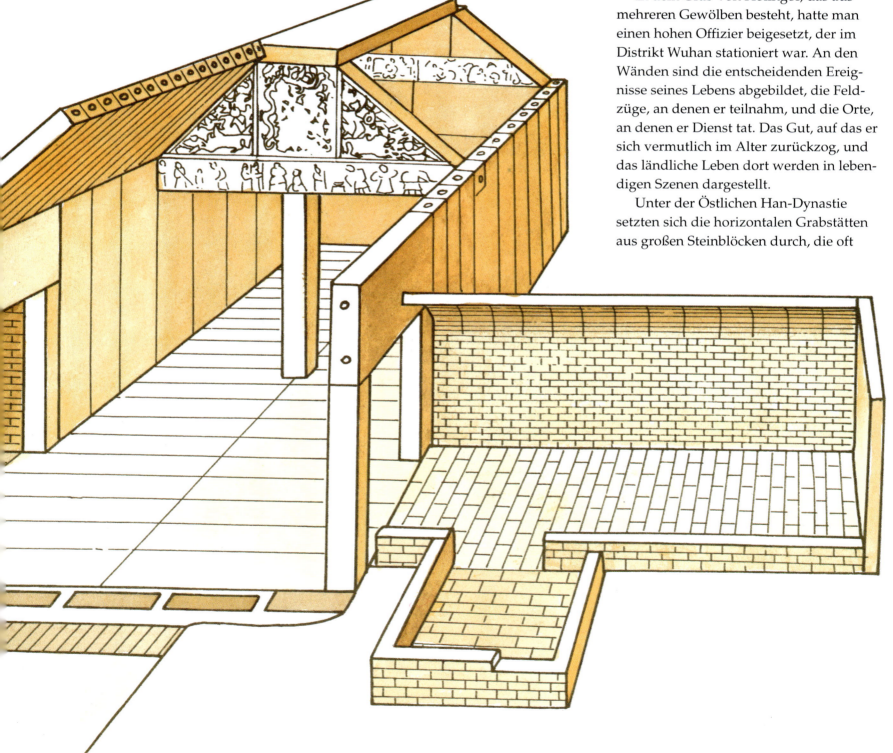

239

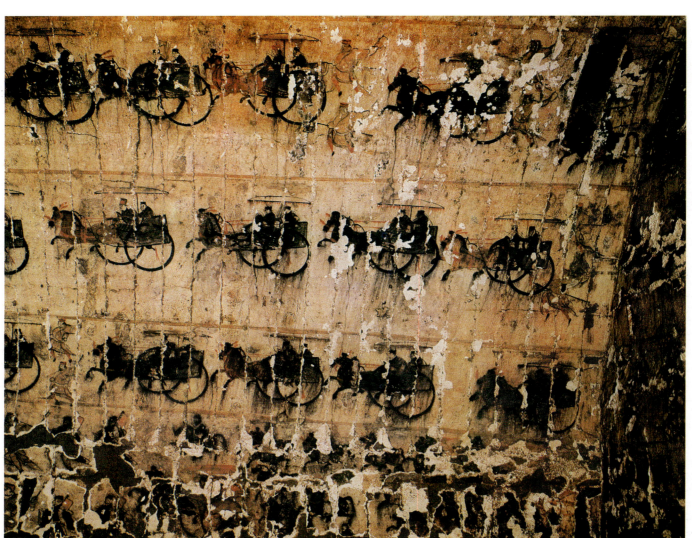

240 Der Rang des Verstorbenen, der in der Grabstätte in Anping beigesetzt wurde, wird anhand der zahlreichen Karossen und Reiter offenbar, die auf vier Ebenen die Wände der Hauptkammer zieren. Man vermutet, dass die Fresken bedeutende Momente aus dem Leben des Verstorbenen darstellen. (Westl. Han)

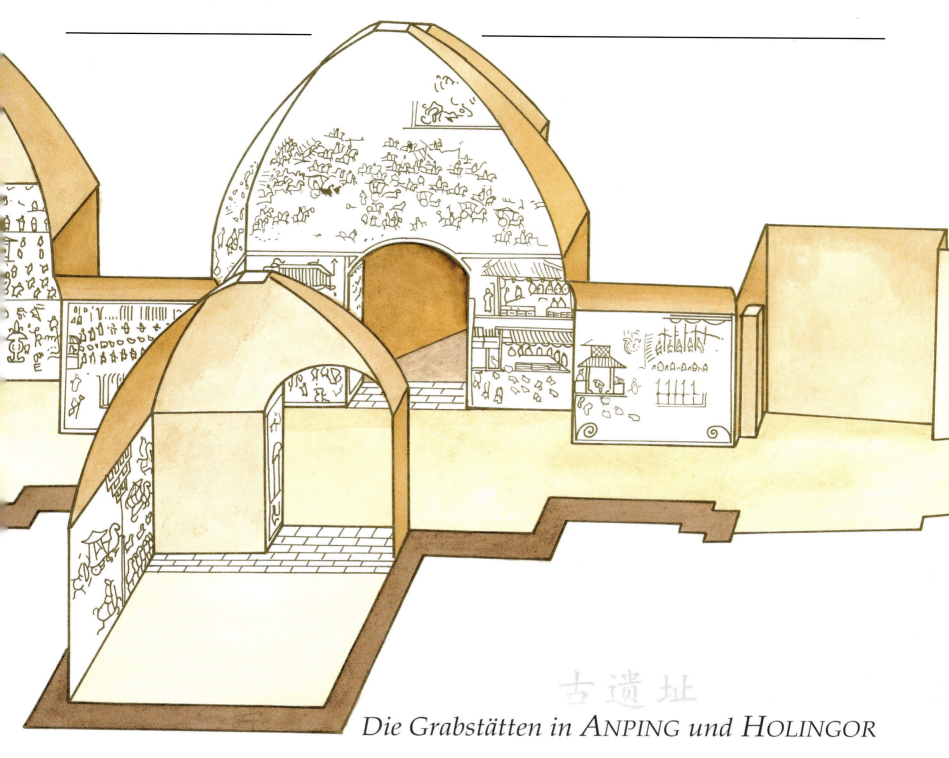

Die Grabstätten in ANPING und HOLINGOR

mit Alltagsszenen oder historischen und mythologischen Ereignissen geschmückt waren. Das in Yi'nan (Shandong) entdeckte Grab eines Generals, der im 1. Jahrhundert lebte, entspricht dieser Bauweise. Anhand eines Gemäldes an einer Wand des Grabes stellte man fest, dass das Grab eine Nachbildung des Hauses des Verstorbenen ist. Weitere Abbildungen zeigen Augenblicke seines Lebens und bedeutende Ereignisse in seiner Laufbahn. Eines der wichtigsten war eine Schlacht gegen die Nomadenvölker aus dem Norden: Der General steht auf seinem Wagen und spornt seine Soldaten an.

Grab Nr. 1 in Yangzishan (Sichuan), nördlich von Chengdu, Grab Nr. 2 in Dongyuancun (Anhui) und die Gräber Nr. 1 und 2 in Mixian, nahe Dahuting, stammen aus der Han-Zeit. Ersteres ist das größte und das am reichsten verzierte von über 200 Gräbern in dieser Region. Dieses Grab und Grab Nr. 2 in Mixian

240–241 und 241 *Die wenigen Fresken aus der Zeit der Han-Dynastie, die man heute noch bewundern kann, sind meist beschädigt. Die hier gezeigte Rekonstruktion und die Innenansicht eines Teils des Grabes von Holingor, vermitteln eine Vorstellung davon, wie die Grabstätte einer bedeutenden Persönlichkeit angelegt war. (Westl. Han)*

古遗址
Das Grab des Generals LOU RUI

242 links Dieses Fresko aus dem Grab von Lou Rui zeigt ein Festmahl zu Ehren eines wichtigen ausländischen Würdenträgers. (Nördl. Qi)

242 rechts Dieses Bild zeigt den Eingang zum Grab von Lou Rui, der in einen Gang mit herrlichen Fresken führt. Man sieht Reiter, Soldaten und Kamelkarawanen, die auf den Abmarsch warten. (Nördl. Qi)

wurden aus Backsteinen erbaut, während die anderen aus großen Steinblöcken bestehen. Ihre Dekors zählen zu den schönsten der Grabkunst der Han-Dynastie. Ein derart hoch entwickeltes künstlerisches und technisches Niveau findet man erst zur Zeit der Tang-Dynastie wieder. Es gibt lediglich eine Ausnahme: die herrlichen Fresken im Grab des Generals Lou Rui (gest. 577), das 1979 in einem Vorort von Taiyuan (Shanxi) entdeckt wurde. Die Malereien, die sich über eine Fläche von 200 m² erstrecken, zeigen Reiterszenen, Kamelkarawanen, Beamte und die zoomorphen Symbole von 28 Sternbildern. Die Gestaltung der Fresken ist äußerst innovativ im Vergleich zum klassischen Stil der Han-Dynastie. Die Darstellungen belegen den Einfluss der Kunst der Steppenvölker. Während die Tiere, die die Sternbilder symbolisieren, majestätisch und statisch wirken, vermitteln Pferde und Kamele, die in Bewegung abgebildet sind, den Eindruck von ungebändigter Energie. Die gekonnten Schattierungen verleihen den Malereien eine nie dagewesene plastische Tiefe. Zur Zeit der Tang-Dynastie

243 oben Reitertruppen in Uniform galoppieren auf den Grabausgang zu. Sie stellen vermutlich die Ehreneskorte dar, die General Lou Rui auf seiner langen Reise ins Jenseits begleiten sollte. (Nördl. Qi)

243 unten Die Tiere, die die 28 Sternbilder symbolisieren, sind in baimiao-Technik gemalt (Strichzeichnungen). Charakteristisch sind die deutlichen, klaren Linien und die Helldunkelmalerei. (Nördl. Qi)

242–243 Die Entdeckung des Grabes von General Lou Rui war aufgrund seiner herrlichen Fresken ein außergewöhnliches Ereignis. Hier ist ein Ausschnitt der 28 Sternbilder zu sehen, die die Wände des Zugangs und der Hauptkammer schmücken. (Nördl. Qi)

古遗址
Das Mausoleum des ERSTEN KAISERS

wurde diese Schattierungstechnik zum festen Bestandteil in der Malerei.

Zwar investierten auch der Adel und die Würdenträger vermehrt in die Erbauung ihrer Grabstätten, aber die Kaiser kannten beim Errichten ihrer Mausoleen keine Grenzen. Architekten und Künstler bei Hofe waren mit der Erfüllung der kaiserlichen Wünsche beschäftigt und mussten die ausgefallensten Projekte in die Tat umsetzen. Viele der Mausoleen wurden zerstört und diejenigen, die nicht geplündert wurden, blieben bis heute ungeöffnet, wie das Mausoleum des Ersten Kaisers, Qin Shi Huangdi (gest. 210 v. Chr.),

244 Der Grabhügel des Ersten Kaisers, unter dem sich das noch ungeöffnete Grab befindet, ist heute nur noch ca. 50 m hoch. Dies entspricht etwa einem Drittel seiner ursprünglichen Höhe. In der Umgebung hat man auf mehreren Kilometern Nebengräber freigelegt. (Qin)

秦

der in Lintong, ca. 35 km westlich von Xi'an (Shaanxi) beigesetzt wurde. Zeitgenössischen Chroniken zufolge betrug die Bauzeit dieses monumentalen Gebäudes fast 40 Jahre. Die Grabstätte befindet sich unter einem Grabhügel, der von einer doppelten Ringmauer eingefasst wird, und es ist bis heute ein Geheimnis, was sich innerhalb dieser Mauer befand. Sima Qian (ca. 145 v. Chr.–ca. 86 v. Chr.), ein großer Historiograph, berichtet von dem riesigen unterirdischen Palast, der von über 700 000 Menschen errichtet worden war, dass die Decke der Hauptkammer wirklichkeitsgetreu das Firmament darstellte und Szenen aus dem Kaiserreich den Boden schmückten. Die Flüsse, die dank genialer mechanischer Vorrichtungen in das Modell eines Meeres flossen, enthielten kein Wasser, sondern Quecksilber. Vielleicht wurden die ungeheuren Schätze des Mausoleums bereits wenige Jahre nach der Beisetzung des Kaisers geraubt, nachdem die Dynastie untergegangen war und die aufständischen Truppen unter Xiang Yu die Hauptstadt Xianyang dem Erdboden gleichgemacht hatten.

Im März 1974 stießen Bauern, die einen Brunnen ausheben wollten, auf den Kopf eines Terrakotta-Kriegers, nur 1 225 m von dem Hügel entfernt, unter dem später das Mausoleum des Ersten Kaisers lokalisiert wurde. Archäologische Untersuchungen bestätigten die Hypothese der legendären Armee, die hier zur Verteidigung des Ersten Kaisers und seines Mausoleums aufgestellt worden war. Bis heute hat man vier Gruften geöffnet: Nr. 1 ist die von den Bauern vor Ort zufällig entdeckte, während Nr. 2 und 3 aufgrund gezielter Berechnungen 1976 und 1977 gefunden wurden. 1995 entdeckte man die vierte Gruft, die jedoch vollkommen leer war. Archäologen gehen davon aus, dass sich ca. 8 000 Statuen in den Gräbern befinden. Bis heute wurden jedoch nur etwa 1300 freigelegt. Daneben gibt es weitere Gruften, die zum Teil Skelette von Pferden, Vögeln und Wildtieren enthielten sowie verschiedene Werkzeuge, Statuetten von Dienern und zwei prächtige bemalte Bronzequadrigen, die den verstorbenen Herrscher vermutlich in die Welt der Unsterblichen bringen sollten. Sie können heute in dem Museum, das man nahe der Gruft Nr. 1 eingerichtet hat, bewundert werden. Über den Gruften 1–3 wurden feste Überdachungen errichtet, damit die Grabungen unter besten Bedingungen durchgeführt werden können, aber auch, um den Besuchern den Zugang zu den Grabungsstätten zu erleichtern.

Die Terrakottastatuen sind sehr realistisch und mit viel Liebe zum Detail gefertigt. Die stehenden Soldaten sind 2 m hoch, die kniende Bogenschützen 1,2 m. Sie wiegen ca. 150 kg. Die Krieger sind in feierlicher, martialischer Haltung, wie es sich für Mitglieder der kaiserlichen Armee gehört, aufgereiht. Gesichtszüge, Blicke, Haartrachten und viele weitere Details sind so perfekt ausgearbeitet, dass sogar die ethnische Zugehörigkeit jedes einzelnen Soldaten festzustellen ist. Ebenso wirklichkeitsgetreu sind die militärische Ausrüstung und die Pferdegeschirre. Ursprünglich waren die Statuen bemalt, heute sind jedoch nur noch Spuren von

244–245 Die Terrakotta-Armee des Ersten Kaisers hinterlässt bei demjenigen, der Grab Nr. 1 zum ersten Mal besucht, einen bleibenden Eindruck. Die tausenden Soldaten in militärischer Aufstellung symbolisieren Stärke und Macht. (Qin)

245 Man benötigte Jahre, um die beiden Bronzequadrigen des Ersten Kaisers aus tausenden Fragmenten zu rekonstruieren. Die Wagen wurden zertrümmert, als die Holzkonstruktion, das Grab schützen sollte, einstürzte. (Qin)

246 oben Nur ein Teil der riesigen Terrakotta-Armee wurde bisher freigelegt. Hier arbeiten zwei Archäologen in dem Bereich, der zu einem Museum umfunktioniert wurde. (Qin)

246 unten Der Fund der beiden Bronzequadrigen des Ersten Kaisers wird von chinesischen Archäologen als äußerst bedeutsam angesehen, vergleichbar nur mit dem Fund der Terrakotta-Armee. (Qin)

Farbe zu erkennen. Die Fertigung der Terrakotta-Armee erforderte einen enormen Einsatz an Handwerkern und Material. Man schätzt, dass mindestens 85 Meister an der Fertigung beteiligt waren (deren Namen sind in die Statuen eingemeißelt), die jeweils von 18 Helfern unterstützt wurden. Die Lage der Gruften und die bis heute entdeckten Soldaten zeigen, dass man die Statuen nach militärisch-taktischen Gesichtspunkten aufgestellt hatte, die gegen Ende der Zhou-Dynastie und zu Beginn des Kaiserreiches gültig waren.

Die rechteckige Gruft Nr. 1 ist mit einer Fläche von 14 260 m² die größte. Hier fand man bisher 1087 Soldaten, 32 Pferde und die Überreste von acht Holzwagen, aber man schätzt, dass über 6 000 Krieger, 160 Pferde und 40 Wagen, beladen mit der militärischen Ausrüstung, hier vergraben sind. Den Mittelpunkt bilden neun Züge, die in einigem Abstand voneinander stehen, mit je vier Reihen Infanteristen und zwei seitlichen Zügen, die aus je einer Reihe bestehen. An der Spitze der Armee stehen in geschlossenen Reihen 210 Bogenschützen, drei Reihen Lanzenreiter und vierspännige Kampfwagen mit einem Kutscher und zwei Soldaten. Die Flanken werden jeweils von einer Reihe Krieger gesichert, die ihre Aufmerksamkeit nach außen wenden. Die Nachhut bilden drei geschlossene Reihen Soldaten. Die letzte Reihe steht mit dem Rücken zur übrigen Armee.

Die L-förmige Gruft Nr. 2 liegt etwa 20 m von Gruft Nr. 1 entfernt und erstreckt sich über eine Fläche von ca. 6 000 m². Hier wurden bisher ca. 70 stehende und kniende Armbrustschützen, zahlreiche Kavalleristen, ca. 50 Pferde und die Überreste verschiedener Holzwagen freigelegt. Man schätzt, dass insgesamt 1300 Krieger, 450 Pferde und 89 Kampfwagen in dieser Gruft vergraben sind. Die Aufstellung der Soldaten ist kompakter und trägt der Schlagkraft der Kavallerie Rechnung. Bogenschützen sichern die Truppe.

Mit einer Fläche von 500 m² ist Gruft Nr. 3 die kleinste. Sie liegt ca. 25 m nordwestlich von Gruft Nr. 1. Man vermutet, dass sie den Generalstab barg. Es wurden 68 unbewaffnete Krieger, darunter Offiziere und Offiziersdiener entdeckt, die nicht in Kampfformation aufgereiht waren. Außerdem legte man vier Pferde und die Überreste eines Kampfwagens frei. Zahlreiche Tierknochen lassen darauf schließen, dass die Kommandanten vor der Schlacht das Kriegsglück mit Opfergaben beschworen. Auch Hirschgeweihe und Bronzewaffen fand man in der Gruft.

247 Diese Infanteristen in militärischer Aufstellung scheinen auf Befehle zu warten. Die wirklichkeitsgetreue Darstellung der Statuen und Wagen, aus denen diese eindrucksvolle Formation besteht, machen diesen Fund einmalig in der Welt. (Qin)

Gruft Nr. 4 bedeckt eine Fläche von 4 608 m² und hat wie auch die anderen eine Tiefe von 4,8 m. Ihre Funktion ist ein Rätsel, denn sie war vollkommen leer. Unter den verschiedenen Hypothesen scheint die von Yuan Zhongyi, Direktor des Museums in Xi'an, am wahrscheinlichsten. Gruft Nr. 4 soll das Herzstück der Armee enthalten haben, während die Einheiten in Gruft 1 und 2 den rechten und den linken Flügel der Armee repräsentieren und sich in Gruft Nr. 3 die Kommandozentrale befand. Die Soldaten, für die Gruft Nr. 4 bestimmt war, könnten aus Fleisch und Blut gewesen sein. Vielleicht handelte es sich dabei um diejenigen, die das Mausoleum erbaut hatten und gemäß einem damals noch gültigen Brauch dort begraben wurden.

Schriften des Historiographen Sima Qian unterstreichen diese Hypothese und erklären zugleich, weshalb das Massenopfer nicht stattfand. In seinem Werk, „Shiji" (Aufzeichnungen des Historiographen), berichtet er, dass der Erhabene Kaiser auf Anraten eines Ministers entschied, die Männer nicht zu begraben, sondern in die Schlacht gegen die Völker zu schicken, die sich in Teilen des Kaiserreiches gegen das Joch der Zentralmacht erhoben hatten. Die Soldaten hätten dann also den Kaiser auf dem Schlachtfeld verteidigt und ihm nicht in seinem Leben nach dem Tod zur Verfügung gestanden. Gruft Nr. 4 wurde inzwischen mit Ausnahme des nordwestlichen Teils wieder zugeschüttet.

1980 legte man 20 m westlich des Mausoleums eine tiefere Gruft frei, die eine Fläche von 3 025 m² umfasst. Sie enthielt Bronzequadrigen mit Kutscher und Pferden, die etwa halb so groß sind wie die kaiserlichen Quadrigen. Die kleinere, der „Hohe Wagen" (gaoche), ist mit einem Sonnenschirm ausgestattet, unter dem der Kutscher aufrecht steht. Er fuhr vor dem größeren Wagen, dem „Wagen der Ruhe" (anche), in dem man sitzend reiste und der für Vergnügungsfahrten bestimmt war. Der „Hohe Wagen" ist 2,25 m lang und wiegt 1061 kg. Der „Wagen der Ruhe" ist 3,17 m lang, wiegt 1241 kg und besteht aus 3 462 Einzelteilen, die mit unterschiedlichen Techniken zusammengefügt wurden. 1742 Teile sind aus Bronze, 737 aus Gold und 983 aus Silber. Dieser außergewöhnliche Fund ist einmalig in seiner Art und belegt die Fertigkeit der chinesischen Handwerker auf dem Gebiet der Metallbearbeitung.

Die Entdeckung der Armee des Ersten Kaisers von China wird von vielen als der bedeutendste archäologische Fund des 20. Jahrhunderts betrachtet und erregte weltweit Bewunderung. Das Gebiet, auf dem sich Mausoleum und Terrakotta-Armee befinden, wurde unter den Schutz der UNESCO gestellt und zum Weltkulturerbe erklärt.

Bescheidenere Terrakotta-Armeen hat man in einigen Gräbern der Westlichen Han-Dynastie entdeckt. In Xuzhou fand man tausende bis zu 47 cm große Statuetten. In Yangjiawan, nahe Xianyang, entdeckte man in einem Grab neben dem Mausoleum des ersten Han-Kaisers 583 Kavalleristen und 1965 Infanteristen. In Yangling (Shaanxi) legte man tausende Statuen frei, durchschnittlich 62 cm hoch, einige davon mit vor der Brust gekreuzten Holzarmen.

Ebenso wie das Mausoleum von Qin Shi Huangdi hat man auch die Gräber der Han-Kaiser bisher nicht geöffnet. Das beeindruckendste Grab ist das des Kaisers Wudi (gest. 87 v. Chr.), der in Maoling beigesetzt wurde, einem Ort in der Nähe von Xingping, etwa 40 km von Xi'an entfernt. Die Erbauung dieser letzten Ruhestätte dauerte 53 Jahre. Der rechtwinklige Grabhügel misst 480 m in ostwestlicher und 414 m in nordsüdlicher Richtung und ist

248 Die markanten Gesichtszüge der Soldaten wurden individuell modelliert. Sie zeigen, dass man großen Wert auf Realismus legte und viel Sorgfalt auf Details verwendete. (Qin)

249 Vor allem beim Modellieren der Köpfe erzielten die Künstler der Qin-Dynastie hervorragende Ergebnisse. Die Soldaten wirken stolz und kriegerisch, die Stirn ist hoch, die Augenbrauen sind markant und die Bärte dicht. Sie verlaufen parallel zu den breiten Wangenknochen. Die Haartrachten sind bis ins Detail ausgearbeitet. (Qin)

唐

von einer ca. 6 m dicken Mauer aus gestampfter Erde umgeben. Zeitgenössische Quellen belegen, dass sich die Grabstätte inmitten eines riesigen Parks befand, in dem mehr als 5 000 Menschen lebten – Wächter, Diener und Gärtner –, die sich um den Park und die Umgebung der Grabstätte kümmerten.

Neben dem Mausoleum wurden die Mitglieder der kaiserlichen Familie sowie Diener, Beamte und Offiziere beigesetzt, die sich als besonders ergeben erwiesen hatten. Gemäß historischer Quellen befanden sich in der Nähe der Grabstätte von Wudi mindestens 20 Gräber dieser Art, deren wichtigstes vermutlich das von Huo Qubing (140–117 v. Chr.) ist. Er war ein mächtiger General, der glorreiche Siege gegen die Xiongnu errungen hatte.

In der Nähe des Grabes von Wudi hat man einige große Statuen und zwei Stelen mit Inschriften gefunden. Diese Statuen wurden außerhalb der Grabstätte aufgestellt, um böse Geister abzuwehren und die Heiligkeit des Ortes zu demonstrieren. Auch entlang der Straße, die zum

250 oben *Vermutlich drangen Plünderer durch die Luftschächte über dem Eingangskorridor in das Grab der Prinzessin Xincheng ein und raubten die wertvollen Schätze. (Tang)*

250 unten und 251 rechts *Trotz der Beschädigungen zählen die Fresken, die auf die verputzten Wände und Decken des Grabes der Prinzessin Xincheng gemalt wurden, zu den schönsten der Tang-Dynastie. (Tang)*

250–251 und 251 links *Grabstatuetten aus bemalter Keramik wurden in Wandnischen aufgestellt, entlang dem bemalten Gang, der zur Hauptkammer führt. Sie waren unverzichtbar, denn sie sollten die Prinzessin nach dem Tod erheitern und ihr hilfreich zur Seite stehen. (Tang)*

古遗址

Das Grab der Prinzessin Xincheng

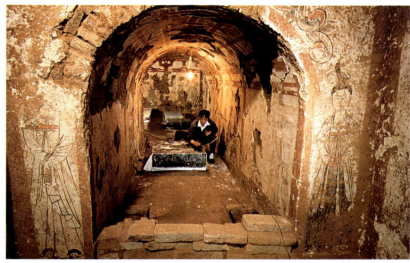

Grab führte waren Statuen postiert. Dieser „Weg des Geistes" *(shendao)* war zur Zeit der Tang-Dynastie den Kaisern vorbehalten.

Angesichts der gigantischen Grabstätten von Qin Shi Huangdi und Wudi kann man sich gut vorstellen, wie majestätisch und prunkvoll die Tang-Mausoleen gewesen sein müssen und welches Symbol an Macht und Überlegenheit sie darstellten in den Augen der Vasallen, die gezwungen waren den Ahnen des Kaisergeschlechts zu huldigen und Geschenke darzubringen. Die Mausoleen der Herrscher dieser Zeit wurden in Berge gehauen. Die berühmtesten sind die letzten Ruhestätten von Kaiser Taizong in Zhaoling, ca. 60 km von Xi'an entfernt, sowie von Kaiser Gaozong und seiner Konkubine Wu Zhao in Qianling, ca. 80 km von Xi'an entfernt. Wu Zhao wurde 690 unter dem Namen Wu Zetian Kaiserin.

Alle 18 Mausoleen der Tang-Herrscher wurden kurz nach dem Niedergang der Dynastie geplündert und größtenteils zerstört, sodass heute nur noch sehr wenig ihres einstigen Glanzes geblieben ist. Der beeindruckende Grabkomplex von Zhaoling erstreckt sich über eine Fläche von 200 km² und ist von einer ca. 60 km langen Mauer umgeben. Diese Totenstadt umfasst das Mausoleum des Kaisers Taizong und 167 Nebengräber von Prinzen, Prinzessinnen, Gemahlinnen, hohen Würdenträgern und Generälen, die sich durch besondere Loyalität ausgezeichnet hatten und es daher verdienten, neben ihrem Gebieter begraben zu werden.

Das interessanteste Nebengrab ist die letzte Ruhestätte der Prinzessin Xincheng, die zwischen 1994 und 1995 freigelegt wurde. An den Wänden des Ganges, der in die Grabkammer führt, sind Diener und Höflinge abgebildet, die die Verstor-

251

Zeitgenössische Schriften berichten, dass berühmte Künstler an der Planung und Durchführung des Komplexes beteiligt waren, wie die Maler Yan Lide und Yan Liben.

Eine am Berghang angelegte Straße und eine Treppe mit 230 Stufen führten zum Eingang des Kaisergrabes. Der „Weg des Geistes" war 1 km lang und wurde von mindestens 68 Statuen mit einer durchschnittlichen Höhe von 4 m flankiert. Die Grabkammer war Teil der in den Berg Jiuzong gebauten Grabstätte und konnte über einen 230 m langen Tunnel erreicht werden. In der Umgebung des Eingangs legte man eine Stadt an, ein Modell der Hauptstadt, mit Tempeln und Palästen sowie Festungen und einer Stadtmauer, deren Portale von eindrucksvollen Wachtürmen überragt wurden. Der Gebäudekomplex am südwestlichen Berghang, bekannt unter dem Namen „Kaiserstadt", erstreckte sich über eine Fläche von beinahe 80 000 m². Gemäß zeitgenössischer Chroniken wurden im Jahr 798 etwa 378 Säle restauriert beziehungsweise komplett wieder aufgebaut.

253 oben rechts
Charakteristisch für die Wandmalereien der Tang-Dynastie ist die exakte Wiedergabe kleinster Details, sowohl bei der Darstellung von Menschen als auch bei der Abbildung von Gegenständen. (Tang)

253 unten rechts
Das schwere Steinportal, das die letzte Ruhestätte der Prinzessin schützen sollte, und das Epitaph werden heute in der Grabkammer aufbewahrt. (Tang)

bene auf ihrer letzten Reise begleiteten. Man erkennt Ochsenkarren, Bedienstete, eine Militäreskorte und einen Baldachin. Die Grabkammer ist mit herrlichen Fresken bemalt, die Alltagsszenen aus dem Frauentrakt des Palastes zeigen: Elegante Damen im Gespräch und Jungfrauen, die verschiedene Gegenstände, wie wertvolle Dosen mit Schminkutensilien, Musikinstrumente und Blumen, für ihre Herrin bereitstellen.

In Zhaoling wurden auch die Leichname von Kommandanten beigesetzt, die ethnischen Gruppen angehörten, die von der Tang-Dynastie besiegt worden waren und dem Kaiserreich dann wertvolle Dienste leisteten. Das Grab des Taizong dominiert den gesamten Komplex, während die Gräber des Adels, der Konkubinen und der Würdenträger gemäß ihrem Rang angelegt wurden.

Im Jahr 636 begann man mit dem Bau des Grabkomplexes, der 649, im Sterbejahr des Kaisers, abgeschlossen wurde.

252 und 253 links
Beim Betrachten der herrlichen Wandmalereien glaubt man, in einem Palast zu verweilen, in den Privatgemächern der Prinzessin, die sich in Gesellschaft ihrer Hofdamen und Jungfern befindet. (Tang)

古遗址

Die Totenstadt in QIANLING

Auf dem höchsten Gipfel des Berges Liang (1049 m) erstreckte sich die Totenstadt von Qianling über eine Fläche von 40 km². Die innere Ringmauer wurde zusammen mit den Ruinen der vier Portale und einem Opfertempel entdeckt.

Das Grab von Gaozong, dessen Eingang von einem riesigen Steinportal verschlossen wird, ist noch unversehrt. Ein majestätischer „Weg des Geistes" führt zu diesem Portal. Er wird gesäumt von zwei achteckigen Steinsäulen, zahlreichen Statuen, die Krieger und wilde Tiere darstel-

len, die das Grab bewachen sollten, sowie von zwei Stelen, von denen eine beschriftet ist. Andere Skulpturen zeigen herrliche gesattelte Pferde, prächtige geflügelte Schlachtrosse und Vögel, die Wohlstand verheißen. 61 Statuen verkörpern ausländische Könige und Botschafter, die an der Beisetzung von Gaozong teilnahmen.

Der Kaiser starb im Dezember 683 im Alter von 56 Jahren. Er wurde im August 684 in Qianling beigesetzt. Wu Zetian verschied 705 im Alter von 82 Jahren und wurde im Mai 706 in Qianling zu Grabe getragen.

254 oben links und unten Der „Weg des Geistes", der zu den Grabstätten von Gaozong und Wu Zetian führt, überrascht den Besucher aufgrund seiner Länge ebenso wie aufgrund der majestätischen Steinstatuen, die ihn säumen. (Tang)

254 oben rechts
Der Strauß, ein für die Chinesen exotisches Tier, wurde oft als Statue in der Umgebung der Kaisergräber der Tang-Dynastie aufgestellt. Er sollte Überraschung und Bewunderung bei den Besuchern hervorrufen und wies auf die zahlreichen Verbindungen hin, die das Reich mit weit entfernten Ländern unterhielt. (Tang)

254–255 *In Qianling fand man zwei Gruppen von Statuen, die 61 Könige und Botschafter aus nahe gelegenen Ländern zeigen, die mit Ehrentiteln am Hofe der Tang-Dynastie ausgezeichnet worden waren. Die Statuen, die keine Köpfe mehr haben, tragen unleserliche Inschriften. Die Entdeckung einiger antiker Reproduktionen auf Papier erlaubte es, einen Großteil der Persönlichkeiten zu identifizieren. (Tang)*

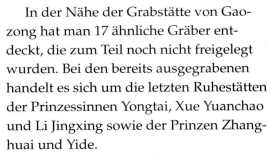

Das Grab von LI XIAN

256 oben Mit wenigen Pinselstrichen zeichnete man die Konturen und bedeutenden Details der Gewänder der dargestellten Persönlichkeiten. Die Erstellung der Fresken der Kaisergräber, wie die hier abgebildeten aus dem Grab von Li Xian, wurde den berühmtesten Hofmalern aufgetragen. (Tang)

256 unten Die auf den Wandmalereien der Tang-Dynastie abgebildeten Persönlichkeiten sind oft bei der Ausübung einer Tätigkeit dargestellt, die manchmal banal erscheint, um die Sorglosigkeit des Lebens bei Hofe wiederzugeben. (Tang)

In der Nähe der Grabstätte von Gaozong hat man 17 ähnliche Gräber entdeckt, die zum Teil noch nicht freigelegt wurden. Bei den bereits ausgegrabenen handelt es sich um die letzten Ruhestätten der Prinzessinnen Yongtai, Xue Yuanchao und Li Jingxing sowie der Prinzen Zhanghuai und Yide.

Die Gräber sind von Mauern umgeben, ihre Eingänge weisen nach Süden und werden von Steinsäulen und -statuen gesäumt. Im Inneren haben die Grabstätten die Form eines unterirdischen Palastes, durch den ein Gang zu den Vorkammern und zur eigentlichen Grabkammer führt. Die Wände zeigen herrliche Fresken im Stil der Zeit: das Leben bei Hofe, die Vergnügungen des Adels und Paraden. Menschen und Tiere in Lebensgröße sind im eleganten Stil des Tang-Hofes abgebildet, umgeben von einer Landschaft, die in der Malerei auf Papier und auf Seide ebenfalls zu finden ist. Ähnliche Malereien in frischen, strahlenden Rot-, Ocker-, Grün- und Blautönen zierten vermutlich auch die Paläste und Residenzen jener Zeit.

Die wichtigsten Grabstätten sind die der Prinzen Li Xian und Li Zhongrun sowie der Prinzessin Yongtai, die von Wu Zetian getötet wurden. Li Xian (654–684), posthum Zhanghuai, war der Sohn von Gaozong und Wu Zetian; Li Zhongrun (682–701), posthum Yide, und seine Schwester Li Xianhuai (684–701), posthum Yongtai, waren die Kinder des Kaisers Zhongzong und Enkel von Wu Zetian. Über 4300 künstlerisch wertvolle Arbeiten, vor allem Keramikstatuetten sowie Jade-, Gold- und Bronzeobjekte, bildeten die Grabbeigaben. Sie waren Ausdruck der Trauer über die Ermordung der Kaiserkinder, die erst nach dem Tod von Wu Zetian rehabilitiert wurden.

Das Grab von Li Xian ist das spektakulärste. Auf einer Fläche von ca. 400 m² sind 50 Gruppen mit insgesamt 130 Männern und Frauen abgebildet. Die schönsten Fresken zeigen eine Polopartie, den Einzug ausländischer Gäste und eine Jagd.

256-257 *Zur Zeit der Tang-Dynastie organisierte man groß angelegte Jagden für die Mitglieder der kaiserlichen Familie. Sie sind vergleichbar mit den Fuchsjagden, die die englische Aristokratie in den vergangenen Jahrhunderten durchführte. (Tang)*

257 *Einige Fresken im Grab des Prinzen Li Xian belegen, dass Polo ein geschätzter Zeitvertreib war. Diese Fresken zieren die westliche Wand des Ganges, der in die Grabkammer führt. (Tang)*

Das Grab von Li Zhongrun enthält 40 wunderbare Gemälde. Sie zählen zu den schönsten der 27 Gräber der Tang-Dynastie, die in der Gegend um Chang'an entdeckt wurden, sind am besten erhalten und spiegeln den Stil der Tang-Epoche am eindrucksvollsten wider.

Teile der Fresken aus Qianling, die man von den Wänden abgelöst und restauriert hat, befinden sich heute im Geschichtsmuseum von Shaanxi. Neben zehn Fresken aus dem Grab von Li Xian und sechs Wandmalereien aus dem Grab von Li Zhongrun können 23 weitere Fresken aus verschiedenen Grabstätten der Kaiserfamilie und hoher Würdenträger bewundert werden.

Das Grab von LI ZHONGRUN

258 links *Die hier abgebildeten Hofdamen scheinen sich mit reizender Natürlichkeit im Rhythmus einer langsamen Musik zu bewegen. Die Anmut dieser im Grab von Li Zhongrun entdeckten Malerei offenbart die Sanftheit des weiblichen Ideals der damaligen Zeit. (Tang)*

258 rechts *Unter den Wandfresken des Ganges, der zur Grabkammer von Li Zhongrun führt, bestechen die Darstellungen der eindrucksvollen Türme entlang der Verteidigungsmauer und an den Seiten der Tore der Hauptstadt Chang'an. Sie war zur Zeit der Tang-Dynastie die am dichtesten besiedelte Stadt der Welt. (Tang)*

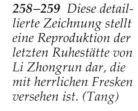

258–259 *Diese detaillierte Zeichnung stellt eine Reproduktion der letzten Ruhestätte von Li Zhongrun dar, die mit herrlichen Fresken versehen ist. (Tang)*

259 *Dieses Bild zeigt eine Gruppe von Eunuchen. Sie hatten großen Einfluss bei Hofe, vor allem gegen Ende der Tang-Dynastie, als nacheinander mehrere Kindkaiser den Thron bestiegen. Die Intrigen der Eunuchen verursachten oft schwere politische Krisen. „Sie waren wie tödliches Gift und so gefährlich wie wilde Bestien", sagte Huang Zongxi, einer der führenden konfuzianischen Intellektuellen des 17. Jahrhunderts. (Tang)*

古遗址

Die GROSSE MAUER

260 Türme, Zinnen und tausende Stufen der Großen Mauer sind über weite Strecken noch heute sehr gut erhalten.

Bei einem Streifzug durch die archäologischen Grabungsstätten Chinas darf man das vielleicht größte Werk, das jemals von Menschen erbaut wurde, nicht vergessen: die Große Mauer, *wan li changcheng* (Mauer von 10 000 Li). Täglich fahren tausende Touristen von Peking nach Badaling zu dem Mauerabschnitt, der der Hauptstadt am nächsten liegt und aus der Ming-Dynastie (1368–1644) datiert. Oder man begibt sich nach Mutianyu, um einen Mauerabschnitt aus dem 6. Jahrhundert zu bewundern, der später restauriert wurde.

Heute erstreckt sich die Große Mauer über 2450 km, von der Ostküste bis zur Wüste Gobi. Ihre Struktur ist beeindruckend. Die Dimensionen variieren von Abschnitt zu Abschnitt, aber der Großteil ist zwischen 7 und 8 m hoch und am Fuß der Mauer 6,5 m sowie oben 5,8 m dick.

Im 5.–4. Jahrhundert v. Chr., zu einer Zeit als China in Reiche geteilt war, die ständig um die Vorherrschaft kämpften, begann man mit dem Bau der Mauer. Die Königreiche Qin, Zhao und Yan errichteten erste befestigte Grenzen zum Schutz ihrer Territorien vor den Überfällen der Nomadenvölker aus dem Norden.

Qin Shi Huangdi, der erste Kaiser der Qin-Dynastie, ließ diesen Verteidigungsgürtel ausbauen und die bestehenden Teile miteinander verbinden. Auch die Han-Kaiser unternahmen große Anstrengungen, um das ursprüngliche Werk zu erweitern. Im Lauf der Zeit verlor die Mauer jedoch ihre Verteidigungsfunktion und verfiel. Später veranlasste der erste Kaiser der Ming-Dynastie, Hongwu (Taizu 1368–1398) den systematischen Wiederaufbau und den Ausbau der Mauer. Heute hat die Große Mauer nicht mehr die Dimensionen von einst. Nur an einigen Abschnitten wurde sie restauriert und ist für Besucher zugänglich. Ein faszinierender Abschnitt – auch landschaftlich – ist das Ende der Mauer in Jiayuguan (Gansu), das aus der Ming-Zeit stammt.

260–261 Erbaut als Schutzwall gegen die Bedrohungen zu Lande seitens der Nomadenvölker steht die Große Mauer noch heute als Symbol für nationale Einheit und Identität.

261 Der Teil der Großen Mauer, der sich in der Nähe von Mutianyu erhebt, war von größter strategischer Bedeutung. Er sollte die ständigen Einfälle der Nomadenvölker aus dem Norden des Reiches abwehren, vor allem seitens der Ruzhen (Jurchen), die ursprünglich aus der Mongolei stammten und unter der Herrschaft von Aguda (1068–1123) sehr mächtig waren.

石窟寺

DIE BUDDHISTISCHEN FELSENTEMPEL

Jahrhundertelang waren die Handelszentren an der Seidenstraße Treffpunkt der unterschiedlichsten Völker, die nicht nur zum Warenaustausch hierher kamen, sondern auch aus Neugier gegenüber fremden Kulturen und Zivilisationen, von denen sie vage Kenntnis hatten, ferne Kunde eines Glanzes, der die Mächtigen faszinierte und die Kaufleute anzog. Auf dieser Straße kam zur Zeit der Han-Dynastie der Buddhismus aus Indien nach China. Er verfügte über ein umfangreiches Erbe an jahrhundertealten Doktrinen, Schriften, Ritualen und sakralen Traditionen. Die westlichen Provinzen Gansu und Xinjiang sind wichtige Zeugen der unaufhörlichen Wanderungen, die sich in beide Richtungen vollzogen. Die Mönche aus Indien und anderen zentralasiatischen Gebieten wanderten in das chinesische Kaiserreich, um die Menschen zu bekehren, während die chinesischen Mönche und ihre Schüler Pilgerreisen gen Westen unternahmen, zu den Ursprüngen des Buddhismus, um heilige Schriften zu sammeln, die sie in der Heimat übersetzten und verbreiteten. Mit der schrittweisen Ausbreitung des Buddhismus im Kaiserreich entwickelten sich auch in zentralen Gebieten bedeutende Kultstätten, zum Beispiel im heutigen Henan und Shanxi und im Süden, vor allem in der Provinz Sichuan. Kucha, Khotan und Karashahr, unabhängige Reiche an der Seidenstraße in der heutigen Provinz Xinjiang, wurden wichtige buddhistische Zentren und waren jahrhundertelang das Ziel der Pilger. An diesen Kultstätten und in den Oasen der nahe gelegenen Wüsten, in Turfan, Kizil und Miran, wurden prächtige Felsentempel errichtet.

Die wichtigste Stätte liegt jedoch im westlichen Gansu, 25 km südöstlich der Oase von Dunhuang, einer alten Poststation am Ende des Hexi-Korridors, dessen Name „flammender Leuchtturm" bedeutet. Am Rand der Wüste Gobi, nahe dem Yumenguan (Jadetorpass), befinden sich die Grotten von Mogao (*Mogaoku*), die in China auch als Grotten der Tausend Buddhas (*Qianfo dong*) bekannt sind.

Ab dem Jahr 366 wurden etwa 1000 Grotten von unterschiedlicher Größe in

262 *Die Provinz Xinjiang ist übersät mit den Überresten bedeutender religiöser Zentren, die sich entlang der nördlichen Route der Seidenstraße entwickelt hatten, vor allem in der Gegend von Turfan. Hier sind die Ruinen von Jiaohe (oben) zu sehen, einer Stadt aus der Han-Zeit, und von Gaochang (unten) aus der Tang-Zeit.*

262–263 *In den Tempeln von Mogao, nahe Dunhuang, gibt es unter den 670 Statuen aus der Tang-Dynastie auch viele von enormer Größe, wie diesen 33 m hohen Buddha.*

Die Grotten von MOGAO

263 Die Grotten von Mogao erstrecken sich über mehr als 1,5 km, entlang dem Berg Mingsha. Aufgrund seiner geographischen Lage war Dunhuang der ideale Treffpunkt zwischen der chinesischen Zivilisation während der Kaiserzeit und den Völkern, die westlich der chinesischen Grenzen lebten.

263

264 Eines der Bildnisse hier zeigt Buddha Schakjamuni im Gespräch mit Buddha Prabhutaratna. Darüber hinaus sind die Heldentaten von 500 Tapferen dargestellt, die gegen das Unrecht in der Welt kämpften und deshalb Buddhas wurden.

264–265 *Tausende Statuen, Altäre und Säulen zieren die Grotten von Mogao. Sie sind mit Fresken bemalt, die Auszüge aus den heiligen buddhistischen Schriften wiedergeben. Diese Grotte, die zur Meditation bestimmt war, bedeckt eine Fläche von ca. 40 m² und ist 4,3 m hoch. Eine Inschrift datiert ihre Gemälde auf 538–539.*

265 *Die linke Figur stellt Kasyapa im fortgeschrittenen Alter dar, um die Weisheit, die aus seiner sprichwörtlichen Klugheit entstand, zu unterstreichen. An seiner Seite ist ein Bodhisattwa von geradezu feminiver Schönheit und Eleganz zu sehen. Es ist ein Bild der Sanftmut und Gelassenheit, von höchster Ausdruckskraft aus der sakralen Kunst zur Zeit der Tang-Dynastie.*

den Berg Mingsha gegraben, an der Klippe, die das schlammige Wasser des Flusses Dachuan überragt. Dies ist die eindrucksvollste chinesische Kultstätte, die vollkommen in den Fels gebaut wurde. 492 Grotten widerstanden der Erosion und den Verwüstungen durch Menschenhand, aber nur ein Teil davon kann besichtigt werden. Die ältesten Grotten entstanden zu Beginn des 5. Jahrhunderts. 23 Grotten, die sich in der Mitte der Felswand befinden, stammen aus der Zeit der Nördlichen Dynastien, 95 datieren aus der Sui-Dynastie und 213 aus der Tang-Dynastie. Die übrigen 161 entstanden zwischen dem 10. und 14. Jahrhundert. Viele ältere Grotten wurden erneuert oder erweitert.

Die Faszination des Komplexes geht von der ungewöhnlichen, aber harmonischen Kombination verschiedener architektonischer, bildhauerischer und malerischer Stilrichtungen aus. Die Grotten haben eine relativ einfache Struktur. Einige, in der Regel die ältesten, bestehen nur aus einem Raum, andere haben eine Art Vorkammer, die in einen Saal führt, der reich mit Fresken, Statuen, Säulen, Altären und Nischen unterschiedlicher Größe geschmückt ist. Die Fläche variiert zwischen 9 und 70 m², während die Höhe stets zwischen 1,5 und 5 m liegt. Die ältesten Grotten zeigen den Einfluss zentralasiatischer und indischer Sakralarchitektur. Ein typisch Beispiel hierfür ist der Pfeiler in der Mitte des Saales. Im Lauf der Zeit verlor sich dieser Einfluss immer mehr, bis er schließlich zur Zeit der Sui- und der Tang-Dynastie ganz verschwand.

Der Komplex von Mogao umfasst 2 400 bemalte Tonstatuen, die einzelne Gottheiten oder Gruppen von Gottheiten

265

266 unten *Dieses Gemälde zeigt einen Buddha, der milde Gaben empfängt. Auf jeder Seite sitzt ein Bodhisattwa mit höflichem und gefasstem Gesichtsausdruck. Einer der Bodhisattwas scheint zu sprechen.*

266 oben *Zwei buddhistische Mönche sitzen meditierend auf Thronen in Form von Lotosblumen. Im Hintergrund laufen eine Antilope, ein Hase und eine Gazelle frei über die Wiesen und unterstreichen damit die Ruhe und Gelassenheit, die das Werk charakterisieren.*

und Heiligen darstellen, die zum buddhistischen Pantheon gehören. Die ältesten Werke bestehen meist aus einer Buddhafigur, die von zwei Bodhisattwas flankiert wird, während spätere Gruppen bis zu neun Figuren umfassen. Die Skulpturen stehen entlang den Wänden oder in Nischen. Manche sind von majestätischer Größe, wie die herrliche Darstellung des Buddha Maitreya, der 26 m hoch ist (Grotte Nr. 130) und Ma Sizhong, einem Künstler zu Beginn des 8. Jahrhunderts zugeschrieben wird. Beachtlich ist auch die 33 m hohe Statue in Grotte Nr. 96.

Die Malereien in den Grotten von Mogao sind ebenso prächtig. Wände und Decken sind vollständig von Heiligenbildern bedeckt, die Gottheiten, heilige Orte und Kultstätten darstellen oder Parabeln und Anekdoten aus der buddhistischen Tradition illustrieren. Im Hintergrund sind manchmal ländliche Gegenden zu erkennen, mit einfachen Personen, die ihr Tagwerk verrichten: Bauern bei der Feldarbeit, Handwerker beim Schnitzen oder Schmieden, Fischer und Jäger sowie Artisten, die die Zuschauer mit Akrobatik, Musik oder Gesang unterhalten. Man hat berechnet, dass die bemalte Fläche über 45 000 m² einnimmt.

Die ältesten Malereien, ausgeführt vor der Sui-Zeit, zeigen Geschichten aus dem Jataka oder aus berühmten Sutras, die von den lobenswerten Taten des Schakjamuni erzählen, aus den Leben, die vor seiner Wiedergeburt als Prinz stattfanden. Diese Erzählungen geben den Gläubigen ein Beispiel an Bescheidenheit, geprägt von Großzügigkeit und höchster Opferbereitschaft. Die Malereien der Folgezeit, vor allem der Sui- und der Tang-Dynastie, zeigen unendliche theologische Dispute, häufig belebt durch magische Ereignisse und fantastische Wandlungen, oder die herrlichen buddhistischen Paradiese. Das

Paradies des Buddha Maitreya ist auf 64 Wänden abgebildet, während 125 Fresken die Geschichten des westlichen Paradieses, *Sukhavati*, erzählen. Die Stilrichtungen der Malereien variieren stark und spiegeln die jahrhundertelange Entwicklung bezüglich des Geschmacks und der Techniken, aber auch bezüglich der Religion wider.

Nach dem 16. Jahrhundert verloren die Grotten von Mogao ihre Bedeutung als religiöses Zentrum, da immer weniger Gläubige die Stätte besuchten. Ihre Berühmtheit in jüngerer Zeit verdanken sie einem außergewöhnlichen Ereignis: 1899 entdeckte der taoistische Mönch Wang Yuanlu, der in den Grotten lebte, zufällig den Eingang zu einer Steinkapelle, die über 40 000 Handschriften, einige tausend

266–267 Dieser Ausschnitt entstammt der Geschichte über die 500 Gefolgsleute, die Buddhas wurden. Ein Bogenschütze spannt seinen Bogen und zielt auf eine Gazelle zwischen den Bergen.

267 Das Thema dieser Szene ist dem Sutra von Vimalakirti entnommen und zeigt Manjusri, der mit erhobener Hand in der Mitte sitzt, um eine Rede zu halten. Vor ihm steht Sariputra, ein Schüler Buddhas, auf den ein Regen aus Himmelsblumen niedergeht, der ihn veranlassen soll, endgültig mit den weltlichen Bedürfnissen zu brechen.

Gemälde sowie Stoffe barg, die sehr gut erhalten sind. Die Handschriften beinhalten religiöse Texte, vor allem buddhistische, aber auch taoistische und konfuzianische Dokumente sowie historische, rechtliche, literarische, astronomische und medizinische Schriften. An einigen dieser Werke sind die Jahrhunderte spurlos vorübergegangen. Über 80 Prozent sind auf Chinesisch verfasst, die übrigen auf Tibetisch, Türkisch, Sogdisch, Khotanisch, Uigurisch und Brahmisch, Sprachen die von den Händlern und Reisenden gesprochen wurden, die auf der Seidenstraße unterwegs waren. Die Schriften, Gemälde und Stoffe datieren aus der Zeit zwischen 406 und 1004. Zunächst zogen die Funde das Interesse chinesischer Literaten auf sich, die einige davon in ihre Obhut nahmen. Die wichtige Entdeckung weckte schließlich auch das Interresse westlicher und japanischer Wissenschaftler. Es gelang ihnen, im Lauf der Zeit einen Großteil der geheimen Bibliothek zu erwerben. Heute

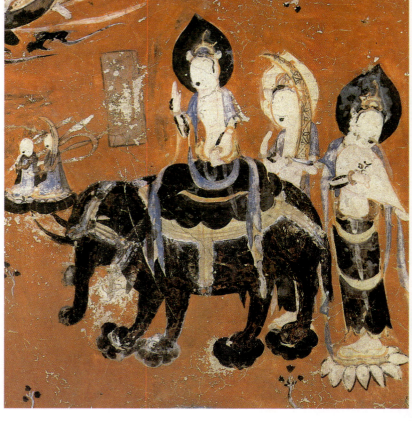

268 links Diese 5,5 m² große Kassettendecke ist mit Blumenmotiven und Blattgirlanden dekoriert. Kleine Lotosblumen umgeben harmonisch die in der Mitte abgebildete, geöffnete Lotosblüte.

268 rechts Dieses Bild zeigt Buddha auf dem Rücken eines Elefanten, gefolgt von Musikanten, die auf Lotosblüten stehen. Es handelt sich dabei um eine Szene aus dem Leben des wiedergeborenen Buddha.

268–269 oben Himmlische Musikanten mit agilen, kräftigen Körpern schweben leicht zwischen Blumenwirbeln. Sie wirken dynamisch und damit absolut konträr zu den statisch sitzenden Buddhas.

268–269 unten Dieses Gemälde zeigt eine Situation aus dem Jataka des Samaka, eine bewegende Geschichte, die von der Liebe eines jungen Mannes zu seinen blinden Eltern erzählt. Diese Liebe wurde mit göttlicher Barmherzigkeit belohnt – der Sohn erhielt sein Leben zurück nachdem er versehentlich tödlich verwundet worden war.

Die Grotten von MAIJISHAN

270 Das System dieser Rampen, die sich über mehrere Ebenen an der Steilwand des Berges Maji erstrecken, macht die Grotten zugänglich. In der Vergangenheit konnte man sie oft längere Zeit nicht erreichen, weil die Rampen nicht mit der nötigen Sorgfalt gewartet wurden.

271 oben Diese Buddhastatue aus der Zeit der Sui-Dynastie ist die eindrucksvollste des Grottenkomplexes. Sie dominiert die gesamte Wand und sollte deshalb aus entsprechender Entfernung betrachtet werden.

befindet sich die geheime Bibliothek in bedeutenden Museen und kulturellen Einrichtungen in Peking, London, Paris, St. Petersburg, Kioto und Delhi.

Von besonderem Interesse in Gansu sind auch die Felsentempel von Wenshushan, Maijishan, Wushan und Qingyang. In Wenshushan, einem bedeutenden Religionszentrum des 4. Jahrhunderts, blieben zehn Grotten erhalten, zwei davon in bestem Zustand. Die älteste ist die Grotte der Tausend Buddhas (*Qianfo dong*), in der Tonstatuen und Fresken aus der Zeit der Nördlichen Wei-Dynastie zu sehen sind.

Der bedeutendste Tempel steht in Maijishan. Er umfasst 194 bemalte Grotten mit Nischen und Heiligenbildern, meist aus bemaltem Ton, da sich der Fels für Bildhauerarbeiten nicht eignete. Die Grotten können nur über ein hölzernes Rampensystems erreicht werden, das an der steilen Felswand des Berges angebracht wurde. Die Kultstätte, einst Treffpunkt zahlreicher Kulturen, birgt Kunstwerke aus dem 5.–11. Jahrhundert, die eine vollkommene und ursprüngliche Synthese verschiedener Stilrichtungen und Einflüsse zeigen. Die ältesten Statuen datieren aus der Wei-Dynastie und zeigen harmonische, elegante Figuren in weiten Gewändern, die im Stil der Gandharakunst drapiert sind. Charakteristisch für diese Statuen ist die entspannte Haltung, die bei den Gläubigen das Gefühl innerer Ruhe hervorruft.

Die größte Grotte (Nr. 4) ist nach indischem Vorbild konzipiert. Sieben quadratische Nischen befinden sich entlang einem Gang, der in einen großen Saal mündet. Dieser wird von Pfeilern begrenzt, die in den Fels gemeißelt wurden. Buddhabildnisse, umgeben von Bodhisattwas und Schülern, zieren die Nischen.

Sehr interessant ist auch Grotte Nr. 30, die aus drei Kammern besteht. In jede Kammer ist eine Nische eingelassen mit einem sitzenden Buddha und sechs Helfern. Das Gewölbe wird von vier charakteristischen achteckigen Pfeilern gestützt. Auf besonders fein gearbeiteten Stelen sind Szenen aus dem Leben des historischen Buddha dargestellt, die Bezug nehmen auf Episoden und Figuren aus berühmten Sutras, wie zum Beispiel dem „Lotus-Sutra".

271 rechts und unten Die isolierte und schwer zugängliche Lage des Felsens, auf dem der Felsentempel von Maijishan steht, hat dazu beigetragen, dass die herrlichen Statuen so gut erhalten blieben. Sie sind meist aus Ton, mit einer Holzkonstruktion versehen, oder aus grobem Stein. Im 5. Jahrhundert lebten über 100 Mönche in den Grotten.

Die Grotten von YUNGANG

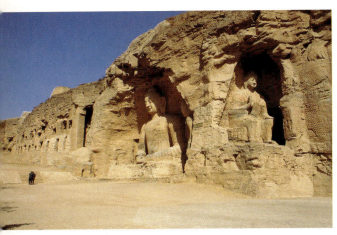

272 oben und Mitte *Diese Ansicht der Grotten von Yungang zeigt eine kahle Landschaft. Die historischen Schriften allerdings erzählen von Pavillons und Klöstern entlang den Flussläufe, die von üppiger Vegetation umgeben waren.*

273 *Die freundlichen und heiteren Züge und das sanfte Lächeln dieses Buddhas vermitteln den betrachtenden Gläubigen das Gefühl von Seligkeit und tiefer Ruhe.*

Skulpturen von höchstem künstlerischem Niveau findet man in den Provinzen Shanxi und Henan. Der Felsentempel von Yungang (*Yungang shiku*), „Hügel der Wolken", wurde in eine Sandsteinklippe an der südlichen Felswand des Berges Wuzhou gehauen, 15 km westlich von Datong. Er war eine der bedeutendsten buddhistischen Kultstätten des chinesischen Kaiserreiches und birgt zahlreiche Zeugnisse für die Entwicklung der buddhistischen Bildhauerkunst in den ersten Jahrhunderten, in denen sich der Buddhismus in China ausbreitete.

Der Tempel wurde unter der Herrschaft der Tuoba erbaut, einem Stamm türkischer Herkunft. Sie regierten unter dem Namen Nördliche Wei-Dynastie im 4.–6. Jahrhundert in Nordchina und errichteten ihre Hauptstadt in Pingcheng (heute Datong). Die Bauarbeiten für den Felsentempel begannen 460 unter Kaiser Wen Cheng. Er wollte damit ein Symbol der Reue und Sühne schaffen für die schrecklichen Verfolgungen der buddhistischen Kirche, die sein Vorgänger 446 angeordnet hatte. Die Durchführung des Projekts wurde mithilfe der Künstler erleichtert, die bereits am Bau des Tempels von Mogao mitgewirkt hatten und mit der sakralen buddhistischen Tradition Zentralasiens und Indiens vertraut waren. Die Arbeiten dauerten von 460–490, doch bereits 493 begann der Glanz zu verlöschen, als man die Hauptstadt des Kaiserreiches nach Luoyang verlegte.

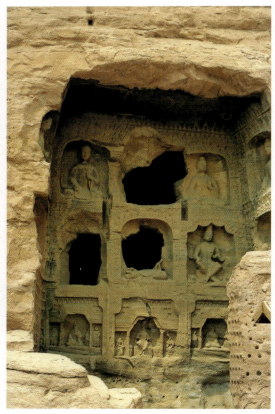

272 unten links *Dieser eindrucksvolle, sitzende Buddha Vairocana gilt als eines der schönsten Beispiele für die frühe Zeit von Yungang, die ihren höchsten künstlerischen Ausdruck in den Grotten von Tan Yao (Nr. 16–20) findet. Der Name geht auf den Mönch zurück, der Kaiser Wen Cheng vom Bau der Grotten überzeugte. Das Gesicht des Buddhas trägt vermutlich die Züge des Kaisers.*

272 unten rechts *Die natürliche Erosion hat weit weniger Schaden angerichtet, als die Nachlässigkeit, die Plünderungen und der Vandalismus von Menschenhand.*

Ein Großteil der über 50 000 Statuen, die die Grotten schmückten, entstand innerhalb weniger Jahrzehnte. Zur Zeit der Sui- und der Tang-Dynastie wurden einige Skulpturen hinzugefügt und Restaurierungsarbeiten vorgenommen. Die folgenden Dynastien unternahmen dagegen nur wenig für den Erhalt der Kultstätte. Im Lauf der Jahrhunderte wurden viele Grotten zerstört oder durch Erosion, Sandstürme und wiederholte Plünderungen – vor allem in der ersten Hälfte des 20. Jahrhunderts – irreparabel beschädigt. Heute befinden sich viele Werke aus Yungang in Privatsammlungen und bedeutenden Museen auf der ganzen Welt.

Die Grotten, die meist aus zwei miteinander verbundenen Räumen bestehen, sind in drei Gruppen unterteilt: Vier liegen im Osten (Nr. 1–4), neun in der Mitte (Nr. 5–13) und 40 im Westen (Nr. 14–53).

274 Oftmals sind die Architektur, der Stil der Skulpturen und die ikonographischen Motive, die einige Grotten zieren, von ursprünglich westlichen Modellen abgeleitet, die indirekt und auch nur teilweise von der Gandharakunst beeinflusst sind.

275 links Viergeteilte Pfeiler, die auf allen Seiten von Kultbildern geschmückt sind, stehen in der Mitte der größeren Grotten. Gläubige umrundeten diese Pfeiler, um ihre Verehrung zum Ausdruck zu bringen.

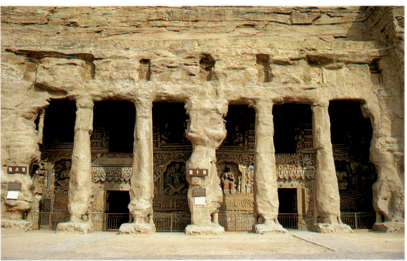

275 oben rechts Heiligenbilder und Szenen aus dem täglichen Leben Buddhas, die ihn alleine oder mit Bodhisattwas und anbetenden Gläubigen zeigen, schmücken die zahllosen Nischen, die in den Fels geschlagen wurden.

275 Mitte rechts Die riesigen Säulengänge – ein beim Bau von Felsentempeln selten angewandtes architektonisches Element – schaffen einen geschützten offenen Raum, der als Vestibül diente.

275 unten rechts Die Verbreitung des Buddhismus wurde in China dadurch begünstigt, dass die neue Doktrin und der Ahnenkult eine Aussöhnung erfahren sollten. Eine Götterstatue zu Ehren eines Ahns bedeutete Ehrerbietung und brachte den Gläubigen dem Heil ein Stück näher.

Die beachtliche Anzahl von Nischen verschiedener Größen mit tausenden von Heiligenbildern, schafft eine Atmosphäre religiöser Inbrunst. Der Einfluss der zentralasiatischen Sakralkunst wird bei fast allen Statuen und Basreliefs deutlich, vor allem aber bei den früh entstandenen. Sie greifen zurück auf Modelle sassanidischer oder parthischer Künstler. Andere Dekors lassen ionische oder hellenistische Motive erkennen.

In den ältesten Grotten befinden sich Statuen von ungewöhnlicher Größe. Die in den Grotten Nr. 16–20 stellen vermutlich Porträts der ersten Wei-Kaiser dar, die die buddhistische Kirche unterstützten. Die Buddhastatuen in den Grotten 5, 16, 17, 18 und 19 sind zwischen 13 und 17 m hoch und vielleicht von den Skulpturen in Bamian (Afghanistan) inspiriert. Auch indische Einflüsse und Merkmale der Gandharakunst sind festzustellen, vor allem in Grotte Nr. 8. Sie birgt unter anderem ein Bildnis von Wischnu mit fünf Köpfen und sechs Armen, der auf einem Pfau reitet.

277 *Ein Großteil der über 50 000 Statuen in Yungang ist bunt bemalt, manchmal mit ungewöhnlichen Farbkombinationen. Diese spektakulären und lebhaften Farbeffekte mildern die strenge und heilige Atmosphäre der Kultstätten.*

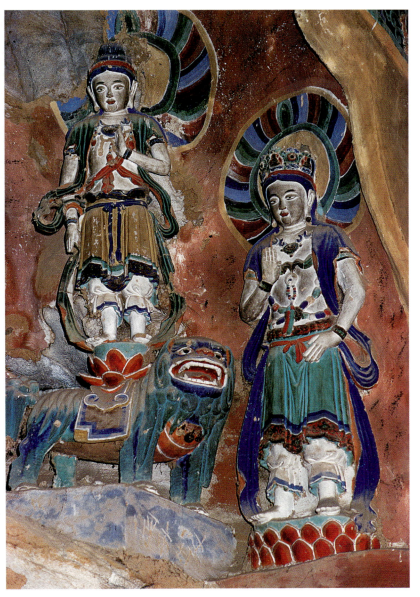

276 links *Der runde Kopf und das volle Gesicht entsprechen einem Stil, der ab der zweiten Hälfte des 6. Jahrhunderts üblich war. Der heitere und gleichzeitig strenge Gesichtsausdruck der Gottheit strahlt große Autorität und geistige Kraft aus.*

276 rechts *Die Darstellung Buddhas in friedlichem Gespräch mit seinen Schülern ist ein wiederkehrendes Thema in der buddhistischen Kunst, sowohl in den Felsentempeln als auch bei den Skulpturen, die für private Ehrerbietungen in Auftrag gegeben wurden.*

276–277 *Der Einfluss indischer Bildhauerkunst ist bei den Statuen in Yungang offensichtlich, wie dieser riesige bemalte Buddha belegt.*

石窟寺

Die Grotten von LONGMEN

278 links Diese Ansicht des Tempels von Fengxian zeigt in der Mitte das eindrucksvolle Bildnis Buddhas und zu seiner Rechten die Schüler Ananda und Kasyapa.

278 rechts Zehntausende Statuen wurden enthauptet oder geraubt, um vor allem im 19. und 20. Jahrhundert das einträgliche Geschäft mit archäologischen Funden zu aktivieren.

278–279 Bedrohlich wirkende Himmelswächter stehen dem Bodhisattwa zur Seite, der gemäß der indischen Tradition mit Juwelen geschmückt ist und ein fein drapiertes Gewand trägt, das in gleichmäßigen Falten den Körper umfängt. Die Wächter sind ein *lokapala*, der einen Stupa hält und einen bösen Dämon niederdrückt, und ein eindrucksvoller, strenger *dvarapala*.

Auf einem Hochplateau in Shanxi, 240 km von der Hauptstadt Taiyuan entfernt, befindet sich das religiöse Zentrum Wutaishan, dessen Holztempel aus der Tang-Zeit die ältesten in China sind. Die Grotten von Tianlongshan liegen ca. 25 km von Taiyuan entfernt.

Als der Kaiserhof 493 nach Luoyang umzog, begann man in der Nähe der Stadt mit dem Bau eines neuen Felsentempels. Über 2 000 Grotten, zum Teil von beachtlicher Größe, wurden in die Felswände entlang dem Ufer des Flusses Yi gehauen, der hier auf einer Länge von 1 km eine enge Schlucht bildet. Sie gab dem Ort Longmen, „Drachentor", seinen Namen. In den Grotten befinden sich 97 306 Buddhastatuen, Bodhisattwas und Himmelswächter von wenigen Zentimetern bis zu 17 m Höhe sowie ca. 40 Pagoden und bemalte Säulen. Darüber hinaus wurden 3 608 Inschriften gezählt. Unter architektonischen, künstlerischen und ikonographischen Gesichtspunkten erinnern die ältesten Grotten, die vor der Zeit der Sui-Dynastie entstanden, an die Grotten von Yungang. Die zur Zeit der Sui- und der Tang-Dynastie entstandenen hingegen zeigen einen reiferen Stil, der sich

279 Erst vor relativ kurzer Zeit haben die Chinesen die Felsentempel von Longmen wieder entdeckt, obwohl sie in der Nähe von Luoyang stehen. Luoyang, einst die Hauptstadt von zehn Dynastien, ist heute nur noch eine Industriestadt, die ihre illustre Vergangenheit vergessen hat.

zugunsten chinesischer Motive von den indischen und zentralasiatischen Darstellungen gelöst hat. *Fengxian si*, der Ahnenkulttempel, ist vermutlich die Aufsehen erregendste Grotte. Sie wurde in den Jahren 672–673 auf Befehl von Kaiser Gaozong und Kaiserin Wu Zetian geschaffen. Heute steht der 35 m lange Tempel unter freiem Himmel, da das schützende Holzdach die Jahrhunderte nicht überdauerte. In seiner Mitte befindet sich ein ca. 11 m hoher, majestätischer Buddha, dessen volle, runde Formen man unter dem Gewand erahnen kann. Er sitzt mit gelassener Miene auf einem Thron, der aus tausenden Lotosblütenblättern besteht. Jedes

einzelne Blütenblatt stellt eine Welt für sich dar, mit eigenem Buddha, der seinerseits eine weitere Welt in sich birgt. Die Statue zeigt Vairocana, den Buddha des grenzenlosen Lichts, der kosmische Ursprung, von dem alles abstammt. Er wird flankiert von seinen treuen Schülern Ananda und Kasyapa sowie von zwei Bodhisattwas. An der Seitenwand erheben sich majestätische, drohende Himmelswächter. Einer davon, ein *lokapala*, der gerade einen Dämon bezwingt, hält einen Stupa, das Symbol des Nordens.

Beeindruckend ist auch die Grotte der Zehntausend Buddhas *(Wangfo dong)*. Sie birgt Porträts von Guanyin, der weiblichen Form des Avalokitesvara, Buddha des Mitleids, sowie von Amitabha. Buddha Amithaba sitzt gefasst und heiter auf einem Thron in Form einer Lotosblume, umgeben von Schülern, Bodhisattwas und Himmelswächtern. Im Hintergrund sind 54 Bodhisattwas auf Lotosblumen zu sehen. An den Wänden ringsum sind 10 000 kleine Buddhafiguren aufgereiht und man erkennt eine Gruppe von Musikanten und Tänzern.

Die Grotte der Alten Sonne *(Guyang dong)* ist berühmt für eine Buddhastatue, die aufgrund ihres gelassenen Gesichtsausdrucks mit Laotse, dem mythischen Gründer des Taoismus, verglichen wird.

280 Dieser Himmelswächter, der zu den Skulpturen von Fengxian gehört, hatte die Aufgabe, die Stätte vor Dämonen und bösen Einflüssen zu beschützen. Seine finstere, bedrohliche Miene sollte übel gesinnte Besucher verjagen.

281 oben Charakteristisch für diese Skulptur aus den Anfängen der Tang-Dynastie sind die vollen Formen sowie die Liebe zum Detail und zu den Dekors, die teilweise den Einfluss der indischen Kunst widerspiegeln. Dies wird zum Beispiel anhand des wertvollen Diadems und der herrlichen Kette, die Haupt und Brust des Bodhisattwa schmücken, deutlich.

281 Mitte links Der einfache Faltenwurf des Mönchsgewandes unterstreicht die harmonischen Formen des Halses, der Schultern und der Brust dieses sitzenden Buddhas, der förmlich aus dem Fels herauszutreten scheint.

281 Mitte rechts Der Naturalismus, der für die unterschiedlichen Stilrichtungen in Longmen charakteristisch ist, tritt dort in den Hintergrund, wo Proportionen gänzlich außer Acht gelassen wurden. Oft erscheinen die Hände überproportional im Vergleich zum Körper, vor allem wenn die Handfläche dem Betrachter zugewandt ist.

281 unten Der gelassene, beruhigende Blick der Buddha- und Bodhisattwabildnisse steht in absolutem Kontrast zu den dämonischen, schrecklichen Augen der Himmelswächter, die durch die ausgehöhlten Pupillen noch eindrucksvoller wirken.

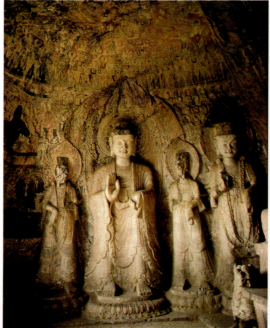

282 links *Dieser Buddha, der gemäß der Epoche von zwei Bodhisattwas flankiert wird, erhebt eine Hand mit geöffneter Handfläche als Zeichen für Schutz (abhayamudra). Die andere Hand zeigt nach unten als Zeichen für Barmherzigkeit und Almosen (varadamudra).*

Hier sind auch viele interessante Basreliefs zu finden, die Kenntnis von den Bräuchen und der Architektur im 5. Jahrhundert vermitteln.

An der Grenze zwischen den Provinzen Henan und Hebei liegen die Grotten von Xiangtangshan. Hier befinden sich die für die Nördliche Qi-Dynastie charakteristischsten Skulpturen.

Äußerst beeindruckend und interessant sind auch einige Kultstätten in der Provinz Sichuan, wie zum Beispiel Bamiaoxiang, ca. 40 km von Anyüe entfernt, und Dazu oder die Tempel in der Nähe der Städte Jiajiang und Chengdu.

Bekannt sind außerdem die Grotten von Shizhongshan, ca. 100 km entfernt von Dali in Yunnan. Hier findet man neben religiösen Bildnissen auch Darstellungen von Mitgliedern des Königshauses Nanzhao, die in landesüblichen Gewändern abgebildet sind. Die Kultstätte von Xumishan, ca. 55 km von Guyuan entfernt, in der autonomen Provinz Ningxia verdient ebenfalls Beachtung.

All diese Felsentempel, die den tiefen religiösen Glauben der Chinesen über Jahrhunderte widerspiegeln, haben Blütezeiten erlebt, aber auch Zeiten des Verfalls und Zeiten, in denen sie in Vergessenheit gerieten. Das Interesse, das sie weltweit geweckt haben, führte dazu, dass umfangreiche Restaurierungsarbeiten durchgeführt wurden, sodass die historisch und künstlerisch wertvollen Schätze im Lauf der Zeit wieder in ihren Originalzustand versetzt werden konnten.

282 rechts Häufig wurden Innen- und Außenwände der heiligen Grotten mit Basreliefs verziert, die endlos kleinste Buddhabildnisse wiederholen. Dies soll die Allgegenwart Buddhas in Zeit und Raum vermitteln.

282–283 Die Wächter seitlich des Grotteneingangs verursachen eine gewisse Unruhe. Ihre Anwesenheit wurde als wichtig erachtet, um Buddha, seine Doktrin und seine Heiligtümer vor bösen Mächten zu schützen und gleichzeitig dem Betrachter Respekt und Scheu einzuflößen.

283 Mit den unzähligen Wiederholungen der Buddhabildnisse sollte die philosophische Vorstellung der „Tausend Buddhas" dargestellt werden. Die Bezeichnung „Tausend Buddhas" oder „Zehntausend Buddhas" kann auch allgemein einen Tempel benennen.

284 oben links Buddha, auf einem Thron in Form einer Lotosblüte sitzend, wird von Schülern und Bodhisattwas flankiert, die auf Lotosblüten stehen. Die Lotosblume, das Symbol für höchste Reinheit, wird von den Buddhisten als eines der acht wertvollsten Dinge der Welt betrachtet.

284 unten links Die Heiligenbilder und spirituellen Symbole sowie die Themenkomplexe, die scheinbar willkürlich auf den Wänden angebracht sind, folgen in Wahrheit strengen Regeln und beziehen sich auf den buddhistischen Glauben und die heiligen Schriften, von denen die Künstler inspiriert wurden.

284 oben rechts Die Ausmaße vieler Statuen in Longmen werden anhand dieses Fotos deutlich, das einen Gläubigen am Fuße einer der schönsten Statuen dieser Stätte zeigt.

284 unten rechts Die Seitenwände dieser Grotte zieren sich endlos wiederholende Buddhabildnisse.

285 Die Nischen der Felswände der Grotte Guyang schmücken Heiligenskulpturen, Darstellungen aus dem Leben Buddhas und Inschriften von Gläubigen.

GLOSSAR

BI: Runde Jadescheibe mit einem Loch in der Mitte. Ihre Funktion ist bis heute ein Rätsel. Man vermutet jedoch, dass sie im Neolithikum bei religiösen Zeremonien eingesetzt wurde.

BIXIE: Fantasietiere mit mächtigen, löwenähnlichen Körpern und Flügeln. Sie sollten die Macht besitzen, böse Geister zu vertreiben und wurden deshalb oft in Grabstätten aufgestellt.

BODHISATTWA: Werdender Buddha, der aus Nächstenliebe auf sein eigenes Heil verzichtet und es sich zur Aufgabe macht andere Menschen ins Nirwana zu führen. Die sehr mächtigen Bodhisattwas sind dem himmlischen Buddha vergleichbar.

CÉLADON: Bei hoher Temperatur (1260–1310 °C) gebrannte Keramiken, die mit durchsichtiger Glasur in allen Grünschattierungen überzogen sind.

CONG: Jadeblöcke mit rechteckiger Grundfläche, die in vertikaler Richtung zylindrisch durchbohrt und oft mit zoomorphen oder anthropomorphen Dekors verziert sind. Ihre Funktion ist bis heute ein Rätsel. Man ordnet sie dem neolithischen Volksglauben zu.

DI oder SHANGDI: Der Herr des Himmels, die höchste Gottheit in der Shang-Zeit, für manche der oberste Ahnherr des königlichen Klans, für andere eine vergötterte Totemfigur.

ERCENTAI: Terrasse mit kleinen Stufen aus gestampfter Erde, eingelassen in eine Wand der Grabstätte. Hier fanden zur Zeit der Shang-Dynastie Teile der Grabbeigaben Platz.

GLASUR: Dünne, glasige Schicht, meist durchscheinend und glänzend, mit der manchmal Keramiken überzogen wurden. Diese Schicht entsteht während des Brennvorgangs durch die Oxidation bestimmter Minerale. Der Farbton hängt von den verwendeten Mineralen ab.

GUAN: Holzsarkophag, in dem der Leichnam des Verstorbenen beigesetzt wurde.

GUO: Hölzerne Grabkammer, in der der Sarkophag (*guan*) aufbewahrt wurde.

HANGTU: Erdwall, der seit dem Neolithikum als Fundament für Paläste und Wohnstätten diente.

HIMMELSKÖNIGE: Sie wurden als Beschützer vor bösen Einflüssen in den wichtigsten Grabstätten aufgestellt. Sie waren bewaffnet, trugen schwere Rüstungen und sahen immer kriegerisch und Furcht erregend aus.

HUANGDI: *Huang* und *Di* sind Ehrentitel, die den mythischen Herrschern, den Begründern der Zivilisation verliehen wurden. 221 v. Chr., im Gründungsjahr des Kaiserreiches, gab sich der Erste Kaiser, Zheng von Qin, den Beinamen Huangdi, Erhabener Kaiser, um die Geburt eines neuen Zeitalters, das ewig dauern sollte, zu unterstreichen.

JATAKA: Moralisierende Anekdoten und Geschichten aus den früheren Leben Buddhas.

JIAGUWEN: „Inschrift auf Orakelknochen". Diese wurden am Hofe der Shang-Dynastie von den Schamanen benutzt, um die Gottheiten und Ahnen der königlichen Familie im Jenseits zu konsultieren.

LEIWEN: Geometrisches Spiralmotiv, das vor allem zur Zeit der Shang- und der Zhou-Dynastie verwendet wurde. Man findet es meist auf Bronze- und Lackarbeiten sowie auf Keramiken.

MINGQI: „Gegenstand des Geistes". Arbeiten mit hohem Symbolwert, meist aus Terrakotta oder Holz, manchmal auch aus Metall. Sie wurden im Grab aufgestellt, um für den Verstorbenen eine vertraute Atmosphäre zu schaffen

und um seine Bedürfnisse im Leben nach dem Tod zu befriedigen.

MUDRA: Handhaltung von Buddha und den Bodhisattwas. Abhayamudra, die erhobene Hand, deren Handfläche dem Betrachter zugewandt ist als Zeichen für Schutz. Varadamudra, die nach unten weisende Hand als Zeichen für Barmherzigkeit und Almosen.

NIRWANA: Verbindung von Tugend und Weisheit, das höchste Gut, das man erreicht, indem man Leiden und Wiedergeburten beendet und so das menschliche Potenzial an Güte und Glück schafft, welches das Individuum zu ewiger Glückseligkeit führt. Das Nirwana ist einem Paradies vergleichbar.

PINGTUO: Dekortechnik, bei der Blattgold und -silber auf einen lackierten Holzuntergrund aufgebracht und dann mit einer transparenten Glasur überzogen werden.

RHYTON: Trinkgefäß in Form eines gebogenen Horns, in der Regel aus Jade gefertigt. Das Ende des Gefäßes ziert meist der Kopf eines Tieres.

SANCAI: „Drei Farben", mehrfarbig glasierte Keramiken mit den charakteristischen Farbstoffen auf Bleibasis, die vor allem zur Zeit der Tang-Dynastie beliebt waren.

SANDAI: „Drei Dynastien", bezogen auf die drei vorkaiserlichen Dynastien Xia, Shang und Zhou.

SANJIAO: „Drei Doktrinen", die Synthese von Konfuzianismus, Taoismus und Buddhismus.

SHENDAO: „Weg des Geistes", Straße, die von eindrucksvollen Steinstatuen gesäumt wird und zu den Grabstätten der Kaiser und Adeligen führt.

SUTRA: Heilige Schriften, die Aphorismen religiöser, ritueller und philoso-

phischer Art enthalten, begleitet von kurzen Kommentaren.

TAO (DAO): „Weg". Für die Taoisten die Quelle des Universums und des Lebens, die jedes Wesen durchdringt und formt und zum ursprünglichen Zustand des Nicht-Seins zurückführt, in eine stille, geistige Welt, die unerschütterlich, geheimnisvoll und allgegenwärtig ist und alles überragt. Ihre Größe lässt sich nicht in Worte fassen, sie ist undefinierbar. In der konfuzianischen Lehre hingegen ist es das moralische Ideal, das der Mensch durch Erziehung und innere Disziplin erreichen kann. Es entspricht den Lehren der Weisen in der Antike. Es ist der Lehrpfad, der zu sozialem Frieden führt.

TAOTIE: Ikonographisches Motiv, vor allem auf den Bronzen der Shang- und der Zhou-Dynastie. Es stellt die Gesicht eines Fantasietieres dar, mit großen Augen und einem Körper, der sich teilt und zu beiden Seiten des Kopfes entwickelt.

TIAN: „Himmel", die höchste Gottheit seit der Zhou-Dynastie. Ihren Willen nannte man *tiandao* (Himmlischer Weg) oder *tianming* (Himmlisches Mandat oder Himmlischer Auftrag). Der Himmel übertrug das Himmlische Mandat demjenigen, der über eine außergewöhnliche Moral und über Charisma (*de*) verfügte und fähig war, Recht und Ordnung wiederherzustellen.

TIANXIA: „Alles, was sich unter dem Himmel befindet", die gesamte bewohnte Welt.

TIANZI: „Sohn des Himmels", ein Beiname des Kaisers.

WANG: Adelstitel, im Allgemeinen in Verbindung mit „König". Zunächst ein Privileg der ersten Zhou-Herrscher, wurde der Titel später von den Herrschern der Fürstentümer beansprucht, in die China vor der Gründung des Ersten Kaiserreiches geteilt war.

AUSSPRACHE DER CHINESISCHEN TERMINI

Bei der Übertragung der chinesischen Termini folgten wir in modifizierter Form dem von der Volksrepublik China offiziell anerkannten System, allgemein als *pinyin* bekannt. Hier einige generelle Ausspracheregeln.

ai	zwischen ai und ae.
ao	zwischen au und ao.
b	wie p.
c	wie ts.
ch	wie tsch.
d	wie t.
ei	wie ein gedehntes e, nicht ai.
en	zwischen en und ön.
eng	zwischen ang und öng.
g	hart wie k.
h	wie ch in „Fach".
i	außer nach c, ch, r, s, sh, z und zh wie im Deutschen. Nach diesen Buchstaben wird i wie ein kurzes e wie in „Tasche" gesprochen, nach u wie ei (siehe dort).

j	wie dj.
ju	u wie ü.
juan	a zwischen a und e.
o	nach b, f, m und p wie uo.
ou	zwischen o und u.
q	wie tj oder tch.
r	am Silbenanfang wie ein französisches j in „jour", am Silbenende wie ein englisches r in „rose".
s	wie ss in „Fass".
sh	wie sch in „Schnee".
u	außer nach j, q, x und y wie im Deutschen. Nach diesen Buchstaben wird u wie ein deutsches ü gesprochen, vor a, i und o wie ein englisches u.

w	u wie in „unten".
x	ch wie in „dich".
xu	u wie ü.
xuan	a zwischen a und e.
y	j wie in „jung".
yan	a zwischen a und e.
z	stimmhaft gesprochen.
zh	dsch wie in „Dschunke".

REGISTER

Kursive Seitenzahlen beziehen sich auf
Abbildungen.

A
Afghanistan 277
Aguda *261*
Aidi 73
Amitabha 94, 95, 281
An Lushan 70, 73
Ananda *278*, 281
Andersson, J. G. 234
Anhui 23, 31, 236, 241
Anping 239, *240*
Anyang *30*, 31, 32, 74, 124, *178*, 190,
  191, 212, *232*, 234
Anyüe 283
Ao 31
Araber 68, 70, 73
Asien 68, 119, *217*
Australopitecus 20
Avalokitesvara 95, *231*, 281

B
Badaling 260
Bai Juyi 63
Baktrien *211*
Bamian 277
Bamiaoxiang 283
Bamiyan 277
Ban Biao 53
Ban Chao 53, 54
Ban Fei *59*
Ban Gu 43, 53
Ban Zhao 53
Banpo *20*, 22, 23, 109, *232*, 234
Banshan-Kultur 23, 154
Baoji *36*
Bo Ge *190*
Bronzezeit 18, 24, 25, 26, 27, 29, 31, 74,
  88, 156, *178*, 184, 221
Buchdruck 62, 63
Buddha der Zukunft siehe Maitreya
Buddha der Vergangenheit siehe
  Prabhutaratna
Buddhismus 56, 58, 60, 61, 62, 64, 66,
  73, 83, *93*, 94, 95, 223, 229, 231, 262,
  266, 272, *275*, 277, *277*, *284*, 286

C
Cai, Graf von 236
Can Cong *188*
Cao Cao, Dichter 43
Cao Cao, militärischer Führer 55, 56
Cao Pi 56
Cham 73
Chang E *200*
Chang'an 48, *48*, 50, 61, 64, *64*, 65, *66*,
  68, 73, 83, 111, 117, 118, 235, 258, *259*
Changsha 103, 134, 198, 216, *232*, 236,
  237
Chen Di *59*
Chen-Dynastie 59, 83
Chen-Reich 61, 64
Cheng 34, 36, 235
Chengdu *56*, 57, *57*, 73, 241, 283
Chi, Graf von 198
Chinesisches Mittelalter 56
Chu-Kultur 236, *195*,
Chu-Reich 37, 45, 47, 74, 101, 200, 203
Chunqiu 37
Cishan 21, 74, 152
Cuo 109

D
Dabaotai 237
Dachuan 265

Dahuting 241
Dai, Graf von *105*, 237
Dai, Gräfin von *213*, *220*, *221*, 237
Dai, Volksstamm *125*, 134
Dali 283
Damjing 43
Dangyang 236
Dao siehe Tao
Dapenkeng-Kultur *20*, 24, 74
Datong *57*, 60, 272
Dawenkou-Kultur *20*, 23, 25, 74,
  155
Daxi-Kultur *20*, 24, 74
Dayangzhou 194
Dazu 283
Delhi 271
Di, Volksstamm 58, *59*
Di Xin 34, 35
Diamant-Sutra 63
Dian-Kultur *196*, *197*
Dian-Reich 48, 236
Dianchi *197*
Ding 161
Dingmaoqiao 205
Dingxian 238
Dong Zhongshu 43, 50
Dongshanzui 86, 178
Dongwanggong 201
Dongxiang 185
Dongyuancun 241
Dou Wan 136, *183*, *198*, *199*, 237, *237*
Drei Dynastien 26, 88, 98, 109, 178,
  286
Drei Doktrinen 66, 286
Drei Reiche 56, *56*, 57, 83, *102* 201
Du Fu 63
Dunhuang 60, 63, *65*, *114*, *115*, *119*,
  142, 223, *224*, *225*, 227, 229, *232*, 234,
  262, *262*, *263*, 266, 268, 272

E
E Huang *6*
Erligang *30*, 31, 32, 74, 156, 187, 189,
  190, 235
Erlitou 28, *28*, 29, *29*, 31, 74, 109, *184*,
  186, 187, 189, *232*, 235

F
Famen *68*, *138*, *167*, *202*, *204*
Fanshan *20*, 180
Feng, Fluss 235
Feng, Stadt 34, *35*, 235
Fengchu 236
Fenghuangshan 237
Fengxian *278*, *278*, 281
Ferghana 50, *107*, *168*
Foguangsi 108, *113*
Frühere Han-Dynastie siehe Westliche
  Han-Dynastie
Frühling- und Herbst-Periode 27, 37,
  74, *125*, *143*, *144*, 156, *195*
Fu Hao *33*, *89*, 98, 134, *178*, 180, *184*,
  191, 192
Fufeng 205, 235, 236
Fujian 21, 48, 178
Fünf Scheffel Reis siehe Meister des
  Himmels
Fuxi 36, *90*
Fuyang, Graf von 238, 239

G
Gan Ying 54
Gandharakunst 271, *275*, 277
Gansu 21, 23, 29, 45, 47, 48, 60, *152*,
  154, 185, 229, 235, 260, 262, 271
Gao Yang 61
Gaochang *262*

Gaocheng 202
Gaodi 48
Gaozong 68, *222*, 224, *229*, 251, 254,
  254, 256, 278
Gaozu (202–195 v. Chr.) 48
Gaozu (618–626) 66, 68
Gelbe Turbane 55, 93
Gelber Fluss siehe Huanghe
Gelber Kaiser 26, 45, 122
Gong 36
Gong He 36
Gongdi 65
Gongsun 39
Große Mauer 47, 53, 57, 64, 74, 260,
  260, *261*
Große Yan, Dynastie 73
Großer Yu 26, 28
Gu Kaizhi *6*, 224
Guang Wudi 52
Guangdong 21, 45, 48
Guanghan 33, 194
Guangxi 21, 45, 48
Guangzhou 73
Guanyin 281
Guizhou 21, 48
Guo Jian *144*
Guodian 45
Gupta-Periode *228*, 229
Guyang *284*
Guyuan 283

H
Han Feizi 39, 45
Han, Fluss 200
Han Gan 226
Han-shu 53
Han Yu 63
Han-Dynastie *37*, 40, *41*, *42*, *43*, 50, 51,
  52, 55, *55*, 56, 57, 62, *82*, 83, *91*, *100*,
  101, *108*, *109*, 111, *115*, *117*, 126, *127*,
  129, 131, *149*, *159*, *160*, 160, *161*, 182,
  182, 183, 196, 200, 202, *206*, *218*, *219*,
  223, *229*, 231, 237, 241, *243*, *241*, 249,
  250, *260*, 262, 262
Han-Reich 37, 45, 74
Hangzhou 64, 68
Hao 35, *35*, 36, 74, 235
Hebei 21, 29, 31, 47, 109, 136, 152,
  160, 183, 202, 230, 236, 237, 238,
  239, 283
Hemudu-Kultur *20*, 23, 24, 74, 152,
  153, 178
Hemudu-Liangzhu-Kultur *20*, 24, 74
Henan 21, 23, 25, 27, 28, 29, 31, 35, 52,
  60, 61, 73, 152, 160, 198, 202, *206*,
  230, 234, 235, 236, 238, 262, 272, 283
Himmelskönige (Himmelswächter)
  92, *101*, *172*, *278*, *278*, 281, *281*
Hinajana 94
Hindu 68, 73
Holingor 223, 239, *241*
Homo sapiens 20, 74
Hongshan-Kultur *20*, 24, *24*, 74, *86*,
  153, *177*, 178
Hongwu 260
Horinger siehe Holingor
Hotian *180*
Hou Yi *82*
Hou Zhou 61
Hougang 234
Houjiazhuang 234
Houma 235, 236
Hu *63*
Hu Hai 47
Huai 200
Huan 31, 234, 235
Huang Zongxi *259*

Huangdi siehe Gelber Kaiser
Huanghe 21, 22, 25, 27, 45, 50, 56, 61,
  87, 235
Huangpi 235
Hubei 24, 29, 31, *45*, 46, 203, 216, 221,
  235, 236
Hunan 24, 103, 124, 134, 195, 216, 235,
  236, 237
Hundert Schulen 39
Huo Qubing 250
Huoshaogou-Kultur 23, 29, 185, 202

I
Indien 10, 50, 62, 83, 93, 94, *138*, *142*,
  205, 223, *228*, 229, 262, 265, 271, 272,
  277, *277*, 279, *281*
Innere Mongolei 23, 24, 68, 223, 239,
  240
Islam 62

J
Jadetorpass siehe Yumenguan
Jangtsekiang 21, 47, 56
Janping 179
Japan 43, *46*, 62, *161*, 212, 214
Jataka *65*
Javaner 73
Jiajiang 283
Jian 238
Jiangdu 64, 65
Jiangling 236, 237
Jiangsu 23, 24, 203, 205, 238
Jiangxi 21, 55, 194
Jiangzhai 185
Jiankang 59, 64
Jianye 56, 57, 59
Jiaohe *262*
Jiayuguan 260
Jie, Herrscher 30
Jie, Volksstamm 59
Jin, Herrscher 200
Jincun 236
Jin-Dynastie 37, 38, 200
Jing 238
Jingangjing siehe Diamant-Sutra
Jingdi 48
Jiuzong 253
Jurchen *261*

K
Kaifeng 73
Kaiser des Nordens *162*
Kaiserkanal 64, 68
Kaiserliche Akademie der schönen
  Künste 70
Kaiserliche Bibliothek 46
Kaiserliche Universität 50
Kaiserstadt 253
Kang 36
Kanton 73
Karashahr *262*
Kaspisches Meer 54
Kasyapa *265*, *278*, 281
Khmer 73
Khotan *262*
Kioto 271
Kirgisien 68
Kizil *262*
Koguryo-Reich 65, 68
Konfuzianismus 39, 50, 64, 66, 83, 91,
  92, 93, 95, 286
Konfuzius 37, 39, 50, *69*, 92
Korea 48, 62, 65, 212
Kou Qianzhi 95
Krishna Vasudeva *224*
Kucha *262*
Kumarajiva 63

287

L

Lahu, Volksstamm 125
Langjiagou 249
Langjiawan 249
Lantianmensch 20, 74
Laotse 39, 281
Legalismus 50
Legalisten 39
Legalisten-Schule 38, 45
Leigudun 203, 216, 221, *232, 236*
Li, Fluss 47
Li, König 36
Liang, Berg 254
Liang-Dynastie 59, 73, 83, 224
Liangzhu-Kultur 20, 21, 24, 96, *97,* 152, *176, 177,* 178, 179, 182, 190
Liao 21
Liaodong 45, 47
Liaoning, 23, 24, 86, 178, 179, 235
Li Bai 63
Li Cang 134, 237
Li Dan 68
Lieh-nü chuan *6*
Liji 120
Li Jingxing 256
Li Jingxun *136*
Li Longji 69
Lin 185
Lingkanal 47
Lingyunshan *10*
Lintao 47
Lintong 47, 185, *232,* 245
Linzi 236
Li Shimin 66
Li Si 45, 47
Li Sixun 224
Li Xian *222,* 223, *223,* 256, *256, 257,* 258
Li Xianhuai 223
Li Yu 73
Li Yuan 65, 66
Li Zhaodao 224
Li Zhe 68
Li Zhi 68
Li Zhongrun 223, *223,* 256, 258, *259*
Liu Bang 47, 48, 74, 83
Liu Bei 55, 56
Liu Gong 58
Liu Sheng *100,* 136, 182, *198, 199,* 237, *237,* 238
Liu Xiang *6,* 43
Liu Xiong 58
Liu Xiu 52, 83
Liu Yu 59
Liu Yuan 58
Liulihe 235
London 271
Longmen 60, *95,* 230, *232,* 278, *278, 281, 284*
Longshan-Kultur 25, *25,* 27, 29, 74, *152,* 153, *154,* 155, 178, *178,* 185
Lotus-Sutra 271
Lou Rui *56, 242, 243, 243*
Lu Tanwei 224
Luo 235
Luoyang 35, *35, 48,* 52, *52,* 56, *56, 57,* 60, 64, *64,* 65, *66,* 68, 73, 83, 111, 122, *232,* 235, 236, 238, *239,* 272, 278, *278*
Luoyi 35, 37, 74
Lu-Reich 37, 235

M

Ma Rong 43
Ma Sizhong 266
Machang-Kultur 23, 154, *155*
Mahajana 94
Maijishan *232,* 271, *271*
Maitreya *95,* 115, *267*
Maitreya-Sutra *115*
Maji *271*
Majiabang-Kultur 20, 23, 24, 74

Majiayao-Kultur 22, 23, *23,* 29, *152,* 154, 155, *155,* 185
Mancheng 136, 182, *199, 232, 237*
Mandschurei 62, 65
Manichäismus 62
Manjusri *95, 267*
Mao, Herzog von 198
Mao Zedong 143
Maoling 249
Mawangdui *98,* 103, *105,* 134, 216, *216, 217, 219, 220,* 221, *232, 237*
Meister des Himmels 93
Merv 50
Mianchi 234
Miaodigou *20,* 22
Min 48
Mindi 58
Ming Huan siehe Xuanzong
Mingdi 53, 224
Ming-Dynastie 260
Mingsha *263,* 265
Miran 216, 262
Mixian 241
Mo Ti 39, 144
Modi 57
Mogao 223, *232,* 234, 262, *262, 263,* 264, 265, *265,* 266, *267,* 272
Mohs'sche Skala 178
Moismus 39
Mongolei 48, *206*
Mozi 144
Mu 36
Mutianyu 260, *261*
Muye 35, 74

N

Nanchansi 108
Nanking 57, *57,* 59
Nanyaozhuang 203
Nanyue-Reich *6,* 48, *48, 180, 181, 182, 183*
Nanzhao-Reich 70, 283
Naxi *125*
Neiqiu 161
Neolithikum 18, 20, *21, 22,* 25, 26, 29, 31, 74, 86, 88, 96, *96, 97,* 98, *115,* 116, 124, 152, *152,* 153, *153, 154,* 155, *155,* 176, *177, 178,* 178, *179, 184,* 185, 186, 212, 221, 234, 286
Nestorianismus 62, 94
Ningxia 283
Ningxiang 124, 235
Nirwana 94, 95, 286
Niuheliang *20,* 86, *86,* 178, *232*
Nördliche Dynastien 56, *57,* 59, 60, 61, 62, 64, 83, *115, 127, 211,* 224, 265
Nördliche Qi-Dynastie *56,* 61, *61, 162, 211,* 224, *228, 242, 243, 243,* 283
Nördliche Wei-Dynastie *6,* 59, *59,* 60, 61, 62, 64, 65, *95,* 143, *162,* 271, 272
Nördliche Zhou-Dynastie *59,* 61, 83
Nordvietnam 48
Nu *125*
Nü Wa *90,* 104
Nü Ying *6*

O

Ordos 48, 68
Oryza sativa 24
Ostasien 10, *161,* 212
Östliche Han-Dynastie 18, *42,* 45, 52, *52,* 53, *55,* 60, *82,* 83, 93, *102,* 108, 109, 110, *114, 115,* 116, *117, 118, 119, 127, 131,* 147, *151,* 157, 160, *228, 237,* 238, *239, 241,* 243
Östliche Jin-Dynastie 56, 59, 61, 74, *231*
Östliche Wei-Dynastie 74, *231*
Östliche Zhou-Dynastie *10,* 18, 27, 35, 36, 37, 38, 39, 48, 74, 88, 91, 98, *103, 124, 125, 133, 134, 135,* 141, *143, 144,*

147, 149, 156, 157, 161, 181, 192, *193, 194, 195, 197,* 198, *203, 206, 214, 215,* 221, *221, 236, 292*

P

Paläolithikum 74, 124, 221
Panicum miliaceum 21
Panlongcheng 109, 235
Paris 271
Parsismus 62, 94
Parther 54
Peiligang 21, 152
Peiligang-Kultur 74
Peking 64, 234, 237, 260, 268, 271
Pekingmensch 20, 74, 234
Pengcheng 238
Penglong *125*
Perlfluss 47
Perser 68, 73
Persien 63, 126, *129, 162, 166, 204,* 205
Pingcheng 272
Pinggu 202
Pingshan 109, *232, 236*
Piyujing 43
Prabhutaratna *95, 264*
Prasenajit *142*

Q

Qiang 34, 59
Qianling 223, *229,* 251, 254, *255,* 258
Qianxian 221
Qidan 70
Qijia-Kultur 23, 29, 185, 202
Qin Shi Huangdi *10,* 19, 40, *41,* 45, 46, *46,* 47, 50, 74, 98, 101, 146, 196, 200, 244, 245, *245, 246,* 249, 250, 251, 260
Qin-Dynastie *10,* 18, *19,* 36, *37,* 38, 40, *41,* 45, *45,* 46, *47,* 48, 74, 111, *113, 145,* 146, *148,* 200, 236, *245, 246, 249,* 260
Qinghai 21, 23, 45, *152,* 154
Qingliangang-Kultur 24, 74, 178
Qingyang 271
Qin-Reich 10, *37,* 38, 45, 46, 47, 74, 101, *109,* 260
Qi-Reich *37,* 45, 74, 235, 236
Qishan 235
Quan Tangshi 63
Quanrong 36, 74
Qufu 235
Quyang 161

R

Reich der Mitte 10, 86
Rhus verniciflua 212
Römisches Reich 54, 56
Ruan Ji 122
Ruizong 68, 69
Ruzhen *261*

S

Saddharmapundarika-Sutra *114, 119*
Salva-Reich *142*
Samaka *269*
Sandai siehe Drei Dynastien
Sanjiao siehe Drei Doktrinen
Sanjiazhuang 234
Sanmenxia 236
Sanxingdui *27, 30, 33,* 36, *87,* 96, *188, 189,* 194, 196, 235, *235*
Sariputra *267*
Sattva 65
Schakjamuni *65, 95, 95, 231, 264,* 266
Schießpulver 62
Schule der Chan Meditation 95
Schule der Drei Stufen 95
Schule der Geheimwissenschaften 93
Schule der reinen Diskussion 93
Schule der reinen Erde 95
Schule des Nordens 224
Schule des Wahren Wortes 94

Sechs Dynastien *6, 138*
Sechzehn Reiche 58, 59, 83
Seidenstraße 10, 50, 54, *56, 63,* 70, 83, *129,* 262, *262,* 268
Setaria italica 21
Shaanxi 21, 22, 25, 27, 29, 31, 38, 45, 47, 59, 60, 61, 83, *137,* 152, 185, 205, 221, 223, 234, 235, 236, 245, 249
Shandong 23, 25, 27, 31, 147, *152,* 155, 160, 178, 223, 235, 241
Shang Yang 38, 46
Shangdi 89
Shang-Dynastie 18, 26, 27, 28, 30, 31, *31,* 32, 33, *33,* 34, *35,* 36, 45, *55,* 74, 86, *88,* 89, 90, 98, 109, 122, 124, *124,* 134, 143, 144, *146, 147,* 148, 153, *154,* 156, *176,* 178, *179,* 180, 184, *184,* 185, *185,* 186, 187, *187,* 188, 190, *190,* 191, 193, 194, 196, 197, 198, 202, 212, 234, 235, 286
Shang-Reich 88, 89, 109, 143, *185*
Shangsunjiazhai 152
Shang-Yin-Kultur 31
Shanxi 21, 29, 31, 58, 108, *113,* 152, 161, 202, 229, 235, 236, 243, 262, 272, 278
Shaochen 236
Shaogou *239*
Shaqiu 47
Shennong 26
Shiji 28, 50, 249
Shijiahe *97*
Shijing 35
Shilou 202
Shixia-Kultur 24, 74
Shizhaishan 236
Shizhongshan 283
Shu-Dynastie 34, 83, *188*
Shu-Han-Reich siehe Shu-Reich
Shuihudi 46
Shujing 35
Shun *6,* 28
Shu-Reich *56,* 57, 83, *188*
Sibirien *206*
Sichuan 25, 27, 33, 48, 55, 56, 58, 70, 73, 96, *127, 159, 188,* 195, 235, 241, 262, 283
Silla 62
Sima Qian 28, 43, 50, 245, 249
Sima Rui 59
Sima Xiangru 43
Sima Yan 57, 83
Sinanthropus pekinensis 234
Singalesen 73
Sinologische Akademie 31, 234
Sirdarya 50
Sogdier 68
Song-Dynastie 59, 83, 190
Songze-Kultur 24, *153*
Spanier 177
Spätere Han-Dynastie siehe Östliche Han-Dynastie
Sri Lanka *162*
St. Petersburg 271
Streitende Reiche *10,* 36, 37, *37,* 38, *38,* 47, 74, *88,* 90, *103,* 124, 125, 130, *133, 134, 135,* 141, 144, *144,* 147, *147,* 149, *156, 157, 181,* 192, *193, 194,* 197, 199, *203, 206, 214, 215,* 221, 236
Sudana 224
Südliche Dynastien 56, *57,* 59, 83, 224
Südliche Qi-Dynastie 59, 83
Südostasien 50, 62, *138,* 212
Sui Yangdi 64
Sui-Dynastie 19, 61, 62, 64, *64,* 65, *65,* 66, 68, 83, *123, 136,* 141, 161, *166, 171,* 224, 225, 230, 265, 266, 271, 275, 278
Sukhavati 267
Sun 147
Sun Bin 147

288

Sun Bin bingfa 147
Sun Quan 55, 56
Sunzi bingfa 147
Sutra vom Feld der Glückseligkeit
    65
Suzong 73

T
Taichu 50
Taiwan 147
Taiyi *147*
Taiyuan 223, 243, 278
Taizong 66, 68, 83, 251, 253
Taizu 260
Talas 70
Tan Yao *272*
Tang-Dynastie *10*, 19, 30, 62, 63, *63*,
    65, 66, *67*, 68, 69, *69*, 70, *70*, 73, *73*,
    82, 83, *85*, 90, 92, *93*, 94, *94*, 96, 98,
    101, *101*, 104, *106*, 107, 108, 113, *114*,
    115, 117, *119*, *120*, *121*, *123*, 129, *129*,
    131, *132*, *133*, *137*, 138, *138*, *139*, *140*,
    146, *148*, 161, *162*, *164*, *165*, *166*, *167*,
    168, *170*, *171*, *172*, *200*, 201, *201*, *202*,
    203, *204*, 205, 214, 221, 222, 223, *223*,
    224, *227*, 228, 229, 230, 231, *231*, 234,
    237, 243, *250*, 251, 253, *253*, 254, 255,
    256, *256*, *257*, 258, *259*, 262, 265, *265*,
    266, 275, 277, *277*, 278, *281*, 286
Tao 92, 286
Taoismus 39, 50, 55, 62, 64, 66, 73, 83,
    91, *91*, 92, 93, 94, 95, 281, 286
Taosi *152*
Tarimbecken 50, 53, 68, 70, 73
Tian 87, 89, 286
Tianlongshan 278
Tianma-Qucun 235
Tianming 34, 52, 89, 286
Tianyuan *59*
Tiantai 95
Tianxia 10, 37, 38, 286
Tianzi 10, 36, 89, 286
Tibet 68, 70, *129*
Tokhari 68
Tscham 73
Tuoba 59, 60, 61, 83, 272
Turfan 262, *262*
Türken 66, 68
Turkestan 216

U
Uiguren 68
UNESCO 249

V
Vairocana *272*, 281
Vietnam 43
Vimalakirti *267*
Volksrepublik China 147

W
Wa *125*
Wang 68
Wang Chong 43
Wang Mang 51, 52, 53, 83
Wang Wei 63, 224
Wang Yuanlu 267
Wangdu 238
Weg des Großen Friedens 55, 93
Wei, Fluss 21, 34, 50, 88
Wei, Kaiserin 68
Wei-Dynastie 56, 61, 83, 271, 277
Wei-Reich *56*, 57, 83
Wen Cheng 272, *272*
Wen, Kaiser 200
Wen, König 34, 35
Wendi (220–225) 56
Wendi (581–604) 64, 230
Wenshushan 271
Westliche Han-Dynastie *6*, 18, *41*, 43,
    50, *50*, 51, 52, 83, *98*, 100, 101, 105,

110, 126, *127*, *130*, *133*, *137*, *140*, *151*,
    161, *180*, *181*, *182*, 196, *198*, 199, *203*,
    206, *213*, *216*, *217*, *218*, *219*, *220*, 221,
    236, 237, *237*, 238, 239, *239*, *240*, *241*,
    249
Westliche Jin-Dynastie 56, 57, *57*, 58,
    60, 83, *61*, *157*, 160, *163*
Westliche Wei-Dynastie 61, *91*, *142*,
    224, 232
Westliche Zhou-Dynastie 18, 35, *35*,
    36, *36*, 74, *87*, *96*, *113*, 125, *125*, *141*,
    179, 181, *187*, *190*, *191*, 196, 236
Wischnu 277
Wu siehe Wudi (140–87 v. Chr.)
Wu (1049/45–1043 v. Chr.) 34, 35, 36,
    74, 89, 235
Wu Daozi 226
Wu Ding 134, 191, 235
Wu-Dynastie 57, 83
Wu-Reich *56*, 57, 83
Wu Zetian 69, 83, 222, 223, *229*, 251,
    254, *254*, 256, 278
Wu Zhao 68, 69, 83, 251
Wudi (140–87 v. Chr.) 40, *42*, 48, 50,
    83, 92, 126, *151*, 249, 250, 251
Wudi (222–252) 56, 57
Wudi (265–289) 57
Wudi (502–549) 59
Wugeng 35, 143
Wuguancun 235
Wuhan 235, 239
Wushan 271
Wüste Gobi 223, 260, 262
Wutaishan 108, *113*, 278
Wuyang 236
Wuzhou 272
Wuzong 73, 94

X
Xi Mu Wu 191
Xi'an *10*, 34, 45, 48, *145*, *232*, 234, 245,
    249, 251
Xia-Dynastie 18, 26, 27, 28, *29*, 30, 31,
    34, 74, 109, 185, *186*, 187, 235, 286
Xiajiadian *28*
Xianbei, General 61
Xianbei, Volksstamm *56*, 59, 61, 83,
    243
Xiang, Fluss 47
Xiang, Herzog von Song 119, 143, 144
Xiang Yu 47, 48, 74, 245
Xiangtangshan 230, 283
Xianyang 45, *45*, 109, 111, *137*, 236,
    245, 249
Xianyuan *198*
Xianzong 73
Xiao 31, 36
Xiaotun 31, 109, 234, 235
Xiasi 236
Xibeigang 31, 234, 235
Ximennei 236
Xin Zhui 103
Xincheng *250*, 251
Xincun 235
Xin-Dynastie 51, 83
Xin'gan *30*, 194, *232*
Xing 62, 161
Xinglongwa-Kultur 21, 74
Xingping 249
Xinjiang 50, 262, *262*
Xinle-Kultur *20*, 21, 24, 74
Xinyang 236
Xiongnu 47, 53, 58, 59, 83, *199*, *206*,
    250
Xiwangmu *61*, *91*, 104, *200*, 201
Xizong 73, 205
Xuan 36, 198
Xuande 56
Xuanzang 62, 66
Xuanzong 69, 70, 73, 83, 126, *129*, 138,
    201

Xue Yuanchao 256
Xumishan 283
Xun Kuang 120
Xuzhou 238, 249

Y
Yan Liben, 224, *227*, 253
Yan Lide 253
Yan-Reich *37*, 45, 47, 74, 235, 236, 260
Yang Guang 64
Yang Guifei 70, 73, *129*, *171*
Yang Guozhong 70, 73
Yang Jian 61, 64, 83
Yangdi 64, 65, 141
Yangling 249
Yangshao *232*, 234
Yangshao-Kultur *20*, 21, 22, *22*, 23, *23*,
    25, *25*, 74, 109, 153, 155, 185, 234
Yangjiawan 249
Yangzhou 64, 69
Yangzishan 241
Yanshi 28
Yao *6*
Ye 61
Yelang 48
Yi, Fluss 278
Yi, Graf *38*, *124*, 125, *125*, 203, *203*,
    215, 216, 221, *221*, 236
Yi, Herrscher 36
Yi, Volksstamm *125*
Yide *222*, 223, 256
Yijing 62
Yin 31, 34, 35, 143, 191, 234
Yi'nan 223, 241
Ying 236
Ying Zheng *38*, 45, 74
Yinjueshan 147
Yinxu 234
Yizong *68*, 205
Yongtai *222*, 223, 256
You (237–228 v. Chr.) 236
You (781–771 v. Chr.) 36
Youli 34
Yuan Zhongyi 249
Yuan-Dynastie 216
Yuandi (Wei-Dynastie) 57
Yuandi (Jin-Dynastie) 59
Yuanmoumensch 20, 74
Yue, Künstler *60*
Yue, Stadt 48, 62, *144*, 161, *199*
Yueji 120
Yumenguan 262
Yungang 60, 229, *232*, 272, *272*, 275,
    277, 278
Yunnan 48, 70, *125*, *197*, 236, 283
Yu-Reich 235
Yuwen Jue 61
Yuwen Kai 141
Yuyao 161

Z
Zeng-Reich 46, *124*, 125, *125*, *215*,
    221
Zentralasien 10, *42*, 50, 53, 54, *56*, 62,
    63, 68, 70, 83, *121*, *137*, 138, 203, 205,
    219, 229, 262, 265, 272, 277, 279
Zhang Heng 43
Zhang Sengyou 224
Zhang Xuan 226, *227*
Zhanghuai *222*, 223, 256
Zhanguoce 37
Zhao Gao 47
Zhao Mo *180*, *181*, *182*, *183*
Zhaoling 251, 253
Zhao-Reich 36, *37*, 38, 45, 47, 74,
    260
Zhaoxuan 73
Zhaozong 73
Zhejiang 23, 24, 55, *60*, 161, *180*, 212
Zhengzhou *30*, 32, 74, 109, 187, *232*,
    235

Zhenxun 28
Zhongshan 109, *109*, 136, 183, *198*,
    236, 237, 238
Zhongzong 68, 69, 256
Zhou Fang 226, *227*
Zhou, Herzog von 35
Zhou Xin siehe Di Xin
Zhou-Dynastie 26, 27, 34, *35*, 69, 87,
    89, 90, 91, 92, *96*, 109, 124, 131, 134,
    143, 146, 153, 157, *176*, 182, 184, *186*,
    187, 190, *192*, 196, 200, 203, 235, 236,
    246, 286
Zhoukoudian 234
Zhouyuan 235
Zhu Wen 73
Zhuang Zhou 26
Zhuangbai 236
Zhujiang siehe Perlfluss
Zi Ying 47
Zibo 235
Zichan 46
Zongfa 36
Zongri *152*
Zuozhuan 143

BILDNACHWEIS

Alle Zeichnungen und Farbtafeln stammen von Roberta Vigone.

Agence Top/Laurence Vidal: 272 oben, 272 unten links, 276, 277.

AKG, Berlin: 95 links, 167 rechts.

Art Exhibitions China, Peking: 1, 22 oben, 25 unten, 28 rechts und links, 32, 33 unten, 40, 43 rechts, 45, 50 links und rechts, 51 links und rechts, 53 unten, 56 links, 62 links, 72, 98–99 oben, 100 oben, 110 oben und Mitte, 115 unten, 117 unten, 119 unten, 124–125 oben, 126 unten, 131 oben, 146 Mitte oben, 196–197, 201 oben, 230 oben, 235 unten.

Asian Art Museum of San Francisco, The Avery Brundage Collection: 95 rechts.

British Museum: 41 oben, 72–73, 112 Mitte, 204, 218 unten, 227 oben links und rechts.

Christian Deydier, Paris: 91 oben, 139 oben, 179, 187 rechts.

Christie's Images: 11, 25 oben, 43 rechts, 57 rechts, 61 unten, 64 links, 67 links und Mitte, 92, 93 oben und unten, 106 oben und unten, 142–143 unten, 144 Mitte unten und rechts, 148–149, 154 links und rechts, 156 oben, 157 oben, 158, 160 unten links und rechts, 163 unten rechts, 164, 164–165, 165 unten links, 166, 168 oben und unten, 169, 170, 172 oben, 174–175, 180–181, 187 links, 190 oben, 228 oben, 229 oben, 230 unten links und rechts, 231 oben und unten, 279 unten links.

Courtesy of Eskenazi Ltd., London: 6–7, 8–9, 10, 39 oben und unten, 41 unten, 62 rechts, 66, 69 oben, 70 links und rechts, 71, 84–85, 120, 132, 132–133, 133, 134, 135, 136–137, 139 unten, 140 unten links und rechts, 140–141, 141, 149 oben, 160 oben, 162–163, 162 oben, 165 unten rechts, 172 unten, 186 links, 192 unten, 198 unten, 200 unten, 201 unten, 292.

Cultural Relics Publishing House, Peking: 2–3, 4–5, 18–19, 20 oben und unten, 21 oben und unten, 23 oben und unten, 24 oben und unten, 26, 27 oben und unten, 29, 30 links und rechts, 31 oben und unten, 33 oben, 35 links und rechts, 36 oben und unten, 37 unten, 38, 42, 46, 47, 48 oben, links und Mitte, 49, 52, 53 unten, 54–55 unten, 55 rechts, 56–57, 58–59, 59, 58 unten, 60 links und rechts, 61 oben, 63, 64 rechts, 64–65, 65 oben, 68, 69 unten, 75–81, 86 oben, 87, 88–89, 89 rechts, 90, 91 unten, 96, 97 rechts oben und unten, 98–99 unten, 100–101, 101 oben, 102, 102–103, 103 oben, 104, 108 rechts, 109 unten, 111, 112 oben und unten links und rechts, 114 links, 114–115 oben und unten, 115 oben, 116 unten, 116–117, 118–119, 121, 124–125 unten, 124 Mitte, 124 unten, 125 oben rechts, 126 oben, 126–127, 127 Mitte und unten, 130 oben, 131 unten, 136 links, 137 oben links, 138 oben links, 138–139, 140 Mitte links, 142–143 oben, 143 oben rechts, 144 links, 145 links und rechts, 146 unten links, 146–147, 147 rechts, 148 oben und unten, 150–151, 152 oben und unten, 153, 155, 156 unten, 157 unten, 167 links, 173 links und rechts, 176 unten, 177, 178, 180 oben und unten, 181 oben und unten, 182, 183, 184, 185, 186 rechts, 188, 189, 190 unten, 191, 192 oben links, 193 unten, 192–193, 194–195, 195 unten, 196, 198 links, 198–199, 199, 202 unten, 202–203, 203 unten, 205–208, 209, 210 oben und unten, 211, 212, 213–214, 215 oben und unten, 216, 217, 218–219, 219 oben und unten, 220, 221, 222, 223, 224 links, 224–225, 225 unten, 226–227 unten, 228–229, 232–233, 238 oben, 240 unten, 242–243, 243 unten, 254–255, 256, 257, 258 oben, 259, 264 unten links, 264–265, 266, 267, 268, 269, 270, 278 unten, 279 unten rechts.

E. T. Archive: 119 oben.

Filippo Salviati: 229 unten rechts, 254 oben rechts, 275 links, 280.

G. Dagli Orti: 110 unten, 118 unten, 130 unten.

Gamma/Patrick Aventurier: 250, 251, 252, 253.

Index/Summerfield: 236–237 unten, 241 unten, 242 unten links und rechts, 243 oben, 244 unten, 245, 246 oben, 265.

Marka/Infinity F.: 264 unten rechts, 271 Mitte.

Museum of Fine Arts, Boston – reproduziert mit Genehmigung © 1999, Museum of Fine Arts, Boston, alle Rechte vorbehalten: 226–227 oben.

Museum Rietberg, Zürich/Photo Rainer Wolfsberger: 122–123.

Philadelphia Museum of Art/Foto von Graydon Wood: 94.

Photobank: 67 rechts.

Photothèque des Musées de la Ville de Paris/photo Degraces: 88 links.

RMN: 123 unten.

RMN/Arnaudet: 122 unten, 171 links.

RMN/Ravaux: 129 unten.

RMN/Richard Lambert: 22 unten, 34, 86 unten, 144 oben Mitte.

Robert Harding Picture Library: 161 oben, 163 oben.

SIME/Giovanni Simeone: 14–15.

SIME/Huber: 12–13, 44, 244–245, 246 unten, 248, 249, 261 oben. 247.

SIME/Leimer: 260.

Sotheby's: 159.

Staatliche Museen zu Berlin-Preußischer Kulturbesitz Museum für Ostasiatische Kunst, Postel/1977: 37 oben.

Suzanne Held: 254 oben links und unten, 262, 263 oben, 271 oben, 272 Mitte und unten rechts, 273, 274, 281 oben Mitte und rechts, 281 unten, 282 unten links und oben rechts, 284, 285.

The Bridgeman Art Library: 161 unten.

The Bridgeman Art Library/Oriental Bronzes Ltd., London: 116 oben.

The Cleveland Museum of Art, erworben vom j.H. Wade Fund: 214.

The Nelson-Atkins Museum of Art, Kansas City, Missouri (Erwerb: Nelson Trust): 108 links.

Werner Forman Archive, Art Gallery of New South Wales, Sidney, Australien/Index: 75.

Werner Forman Archive, Brian McElney, HK/Index: 200 oben.

Werner Forman Archive, Idemitsu Museum of Art, Tokio/Index: 82, 106–107.

Werner Forman Archive/Index: 128–129, 171 rechts, 203 rechts, 275 oben rechts, 282–283, 283 unten.

Werner Forman Archive, Michael B. Weisbrod Inc., N. Y./Index: 137 oben rechts.

DANKSAGUNG

Der Herausgeber dankt dem Cultural Relics Publishing House in Peking, ohne dessen wertvolle Hilfe dieses Buch nicht hätte entstehen können. Besonderer Dank geht auch an Art Exhibitions China, Eskenazi Ltd., Christian Deydier, Roberto Ciarla, Davide Cucino und Francesca Dal Lago, an all diejenigen, die ihre Genehmigung zur Veröffentlichung ihrer Fotos in diesem Buch gegeben haben, sowie an Cristina Biondi und Stefania Stafutti für ihre unermüdliche Unterstützung.

中國古代文明

292 Das Bild zeigt eines von zwei Elementen einer vergoldeten und versilberten Bronzeschnalle mit Einlegearbeiten aus Türkisen. Die Schnalle ist 16,8 cm lang. Auf der gegenüberliegenden Seite dieses Katzenbildnisses befindet sich ein Drachenkopf. (Östl. Zhou)